Albert Görres

Kennt die Psychologie den Menschen?

Albert Görres

Kennt die Psychologie den Menschen?

Fragen zwischen
Psychotherapie, Anthropologie
und Christentum

R. Piper & Co. Verlag
München Zürich

Der Aufsatz »Psychoanalyse, klassische und christliche Anthropologie« wurde dem Band: Albert Görres, An den Grenzen der Psychoanalyse, © Kösel Verlag, München 1968, der Aufsatz »Psychoanalyse und Verhaltenstherapie« dem Band: Psychoanalyse und Verhaltenstherapie, hrsg. von Claus Henning Bachmann, © Fischer Taschenbuch Verlag GmbH., Frankfurt a. M. 1972, entnommen.

ISBN 3-492-02398-3

Gesetzt aus der Times-Antiqua
Gesamtherstellung Clausen & Bosse, Leck
Printed in Germany

Inhalt

Einleitung

Das Unbehagen in der Psychologie

Kennt die Psychologie den Menschen?

Vor hundert Jahren hätte ein Psychologe die Frage kurzerhand abweisen können. Die junge empirische Psychologie in der zweiten Hälfte des 19. Jahrhunderts wußte, daß sie mit ersten Probebohrungen beschäftigt war, die einzelnen psychischen Grundfunktionen galten, der Wahrnehmung, dem Gedächtnis, den Reflexen usw. Die Pioniere der jungen Psychologie stellten nicht den Anspruch, den Menschen zu kennen. Der erste, der so hoch hinaus wollte, war ein Außenseiter, der für die Bemühungen der Psychologenzunft nur mäßiges Interesse erübrigen konnte: Sigmund Freud. In einem Brief an Wilhelm Fliess schreibt er: »Wenn es jetzt zwei Leute gibt, von denen der eine sagen kann, was das Leben, der andere (beinahe), was die Seele ist, so ist es nur recht, daß sich die beiden öfters sehen und sprechen.«[1]

In dem seither vergangenen Jahrhundert hat »die Psychologie« Freuds Anspruch (beinahe) eingeholt. Sie konkurriert heute mit der Psychoanalyse um die Zuständigkeit in der Kenntnis nicht der Seele, aber des menschlichen Verhaltens, im Grenzfall unter Ausschluß der Ergebnisse eines Jahrhunderts psychoanalytischer Forschung, die nach wie vor von einer großen Zahl akademischer Psychologen als unwissenschaftlich abgelehnt wird.

Einer so jungen Wissenschaft Lücken in der Kenntnis

ihres Gegenstandes vorzuwerfen, wäre ungerecht; ebenso falsch jedoch, das Vorhandensein solcher Lücken zu verheimlichen. Wo liegen sie? Was steht nicht im Baedeker? Gibt es zentrale Themen der Psychologie, die in den großen Handbüchern, zum Beispiel in dem zwölfbändigen deutschen »Handbuch der Psychologie«[2], fehlen und auch in der wissenschaftlichen Literatur zu kurz kommen? Es gibt sie, und vielleicht haben sie ihre Systematik. Wenn ich nicht wüßte, daß so globale Formulierungen fast immer falsch sind, wäre ich in Versuchung, zu sagen: Die Psychologie weiß um so weniger vom Menschen, je zentraler, je geistiger und humaner, je wichtiger für die Existenz ein Gegenstand ist. Von den zwölf Bänden des »Handbuchs der Psychologie« ist ein ganzer Band der Marktpsychologie gewidmet, aber keine Zeile der Religionspsychologie oder der Psychologie der Weltanschauung. Auskunft über Liebe, Glaube und Unglaube, Freiheit, Schuld, über das Böse, das Gute und das Glück wird man nicht in einer Form finden, die dem psychologischen Gewicht dieser Stichworte gerecht wird. Verhaltensweisen der Sinnfindung außerhalb oder neben dem religiösen und ethischen Bezug, die große Kulturräume auszeichnen, wie zum Beispiel die Meditation den Osten, sie bleiben weiße Flecken auf dem Globus der Psychologie, man überläßt sie den Schwärmern und den Theologen. Nichts ist zu finden über den Einfluß von Religion und Konfession auf die Formung und Verformung des Menschen.

Schließlich ist besonders den deutschen Psychologen der Mut weitgehend geschwunden, die psychologischen Befunde mit einer philosophischen oder gar theologischen Anthropologie in Beziehung zu setzen. Aus solchen und ähnlichen Gründen sind unter den heils- und sinnbegierigen Wallfahrern, die indische Gurus und Pseudogurus aufsuchen, Legionen von Psychologen, die in der Psychologie nicht gefunden haben, was sie suchten: jene Kenntnis des Menschen, die hilft, sich selbst und einen Weg zum Menschsein zu finden. In den pittoresken orangenen Gewändern, die sie angelegt haben, mag die Enttäuschung schon eingenäht sein. Die Überlegungen dieses Buches sind zu nüchtern, um ekstatische Bedürfnisse von Gurupilgern zu befriedigen. Aber sie sind Probebohrungen einer existenziellen Psychologie, der es um das Glücken des Daseins zu tun ist. Sie muß da anfangen, wo die Psychologie der Schulen aufgibt, weil diese sich mit gutem Recht andere Aufgaben stellt und mit nicht ganz so gutem Recht den Gegenstand wie seine Grenzen von den ihr vertrauten Methoden einschränken läßt. Das ist einer Geographie vergleichbar, die die Kenntnis der Welt auf jene Orte beschränkte, die auf Straßen oder Schienen erreichbar sind. Gipfel, Meere und Himmel wären ausgeschlossen.

Ich bedurfte der folgenden Überlegungen selbst am dringlichsten, weil sie mir den Orientierungshorizont meines psychotherapeutischen Berufs boten. Mindestens in der Weise der Erinnerung an das, was der – und auch meiner – Psychotherapie oft fehlt. So ist paradoxerweise hier eine Sammlung gerade jener Gedanken entstanden, die ich meinen Patienten nicht mitzuteilen pflege, weil ich noch keinen Weg gefunden habe, zwei Utopien der Psychotherapie gleichzeitig gerecht zu werden: dem Ideal der Verselbständigung des Patienten durch Verzicht auf Führung und der Notwendigkeit, jenem Kaspar Hauser der existenziellen Orientierung, der der heutige Patient so oft ist, Ziele und Sinngehalte zu vermitteln.

Mein persönliches Unbehagen in der Psychologie gilt auch der Psychoanalyse. Ich habe in einem früheren Buch, »Methode und Erfahrungen der Psychoanalyse«[3], versucht, die Zuverlässigkeit ihrer Grundbefunde darzustellen und diese haltbaren Erfahrungen von jenen theoretischen Ausdeutungen abzuheben, die mir weniger gut fundiert schienen.

Auch heute noch scheint mir die psychoanalytische Methode des biographischen Mikroskopierens von keinem Fortschritt überholt, nach wie vor unersetzlich für die Forschung und bei vielen Patienten auch für die Therapie.

Auf der anderen Seite verdrießt mich die Selbstzufriedenheit mancher analytischer Autoren und Institutionen. Ich wünsche mir vor allem mehr unbefangene Aufgeschlossenheit für experimentelle Psychologie und ihre Theorien; mehr Interesse für Kritik von seiten der Wissenschaftstheorie und der philosophischen Anthropologie; mehr Mut zu neuen Wegen, wo die alten versandet sind; weniger Übermut in der Ausnutzung standespolitischer Machtpositionen. Ich wünsche mir also eine weniger narzißtische Psychoanalyse und dieser mehr Erfolge in kürzerer Zeit. Vielleicht ist das mehr, als wir angesichts aller Schwierigkeiten erwarten können. Ein Traum von einer besseren Welt?

Die Geschicke der Kriegs- und Nachkriegszeit erzwangen es glücklicherweise, daß ich Psychoanalyse in sehr persönlichen Ausprägungen bei bedeutenden Lehrern kennenlernen konnte: in Berlin bei Viktor Emil von Gebsattel, in Stuttgart bei Felix Schottlaender, in Heidelberg bei Viktor von Weizsäcker und Alexander Mitscherlich, in Amsterdam bei Jeanne Lampl de Groot; dankbar sei auch der Förderung durch die Kollegen der Medizinischen Klinik und der Klinik für Psychosomatische Medizin in Heidelberg gedacht[4].

Die Welt der experimentellen Psychologie war mir im Studium nicht besonders nahe gekommen, vor allem hatte ich ihre anthropologische Bedeutung nicht begriffen. 1955 fand ich in Mainz am Institut von Albert Wellek einen Kreis von Dozenten und Assistenten[5], mit dem ich mich in die experimentellen und theoretischen Grundlagen jener Verhaltensforschung vertiefte, die als Lerntheorie, Verhaltensmodifikation bzw. Verhaltenstherapie bekannt geworden ist. Ich fand hier einen faszinierenden Bereich der, sagen wir, Infrastrukturen menschlichen Handelns, der mir von größter Wichtigkeit für alle Psychotherapie und Pädagogik zu sein schien. 1965 gab mir die Berufung an die Universität München die Möglichkeit, ein großzügig ausgestattetes Institut für Klinische Psychologie, das erste an einer bundesdeutschen Universität, aufzubauen und in ihm Psychoanalytiker und Verhaltenstherapeuten ins theoretische Gespräch und in die klinische Zusammenarbeit zu bringen. Aus dieser Zeit danke ich meinen Fakultätskollegen Philipp Lersch und Karl Rahner reiche Anregung und Belehrung in der psychologischen, philosophischen und theologischen Anthropologie, Wolfgang Stegmüller in der Wissenschaftstheorie; nicht weniger in der experimentellen Psychologie den ersten Assistenten[6] aus der verhaltenstherapeutischen Konfession. Ein bescheidenes Zeugnis dieser Auseinandersetzungen auf dem Wege zu einer integrativen Psychologie ist das Kapitel »Psychoanalyse und Verhaltenstherapie«, S. 48.

Als ich 1973 das Klinische Institut für Medizinische Psychologie und Psychotherapie der Medizinischen Fakultät der Technischen Universität München übernahm, konnte ich mich einem letzten Punkt des Unbehagens an der analytischen Psychotherapie zuwenden, der für meine Ungeduld zu langen Dauer, den zu unsicheren Erfolgen, der zu großen Schwierigkeiten der Theorie und der Technik.

Natürlich kann niemand sicher wissen, ob die durchschnittlichen Behandlungszeiten der Pychoanalyse nicht in einem ganz angemessenen Verhältnis zu der Schwere der Fehlentwicklungen steht, mit denen sie sich befaßt. Wo ist es verbrieft, daß eine Neurose, oft ein Fehlwuchs von Jahrzehnten, in Wochen oder Monaten ins Lot gebracht sollte werden können? Wir jagen dennoch diesem Wunschziel nach, weil so etwas eben doch vorkommt[7] und weil es

Neurosetheorien gibt, die Möglichkeiten kurzfristigerer Heilungen plausibel erscheinen lassen.

Seither hält das junge Institut zwar zäh an der psychoanalytischen Grundlage fest, doch arbeiten alle Kollegen auch an neuen psychoanalytischen Techniken und psychotherapeutischen Methoden, einige Mitarbeiter teilen mein Interesse an der Primärtherapie Arthur Janovs, von der das Kapitel »Der Urschmerz als Streßfaktor«, S. 71, berichtet, und an anderen Außenseitermethoden[8].

Der mir wichtigste Teil des Buches gilt aber nicht dem Unbehagen in der Psychologie, sondern der Psychologie des Unbehagens in der Religion. Seine Frage heißt: Kennt die Religion den Menschen?

Der christliche Glaube an einen bis in seinen Zorn hinein durch und durch liebevollen, allwissenden und allmächtigen Gott, der den Menschen zur ewigen Teilhabe an der eigenen unendlichen Seligkeit bestimmt hat und damit dem menschlichen Leben einen auf keine andere Weise zu gewinnenden Sinninhalt gab, dieser Glaube wäre von größter Anziehungskraft für das Interesse, für die Leidenschaft, für Geist und Herz, wenn er uns nicht in scheinbar unlösbare Widersprüche verwickeln würde, wenn er nicht zerreißende kognitive Dissonanzen enthielte. Die Existenz Gottes scheint extrem unglaubwürdig, wenn nicht schlechthin unmöglich. Sie ist unvereinbar mit der unleugbaren Macht des Bösen, dem Leid von Unschuldigen, mit der hoffnungslosen Schwäche des Guten und der Vernunft; mit den unerträglichen Schwierigkeiten und Belastungen, die sich jedem entgegenstellen, der ein guter Mensch sein zu können von Herzen wünscht. Die Existenz Gottes scheint unvereinbar mit der wachsenden Einmütigkeit, in der die Massen ihn ignorieren. Geradezu schrill klingen die kognitiven Dissonanzen für den, der sich mit dem Christentum einläßt.

Gesetzt den Fall, es sei einer weder bereit, auf die

Existenz Gottes sang- und klanglos zu verzichten, noch fähig und willens, mit einem durchwachsenen Göttlichen, das vom Wesen her gut- und bösartig zugleich ist, vorlieb zu nehmen, noch auch geeignet, die Wirklichkeit als aus dem Nichts entsprungenes sinnlos dem Wärmetod zutreibendes Zufallsprodukt anzusehen – einem solchen bleibt nur übrig, die Widersprüche und Dissonanzen geduldig daraufhin zu befragen, ob sie nicht doch einen Weg offenlassen, nicht nur die Last Gottes zu tragen und zu preisen, sondern auch »Gott zu finden in allen Dingen«, in den guten wie in den bösen.

Was hat der lange Marsch von den Ungereimtheiten der Religion zur *Wahrscheinlichkeit des Christentums* mit dem nüchternen Alltag des Psychotherapeuten zu tun, der sich mit der Arbeit an Zwängen, Ängsten, Hochdruck und Asthma plagt?

Ich habe immer noch nicht vor, alle Neurosen auf letztlich religiöse Konflikte zurückzuführen oder den Unterschied zwischen Psychotherapie und Seelsorge zu verwischen. Aber ich muß zugeben, daß ich mit wachsender Erfahrung dem, was Viktor Frankl »das existenzielle Vakuum« nennt, dem Mangel an Lebenssinn, der existenziellen Frustration des veruntreuten Himmels, den kognitiven Dissonanzen im Selbstverständnis und Daseinsverständnis, daß ich also alledem als Unruheherd, Streßfaktor und damit als möglicher Ursache von Krankheiten und Fehlentwicklungen weit mehr Raum zugestehen muß, als etwa in meinem Buch »An den Grenzen der Psychoanalyse«, das doch auch solchen Fragen gewidmet ist, sichtbar wird[9].

Die Aufsätze des vorliegenden Bandes wurden zum Teil in Zeitschriften und anderen Publikationen veröffentlicht. Sie sind im Sinne des Doppelthemas »Kennt die Psychologie den Menschen – Kennt die Religion den Menschen?« überarbeitet.

I

Kennt die Psychologie den Menschen?

Bis zum Ende des 19. Jahrhunderts mußte die Menschheit ohne die guten Dienste wissenschaftlicher Psychologie auskommen. Die anonyme Psychologie, die Menschen beim Umgang miteinander, Eltern bei der Erziehung, Vorgesetzte bei der Behandlung von Untergebenen und umgekehrt leitete, setzte sich aus überlieferten Lebensregeln, eigener, meist unreflektierter Erfahrung und Intuition, im ganzen aus einem vorwissenschaftlichen Erfassen der menschlichen Natur zusammen, das sich ohne methodischen Anspruch in Überlieferungen der Erziehungslehre, der Philosophie und Theologie oder in der Dichtung formulierte. Diese Psychologie als Lebensklugheit oder Lebensweisheit war in den Lehren der Philosophen, der Ethiker, Pädagogen, Theologen, Mystiker, in und zwischen den Zeilen allgegenwärtig, kaum aber als wissenschaftliches System thematisiert. Immer stand sie im Dienst anderer Herren. Sie stellte als ethische Psychologie die Mittel zur Erlangung und Verbreitung von Glück und Tugend, als listige Psychologie die Mittel zur Durchsetzung von individuellen oder politischen Interessen, als theologische Psychologie die Hilfen auf dem Heilsweg bereit.

Diese anonyme Psychologie kannte den Menschen als motivierbares, der Einsicht, Freiheit und Verantwortung fähiges, aber durch Torheit, Schwäche und Bosheit gefährdetes Wesen. Sie kannte seine Formbarkeit durch Vorbild, Lohn, Strafe, Vernunft und Liebe.

Die erfahrungswissenschaftliche Psychologie beginnt in der Mitte des vorigen Jahrhunderts mit einem revolutionären Akt, mit einer Unabhängigkeitserklärung. Sie emanzipiert sich von den herrschenden Psychologien der Tradition, vor allem aber von der klassischen Anthropologie der Antike und der biblischen Anthropologie des Christentums; ähnlich wie die Naturwissenschaften sich Jahrhunderte früher vom herrschenden Weltbild des Altertums emanzipiert hatten und unter ausdrücklicher Berufung auf deren Vorbild.

Während aber ohne Zweifel die Naturwissenschaften unser Wissen von der stofflichen Natur so gefördert haben, daß in einer Bilanz der Wissensgewinn den etwaigen Verlust eindeutig überwiegt, kann man im Bereich der Selbsterkenntnis des Menschen fragen, ob dem Gewinn nicht große Verluste gegenüberstehen, so daß also möglicherweise das Licht der modernen Psychologie mit tiefen Schlagschatten manches verdunkelt und verdrängt, das nicht vergessen werden sollte.

Kennt die Psychologie den Menschen?

Im größten deutschen Lexikon der Psychologie fehlt das Stichwort »Psychologie«; immerhin erfahren wir, daß »Psychologen Personen sind, deren Berufstätigkeit sich mit dem seelischen (psychischen) Erleben und Verhalten befaßt, sowohl mit den vielfältigen Erscheinungsweisen als auch mit den Ursachen und Bedingungen des Psychischen«[1].

Wenn wir also unsere Frage dieser Bestimmung von Psychologie anpassen, dann lautet sie: Kennt die Psychologie die inneren und äußeren Verhaltensweisen von Personen, und weiß sie genug von deren Ursachen und Bedingungen, um praktische Aufgaben in der Psychodiagnostik, der Beratung, der psychologischen Erziehungshilfe, in der Psychotherapie und Psychiatrie ohne Übermut und Scharlatanerie übernehmen zu können? Ist diese Psychologie kompetent?

Die angewandten Psychologien in den genannten Hauptbereichen haben es nicht nur mit der Innerlichkeit des Erlebens, sondern auch mit dem Handeln zu tun und in beidem mit Wertungen, Werturteilen, Wertungsgefühlen und Gefühlskonflikten. Diese stehen aber allemal im Kontext des gesamten Wertungssystems einer Person, ihrer Stellung zu Neigungen und Pflichten, der Weise, wie sie den Sinn ihres Lebens und Handelns versteht.

Für die Erforschung von Wertungen und Werturteilen hat aber die Psychologie keinen Alleinvertretungsanspruch. Biologen, Pädagogen, Soziologen, Politologen, Philosophen und Theologen arbeiten an dem gleichen Thema und begnügen sich keineswegs mit dem normativen Aspekt, mit der Frage der Wahrheit von Werturteilen, von der übrigens die Psychologie nicht einfach absehen kann. Vielmehr befassen sich die Nachbarwissenschaften auch mit den Ursachen und Bedingungen des Zustandekommens von richtigen und falschen Wertungen. Sittliches Bewußtsein, Gewissen, Über-Ich, Tugenden und Laster, aber auch Weltanschauung, Glauben und Unglauben, politische Überzeugungen sind psychische Gebilde, die der Psychologe nicht voll erfassen kann, wenn er die Perspektiven seiner anthropologischen Nachbarn außer acht läßt.

Psychologische Praxis als Kennen und Können im Bereich der Formbarkeit des Menschen ist möglich nur aufgrund einer offenen oder latenten integrativen Anthropologie. Sigmund Freud drückt diesen Sachverhalt so massiv wie möglich aus, wenn er die Frage beantwortet, welche Mittel dem Psychotherapeuten bei seiner Arbeit (die Rede ist von der Widerstandsanalyse) zur Verfügung stehen: »Wenige, aber doch fast alle die, durch die sonst ein Mensch eine psychische Einwirkung auf einen anderen übt ... Endlich aber – und dies bleibt der stärkste Hebel – muß man versuchen, die Motive zu entwerten, oder selbst sie durch stärkere zu ersetzen. Hier hört wohl die Möglichkeit auf, die psychotherapeutische Tätigkeit in Formeln zu fassen. Man wirkt, so gut man kann, als Aufklärer, wo die Ignoranz eine Scheu erzeugt hat, als Lehrer, als Vertreter einer freieren oder überlegenen Weltauffassung, als Beichthörer, der durch die Fortdauer seiner Teilnahme und seiner Achtung nach abgelegtem Geständnisse gleichsam Absolution erteilt.«[2] Es ist klar, daß der Psychologe die Grenzen einer empirischen Fachdisziplin überschreiten muß, wenn er eine »freiere oder überlegene Weltauffassung« oder gar das Erteilen von Absolution in sein Instrumentarium aufzunehmen genötigt ist.

Die Ausgangsfrage des Titels rechnet nicht nur rhetorisch mit einer verneinenden Antwort. Wir finden eine solche einmal in dem weitverbreiteten antipsychologischen Affekt, der besonders in konservativen Kreisen zu finden ist. Ihm ist Psychologie weniger Wissenschaft als Modekrankheit. Der Affekt beschränkt sich nicht auf Laien. Immer wieder werden führende Forscher von ihm ergriffen, es kommt zur Entwicklung von Antipsychologie, Antipsychiatrie, Antipsychotherapie, Antidiagnostik. Das geht bis zur kuriosen Kennzeichnung des ganzen als »insignifikanter Wissenschaft« durch den Herausgeber eines großangelegten psychologischen Sammelwerkes, S. Koch[3], das also als Darstellung des Nichtssagenden aufgefaßt werden müßte, wollte man Kochs Kennzeichnung ganz ernst nehmen.

In den Vereinigten Staaten gibt es eine schnell wachsende Gruppe von Psychologen, die sich zu einer Bewegung zusammengefunden haben, die sie als »dritte Kraft«, als *Humanistic Psychology*, bezeichnen. Ihre Anklage sagt, daß die herrschenden Psychologien der akademischen Welt Vereinigungen zur Erhaltung falschen Bewußtseins seien, zur

Niederhaltung der Wahrheit über den Menschen, zur Verhinderung von integrativer Anthropologie.

Unbehagen in der Psychologie ist nichts Neues. Einer ihrer hervorragendsten Vertreter, William James, schreibt schon vor der Jahrhundertwende an seinen Verleger: »Diese häßliche kleine Wissenschaft! Alles, was man gerne wüßte, liegt außerhalb ihrer!« Just diesen Satz zitiert P. R. Hofstätter auf der ersten Seite seines Psychologie-Lexikons[4]. Der Verdacht der humanistischen Psychologen ist mehr als ein Unbehagen; er befürchtet, daß die herrschenden Psychologien Kondensate des Bösen seien, eine Verschwörung mit dem Ziel der Abschaffung des Menschen, »Abolition of Man«, eine Dehominisierung mit dem Ergebnis der Beseitigung von Menschenwürde und Freiheit. Die Befürchtung ist nicht ohne triftige Gründe. Ein Buch eines der bekanntesten Psychologen der heutigen Welt, Bhurrus Frederic Skinners, trägt den freimütigen Titel »Jenseits von Freiheit und Würde«[5]. Es dient der Absicht, beide Begriffe als überflüssige und schädliche Illusionen aus dem Erbe der Metaphysik zu erweisen. Mit dem Angriff gegen diese beiden Grundbegriffe des humanen Selbstverständnisses der Vergangenheit geht es aber um die Verleugnung *des* Momentes in der menschlichen Existenz, das in der Sicht der Tradition den Grund von Freiheit und Würde ausmacht, nämlich um die Auslöschung des Geistes. Hier allerdings rennt Skinner gegen schon weit offene Türen. Der Geist muß der Psychologie nicht erst ausgetrieben werden, da er schon seit geraumer Zeit in herrschenden wissenschaftlichen Kreisen als Gespenst behandelt wird, dessen Nennung von Aberglauben und unwissenschaftlicher Gesinnung zeugt. Wer diesen Begriff ohne ironische Anführungszeichen gebraucht, wird in der Zunft zu den Philosophen gerechnet; das ist für viele das ärgste Schimpfwort, das die Vereinssprache kennt. Um es etwas pointiert auszudrücken:

Viele Wissenschaften haben einen vulgärwissenschaftlichen Bodensatz, der giftige Abfallprodukte enthält; die Psychologie hingegen steht unter der Anklage, nicht nur einen vulgärwissenschaftlichen Bodensatz anzusammeln, sondern weitgehend mit ressentimentgeladener Ideologie identisch zu sein und mit sich selbst als einem Abfallprodukt ihrer selbst die öffentliche Meinung zu vergiften.

Die moderne Psychologie hat seit ihrem Beginn in der Mitte des vorigen Jahrhunderts ein revolutionäres Pathos an sich. Aber dieses Pathos war in den ersten fünfzig Jahren ihrer Existenz, also bis zum Ende des 19. Jahrhunderts, ein kontemplatives Pathos, die Psychologie selbst eine kontemplative Wissenschaft. Sie wurde vorwiegend von künftigen Privatdozenten studiert. Das hat sich radikal geändert, seit die Psychologie von einer kontemplativen zu einer aktiven Wissenschaft geworden ist, seit sie sich die Mahnung von Karl Marx, die Philosophie sei nicht dazu da, die Welt zu interpretieren, sondern sie zu verändern, zu Herzen genommen hat. Die frühe Psychologie war fasziniert von der Kraft naturwissenschaftlicher Methoden, gesicherte Erkenntnisse zu gewinnen. Die Psychologie unseres Jahrhunderts hat die zweite Kraft der naturwissenschaftlichen Methoden entdeckt, die technologische Macht, Natur und Welt zu beherrschen; sie hat begriffen, daß sie nach einer industriellen Revolution, hervorgerufen durch naturwissenschaftliche Technologie, psychologische Revolutionen anstiften kann. Sie beansprucht ihren Anteil an der Machtergreifung der Naturwissenschaften über die Welt, indem sie zur Machtergreifung über den Menschen und sein Verhalten aufruft. Sie hat entdeckt, daß sie nicht mehr kontemplativ in der Zuschauerrolle stehen muß, sondern daran gehen kann, sich als Herrschaftswissen, ja als Heilswissen zu etablieren. Die Revolution der Naturwissenschaften bezog ihr Pathos daraus, daß sie sich als Realwissenschaft den »irrealen« Idealwissenschaften entgegenstellte. Eine Revolution, die nach dem Tode Hegels zum deutlichsten Bewußtsein ihrer selbst kam, obwohl schon Galileis Programm: »Miß, was zu messen ist, zähle, was zu zählen ist; und was nicht meß- und zählbar ist, das mache zähl- und meßbar«, genug an revolutionärem Zündstoff enthielt. Es ist darum kein Zufall, daß die Psychologen unseres Jahrhunderts, die sich als im Zentrum der Psychologie schlechthin befindlich empfanden, nämlich Freud und Pawlow, heute Skinner und Arthur Janov[6], ihre Psychologien als Revolutionen nicht nur einer Wissenschaft, sondern der menschlichen Selbsterkenntnis schlechthin proklamieren. Revolutionen aber gegen das Bestehende, gegen das Überlieferte. Dieses Überlieferte, die klassische, die christliche und ein großer Teil der nachchristlichen Anthropologie der Antike, des Mittelalters und der Neuzeit, ist Anthropologie unter dem Anspruch des Geistes. Ihr setzt Sigmund Freud entgegen die Anthropologie unter der Herrschaft der Triebe, Pawlow und seine Nachfahren die Anthropologie unter der Herrschaft organismischer »Lernprozesse« und Janov die Anthropologie unter der Herrschaft des von biologischen Grundbedürfnissen gesteuerten Gefühls. Der gemeinsame Nenner der drei Revolutionen ist aber letztlich die Herrschaft des Stoffwechselgleichgewichts, der Homöostase und ihrer Aufrechterhaltung, das heißt die Herrschaft des Überlebens des einzelnen und der Art; aber auch die Herrschaft des Lust- und Glücksziels, das als maßgebender, freilich äußerst zerbrechlicher und gefährdeter Wert in diesem Überleben zu erblicken ist. Wohlbefinden und vom Leben möglichst viel haben, das ist der zweite gemeinsame Nenner der herrschenden Psychologien, ist der einzige übergreifende Sinnwert, der sie verbindet. Die Abschaffung des Menschen und des Menschlichen ist also auch darauf aus, alle anderen bisher als gültig betrachteten Sinnwerte auf die genannten des mehr oder weniger lustvollen Überlebens zurückzuführen. Dabei hat Freud die skeptischste Position; für ihn ist genug getan, wenn es gelingt, hysterisches Elend in gemeines Unglück zu verwandeln – dies sagt der letzte Satz in seinem ersten psychologischen Buch[7]. Freud bewältigt das Problem von Schmerz, Leid und Tod auf stoische Weise, freilich ohne die zur alten Stoa gehörende Frömmigkeit. Skinner geht, soweit ich sehe, dem Problem ganz aus dem Wege, und Janov verleugnet es, indem er den Schmerz und sein Durchleiden zum Sprungbrett macht, von dem aus der Mensch sich in den höchstmöglichen Lebensgenuß schwingt.

Alle diese Anthropologien sind Anthropologien einer resignierten Selbstbescheidung des Menschen. Ihre Glücksstrategie besteht in der Ausbeutung der innerhalb der Lebenszeit vorfindlichen Lustquellen unter Ausschaltung jener leichter zugänglichen, die diese Lebenszeit selbst verkürzen, zum Beispiel der Rauschgifte und Drogen. Sie versuchen es mit einer *sobria ebrietas*, einer nüchternen Trunkenheit, oder, um es mit Freuds Worten zu sagen, mit dem lauen Behagen, auf das der Mensch seine ekstatische Glückssehnsucht ermäßigen muß. Denn nach Freud ist Glück im Schöpfungsplan nicht vorgesehen. Auch hierin widerspricht Freud revolutionär den aus der Antike überlieferten Anthropologien des Platon und der Bibel.

Verweilen wir einen Augenblick bei dem Hauptpunkt der klassischen und der biblischen Anthropologie, gegen die sich die Revolution der neuen Psychologien richtet. Die Glücksstrategie Platons und des Neuen Testaments – es ist nötig, gegen vulgäre Denunziationen daran zu erinnern – ist keine Vertröstungsstrategie. Beide sagen nicht: Warte auf das Jenseits, dort erst fängt das Glück an. Beide kennen und wollen auf dem Weg zur künftigen Herrlichkeit ein Glück hier und jetzt. Irdisches Glücklichsein, *felicitas terrena*, heißt das bei Thomas von Aquin, Friede und Freude bei Franz von

Assisi, Gott finden in allen Dingen bei Ignatius von Loyola, Ewigkeit im Augenblick bei Caussade, und alle die Genannten beziehen sich auf die Seligpreisungen der Bergpredigt, die zwar auch von einer künftigen Seligkeit sprechen, die aber hier und jetzt beginnen kann und beginnen soll. Für die platonische und für die biblische Anthropologie ist das entscheidende Glücksinstrument, die entscheidende Glücksbedingung die Anwesenheit des Geistes im Leibe und in der Sinnlichkeit.

Es ist eine wahrhaft absurde Situation, daß in der Psychologie der Geist mit allen ihm zur Verfügung stehenden Mitteln sich selbst auszutreiben, zu verstecken, zu verleugnen sucht. Was kann ihn veranlassen, so zu tun, als gäbe es ihn nicht? Wo liegt das Motiv dieses begeisterten Selbstmordes? Tut der Geist so weh, daß man ihn verdrängen muß? Welche kolossalen Unannehmlichkeiten würde seine Anerkennung dem Menschen bringen? Oder ist er gar so unsichtbar, so schwer zu entdecken, daß seine Auffindung ein Glücksfall ist und sein Übersehen das viel Wahrscheinlichere und Leichtere? Die paradoxe Situation besteht darin, daß der Mensch sich anscheinend durch seinen eigenen Geist belästigt, behindert fühlt, daß ihm die eigene Geistigkeit wie etwas Übles im Wege steht, so daß er mit emsigstem Fleiß und unter Aufwand aller geistigen Kräfte an dessen Verleugnung arbeitet.

Paradoxerweise sind es in der Tat geistige Grundbedürfnisse, geistige Herausforderungen und geistige Abenteuer, die zu dieser Entwicklung geführt haben. Am Beginn der Geistesgeschichte und Wissenschaftsgeschichte der Neuzeit steht der Erfinder jenes Rasiermessers, mit dem die Amputation des Geistes wie viele andere Operationen vorgenommen worden sind. Der Oxforder Franziskanermönch Wilhelm Occam, der sein Lebensende in München verbrachte, hat schon im 14. Jahrhundert der neuzeitlichen Wissenschaft eine Regel mit auf den Weg gegeben, die als *Occam's Razor*, Occams Rasiermesser, häufig zitiert wird: »Principa non sunt multiplicanda ultra necessitatem.« Wissenschaftliche Aussagen sollen nicht mehr Erklärungsgründe einführen als unbedingt notwendig. Das menschliche Denken ist einheitssüchtig. In der Ausführung dieses Bedürfnisses hat es wieder und wieder versucht, mit *einem* Erklärungsprinzip allen Seins und Geschehens auszukommen, nämlich entweder mit dem Geist oder mit der Materie. Wer sich für den Materialismus entscheidet, läßt sich auf das faszinierende Abenteuer einer Denkaufgabe ein, alle Erscheinungen der Erfahrung aus diesem einen Prinzip abzuleiten. Auch Forscher, die nicht so weit gehen wie der Genetiker Monod, finden sich unversehens gefesselt von der Aufgabe, wenn nicht alles, so doch so viel wie irgend möglich auf dieses Prinzip zurückzuführen. Das eigentümliche Pathos dieses Beginnens wird sichtbar in jener Blutsbrüderschaft, in der die Väter der heutigen Physiologie, nämlich Helmholtz, Dubois-Reymond und Brücke, Sigmund Freuds Lehrer, in Luthers Weinstube in Berlin bei Kerzenschein sich dem Ziel weihten, alle Lebenserscheinungen auf die bekannten Grundgesetze der Physik und Chemie, nämlich die der Anziehung und Abstoßung, zurückzuführen. Freud hat sich lebenslänglich von dem magischen Bann dieses Dreierschwurs nicht lösen können. Seine Grundbegriffe Libido und Aggression sind für die Zwecke der Psychologie umgeformte Ausdrücke für diese Kräfte der einigenden Anziehung und auflösenden Abstoßung. Auch wo Psychologie nicht materialistisch oder dialektisch-materialistisch, sondern biologistisch betrieben wird, steht sie unter der mißbrauchten Formel des Oxforder Mönches. Weniger bekannt ist, daß wir in dieser Zweiteilung des Triebbereiches nicht nur auf die Spuren der von Freud anerkannten Autoritäten der Berliner Physiologen stoßen, sondern auch auf einen verleugneten Vater, den Philosophen und Psychologen Franz von Brentano, dessen Schüler Freud in seinen ersten Semestern gewesen ist. Freud ist hier der vielleicht etwas widerwillige Erbe einer aristotelisch-augustinischen Tradition, die seine Zweiteilung bis in die Wortwahl vorwegnimmt. Augustin unterscheidet Libido und Ira, Brentano Liebe und Haß als die fundamentalen Antriebskräfte[8].

Das nächste Losungswort, das die Psychologie sich zu eigen machte, ist die Anweisung, psychologische Probleme naturwissenschaftlich-mathematisch anzugehen. Darin liegt eine Tendenz zur Vorherrschaft einer experimentellen, einer quantifizierenden, einer hypothetikoreduktiven Methodik; sie wirkt sich nicht nur darin aus, daß viele heutige Psychologen Ratten- oder Hühnermänner, mehr Zoologen und Kybernetiker als Anthropologen sind, weil sich nun einmal mit Ratten und Hühnern besser experimentieren läßt als mit Menschen; noch wichtiger ist aber, daß die das naturwissenschaftliche Vorgehen simulierenden experimentellen Methoden der Psychologie die Versuchsperson erst zum organismischen Objekt umabstrahieren muß, ehe sie von ihm gewinnbringenden Gebrauch machen kann[9]. Alles dies behält seinen guten Sinn, solange man weiß, was man tut, und solange man sich den Raster der Methodik nicht bis zur Beschränktheit über die Augen schieben läßt. Denn dieser Raster ist so geartet, daß er von seiner eigenen Konstruktion her das geistige Element allen Erlebens und Verhaltens in ähnlicher Weise verbirgt, wie eine strikte Beschränkung auf optische Methoden die Welt der Töne von der Erfahrung ausschließen würde. Methoden haben ja nicht nur einen phänomenentdeckenden Sinn, sondern auch aus guten Gründen und mit gutem Recht einen phänomenausschließenden.

Zudem hat die allzu ehrfürchtige Nachahmung der Naturwissenschaft auch zur Folge, daß die Lieblingsphilosophie der Naturwissenschaftler des 19. Jahrhunderts, der

Determinismus, oft ebenso gehorsam übernommen wurde wie die Tendenz, das jeweils Höherorganisierte und Differenzierte aus dem jeweils Niederen zu erklären, das Ganze aus seinen Teilen, das Leben aus der Materie, den Menschen aus dem Tier, aus der Maschine oder dem Computer.

Noch wichtiger aber ist, daß alle naturwissenschaftlichen Methoden objektivieren, vergegenständlichen. Das Eigentümliche des Geistigen am Menschen aber liegt gerade in der Sphäre des Ungegenständlichen. Diese Sphäre des Ungegenständlichen ist jedem Menschen und auch jedem Forscher in einem Vorverständnis seiner selbst gegeben, das ihn immer begleitet und leitet, dessen er sich auch gar nicht entledigen kann. Die Erforschung dieser Sphäre aber ist keine naturwissenschaftliche oder einzelwissenschaftliche Aufgabe und Möglichkeit, sondern immer eine, zu der ein philosophisches, sei es ein phänomenologisches, sei es ein ontologisches, oder gar ein theologisches Instrumentarium unerläßlich ist. Wer die Benutzung dieses Instrumentariums von vornherein ablehnt, kann auf wissenschaftliche Weise nicht mehr in diese Sphäre eindringen. Dann wird die Methodik zum Methodenfetischismus, aus Methoden werden Mentalitäten und Ideologien[10]. Darin sehe ich ein Hauptgebrechen der heutigen Psychologie.

Ich will nicht übersehen, daß es den Versuch gab, der naturwissenschaftlich konzipierten Psychologie eine geisteswissenschaftlich verstehende Psychologie entgegenzustellen. Ihre Kritiker, die sie als unergiebig schelten, übersehen gewöhnlich, daß die Psychoanalyse und alle ihre Abkömmlinge zum guten Teil Formen der verstehenden Psychologie sind. Dic Psychopathologie ist sich, seit Karl Jaspers als junger Arzt den ersten großen Entwurf einer Allgemeinen Psychopathologie vorlegte, dieses Sachverhaltes bewußt. Dennoch ist es nicht übertrieben, der geisteswissenschaftlichen Psychologie heute im wissenschaftlichen Gebäude der psychologischen Welt nur ein Austragsstüblein zugewiesen zu sehen. Der Geist ist in der Tat ein Spielverderber für die Wissenschaft, denn er ist ein ungesetzlicher Bursche. Er macht einen großen Strich durch die Rechnung der Verfügbarkeit und Berechenbarkeit des Menschen, seine Einfügbarkeit in Gesetze und feststellbare Determinanten. Anthropologische Forschung wird scheinbar viel leichter überschaubar, wenn man voraussetzt, der Mensch sei so durch und durch determiniert wie Steine und Sterne, Pflanzen und Tiere, sei es auch nur in statistischen Gesetzen. Die Sache wird unendlich viel schwieriger, sie löckt wider den Stachel des wissenschaftlichen Kalküls und natürlich auch der psychotechnologischen Beherrschbarkeit, sobald in die Rechnung außer Millionen wirklicher Determinanten, die es gibt, auch nur wenige und seltene Momente von Freiheit fallen, die es auch gibt – was selbst Freud einräumte[11].

Schließlich muß man zugeben, daß der Geist wirklich wehtut. Daß man sich Schmerzen erspart, wenn man ihn aufgibt. So lästige Wirklichkeiten wie die Tatsache, daß der Mitmensch ein Subjekt von Rechten ist, das uns einschränkende, manchmal tödliche Pflichten auferlegt. So schmerzliche, ja quälende Sachverhalte, daß es Schuld gibt und Verantwortung; daß die ethischen Forderungen, die ich persönlich anerkenne, andere neben sich haben, die ich ganz und gar nicht anerkennen möchte; so peinliche Ansprüche, daß ich als autonomer Mensch etwa mein Sinnen und Trachten, Wollen und Wirken dem unendlichen Willen einer fremden Autorität sollte unterordnen müssen; so ärgerliche Zumutungen, wie sie Platon mit der Forderung nach einer *periagogé holés tés psychés*, einer Umwendung der ganzen Seele, als Bedingung und Wurzel des Glückes und des Heils stellt, die in der christlichen Anthropologie noch radikalisiert werden durch das Evangelium, das unter diesem Gesichtspunkt eben gar keine frohe Botschaft ist – solche

Lasten und Schmerzen scheinen zu schwinden, wenn man den Geist abschafft, den sie alle voraussetzen.

Psychologie als Herrschafts- und Machtwissenschaft lebt auch von einer Enttäuschung an dieser alten Anthropologie und dem Affekt, der sich aus dieser Enttäuschung herleitet. Die Enttäuschung heißt: Alle die Glücksstrategien, die sich aus der Geist-Anthropologie ergeben, sind ungemein kostspielig und bei hohem Aufwand von geringer Effizienz. Sie sind schlechte Existenztechnologien und noch schlechtere Existenzökonomien. Psychotherapie dagegen oder Verhaltenstherapie mögen zwar finanziell teuer sein, existenziell sind sie billig und leisten dabei mehr als alle ethischen und religiösen Appelle, als alle Anweisungen zum seligen Leben, als aller Trost der Philosophie und der Religion. Philosophie und Evangelium machen den Menschen traurig, neurotisch und passiv; Freud, Janov oder Skinner machen ihn fröhlich und gesund. Dies aber gerade, weil sie ihn vom Geiste befreien. Es ist ja eben dieses atavistische Organ, überflüssig wie ein Blinddarm, welches das Dasein des Menschen so überaus beschwert. Entfernt man es, sind quälende Schuldgefühle und die verzehrende Sehnsucht nach sittlicher Vollkommenheit von seinen Schultern genommen; der gebeugte Mensch, von einer Geistesanthropologie lebenslänglich zu einer Existenz als krummes Holz verurteilt, kann endlich gerade aufgerichtet gehen und froh von sich sagen »Ich bin o. k., du bist o. k.«[12], wozu ihm der ganze Aufwand des Alten und des Neuen Testamentes nicht verhelfen konnte. Diese Wurzel von Geistfeindschaft ist gut ausgedrückt in dem Gedicht von Walt Whitman, das Arthur Janov seinem Buch »Revolution der Psyche« vorangestellt hat:

»Ich glaube, ich könnte hingehen und mit den Tieren leben, sie sind so ruhig und beschlossen in sich. Ich stehe und schaue sie an, lange und lange.

Sie schwitzen und wimmern nicht über ihre Lage, sie

liegen nicht wach im Dunkeln und weinen über ihre Sünden, sie ekeln mich nicht an mit Erörterungen ihrer Pflichten vor Gott, keins ist unzufrieden, keins besessen von dem Wahn, Dinge besitzen zu wollen, keins kniet vor dem andern oder vor seinesgleichen, das vor tausend Jahren gelebt hat, keins ist Respektperson oder unglücklich auf der ganzen Erde.«

Das Schlagwort »Psychologie unter Verleugnung des Geistes« muß Widerspruch herausfordern. Er kann sich auf die unbestreitbare Tatsache berufen, daß es nicht wenige in der Welt anerkannte gelehrte Psychologen, Psychotherapeuten und Psychiater gibt, darüber hinaus unzählige unbekannte Praktiker, denen der Vorwurf unrecht täte. Unter ihnen sind viele, die zwar das Problem des Geistigen im Psychischen nicht wissenschaftlich reflektieren, aber in ihrem psychologischen Handeln als ein Unerforschliches, mehr oder weniger ruhig, verehren und beachten. Selbst bei Freud findet man ebenso erstaunliche wie erbauliche Worte über den Geist. Der Mensch im Psychologen ißt seinen Biologismus nie so heiß, wie er aus der eigenen Theorieküche kommt.

Dennoch bleibt unbestreitbar, daß die Problematik des Geistigen im Psychischen viele Psychologen in Verlegenheit bringt, weil jene methodischen Instrumente, die sie am liebsten gebrauchen, für die Bearbeitung dieses Themas nicht geeignet zu sein scheinen. So begrenzt die Methode die Auswahl der Gegenstände auch dort, wo nicht ideologische Vorentscheidungen die Rede vom Geist schlechthin verbieten. Neben den weniger ehrbaren Motiven der Vernachlässigung des Geistes gibt es freilich auch gute Gründe, nicht von ihm zu reden. Der Geist ist beim Menschen so sehr verleiblicht und als unsichtbare Quintessenz in allem Erleben und Verhalten anwesend, daß beide in vielen Zusammenhängen unverkürzt erforscht werden können, ohne auf die geistigen Momente im psychischen Vorgang eigens zu reflektieren. Geistiges Bewußtsein ist jenes Moment an der Existenz des Menschen, kraft dessen er sein Erleben und Verhalten vor den Horizont der Gesamtwirklichkeit des Seienden und Seins im Ganzen stellen kann, ja, immer schon gestellt sieht. Geist ist die Kraft eines Lebewesens, das viele Einzelne, seine Zusammenhänge, Bezüge und Gesetze, sinnlich Faßbares, sinnlich nicht Faßbares und das größte Ganze bei sich denkend zu versammeln, sich zu vergegenwärtigen. Das kann die bloße sinnliche Wahrnehmung nicht. Geist ist weiter die Kraft, durch den Hinblick auf das Ganze, seine einzelnen Sinnlinien und eine etwa zu fassende Gesamtordnung des Seins sich auch motivieren zu lassen und zu handeln. Weil dieser Horizont des Wissens um das Ganze und weil schon allein die Möglichkeit des Fragens nach einem Ganzen sowohl die Grenzen sinnlicher Erfahrung als auch die Gegenstände sinnlich vitaler Bedürfnisse überschreiten, sprechen wir und müssen wir sprechen von Geist[13].

In der Psychotherapie ist das Geistige im Psychischen gesehen und angesprochen in seiner Erscheinungsweise als Vernunft; als Einsicht, Urteils- und Steuerungskraft. Das ist ein etwas schmächtiger intellektueller Aspekt des Geistigen, der mächtige Kräfte unbeachtet läßt. In dieser Perspektive wird vernachlässigt, daß der Geist das eigentliche Glücksinstrument des Menschen ist, das ihm ermöglicht, in der Sinneserfahrung der Lust und in allen anderen Sinneserfahrungen seines ganzen Daseins eigentliche Glückserfahrungen zu machen, Glück zu suchen und zu finden. Um in Platons Gleichnis von der Höhle zu sprechen: Geist ist die einzige Öffnung des Höhlengefängnisses, aus der heraus der in der Höhle Gefesselte Anteil am Ewigen und Göttlichen finden kann. Nur von daher gewinnt er die Möglichkeit, alle negativen Lebenserfahrungen, Schmerz, Versagung, Verzicht, Krankheit, Leid und Tod, Bosheit und Unrecht, in Frieden und Freude zu transformieren. Geist ist das souveräne Instrument des Glückes in dem *Laboratorium beatitudinis possibilis*, das der Mensch ist[14], weil er jene Sonde darstellt, mit der der Mensch in allen Lebensverhältnissen auf Sinn stoßen kann. Geist ist der Glückstransformator, der jeden Lebensstoff verwerten kann.

Die Bedeutung des Geistes im *Laboratorium beatitudinis* ist in der Psychotherapie nicht ganz unbekannt. Einmal gibt es die Erfahrung, daß die Lösung neurotischer Fesseln den Menschen nicht selten die Möglichkeit gibt, verschüttete Entdeckungen von Sinn zu erneuern. Er beginnt zu spüren, was des Einsatzes seines ganzen Daseins würdig sein könnte. Ferner gibt es psychotherapeutische Theorien und Methoden, die solche fundamentalen Sinnerfahrungen für das eigentlich Heilende halten, wie zum Beispiel die von C. G. Jung und Viktor Frankl. Oft geht leider mit der Aufmerksamkeit auf Sinn, Bestimmung und Ziel des Daseins eine gewisse Vernachlässigung der biopsychischen Fundamente der Triebe und Triebschicksale einher. Ferner ist die Kunst der positiven Provokation geistiger Kräfte in der Psychotherapie noch nicht gut beschrieben. Hier kennt sich die Psychologie nicht aus.

Wenn wir hier aufhörten, wäre das Bild der Psychologie zu einem rechten Zerrbild geraten. Schließlich hat die Psychologie der vergangenen hundertfünfzig Jahre noch anderes betrieben, als die Austreibung des Geistes vorzunehmen. Zunächst einmal lassen sich ohne Schwierigkeiten alle ihre haltbaren Befunde in eine geistbestimmte Anthropologie einordnen. Mehr noch, zu den Leistungen der Psychologie gehört es, daß sie einer solchen Anthropologie etwas zu sagen hat, was die alte klassische und christliche Anthropologie nicht wußte. Die Erkenntnisse der Psychoanalyse, der Lerntheorien und der neuen Psychotherapien erweisen zwar den Menschen als im höchsten Maße manipulabel, suggestibel, gewissermaßen von unten her formbar und verformbar. Aber gerade durch die Nichtbeachtung des Geistigen sind ganze Dimensionen der Formbarkeit des Menschen auch im positiven Sinne neu entdeckt worden, der Formbarkeit und der Heilbarkeit des gestörten und verstörten Menschen. Hier hat der neuzeitliche Mensch den großartigen Weg der Unterwerfung der Natur weiter verfolgt bis zu seiner eigenen Natur hin, und er beginnt, sich selbst in größerem Maße auch zum Herren dieser seiner eigenen Natur zu machen, dieses Stückes Schöpfung. Dies aber gehört zu seinem Auftrag und zu seiner Bestimmung. Es ist auch kein Zweifel, daß ihm das gerade in den neu entdeckten Dimensionen, sagen wir einmal, der Substrukturen, der Infrastrukturen des Geistigen, im Bereich des Vorpersonalen, gerade darum besser gelungen ist als in früheren Zeiten, weil die Konzentration auf das Vorgeistige und Vorpersonale in ihm selbst diese Schichten oder Dimensionen weit besser und genauer sichtbar gemacht hat. Alle Berufe, die um den Menschen besorgt sind, die Pädagogik, die Medizin, die Seelsorge, haben hier von der modernen Psychologie zwar auch eine Fülle von Mißweisungen und giftigen Abfallprodukten empfangen, deren sie sich wieder entledigen müssen, sie haben aber auch eine Fülle von Hilfen erhalten, und es ist sicher, daß die Zahl der von der Psychologie angebotenen Hilfsmittel für die menschliche Entwicklung in der Zukunft noch eine unabsehbare Erweiterung erwarten läßt. Selbst wenn die Masse des Giftes, die zum Beispiel in manchen Formen von Gruppentherapie heute in unser Leben einströmt, die Heilwirkung dieser Prozeduren noch weit übertreffen mag, so steht es doch hier ebenso wie in der Pharmakologie, in der das Studium und die Isolierung von Giften die Herstellung zahlreicher Heilmittel ermöglicht. Auch ist es von großer Bedeutung, daß die Einsichten der modernen Psychologie gerade in ihrem haltbaren Bestande uns gelehrt haben, die Grenzen der menschlichen Willensfreiheit und damit auch die Grenzen der menschlichen Schuldfähigkeit mit mehr Einsicht und Nachsicht zu beurteilen. Wir alle lernen gütiger miteinander umzugehen, wenn unser Wissen um die mildernden Umstände menschlichen Verhaltens nicht nur am Rande mitschwingt in einer diffusen Ahnung, daß es wohl so etwas gibt, sondern durch bessere und tiefere Kenntnis solcher mildernden Umstände uns die Neigung nimmt, uns zu Richtern aufzuschwingen. Eine irrige Grenzerweiterung der Willensfreiheit über das tatsächlich vorhandene Maß hinaus hat im pädagogischen und seelsorglichen Umgang mit dem Menschen und im Umgang der Menschen miteinander zu einer ungerechtfertigten Schuldzumessung geführt, die viel unbarmherziges und ungerechtes Urteilen über andere und sich selbst mit sich gebracht, viel gesundes Selbstbewußtsein gebrochen und viele Existenzen verstört hat. Insofern hat sogar die Exkulpierungstendenz in der Psychologie unter anderem auch Gutes gewirkt.

Welches ist der gemeinsame Nenner, der alle naturwissenschaftlich ansetzende Anthropologie und alle die disparaten, sich naturwissenschaftlich verstehenden Psychologien doch eint? Sie alle fragen nach den *Gesetzen*, die in allem menschlichen Verhalten, innerem wie äußerem, wirksam sind, und finden Bedingungen und Ursachen des Verhaltens, die jene Gleichförmigkeit und Notwendigkeit zeigen, die den Naturgesetzen zugrunde liegt. Es gibt Gesetze des Sehens, Gesetze des Lernens, Gesetze der Verhaltensformung und der Verhaltensstörung, Gesetze der Entwicklung und der Sozialdynamik. Sie sind schon immer der gemeinsame Nenner, der die disparatesten Psychologien vereint. Aber auch jene Psychologien, die die Grenzen der naturwissenschaftlichen Methode bewußt oder unbewußt überschreiten, haben ohne besondere Mühe um einen gemeinsamen Nenner schon immer ihre innere Einheit darin, daß sie den Reichtum der *Möglichkeiten* intentionalen Verhaltens, die vielfältigen Weisen, wie der Mensch die Wahrheit und das Glück sucht und wie er dem Irrtum und dem Unheil verfällt, zu erfassen suchen [15]. Die Psychologie hat viel gewonnen und viel verloren mit dem rigorosen Versuch, den Menschen nur als naturwissenschaftlich angehbares organismisches Objekt zu betrachten. Doch die Tücke dieses Objektes ist so energisch, daß es von sich selbst her auf die Dauer in seiner ganzen Pluralität als gegenständlich-ungegenständliches Wesen betrachtet zu werden bestehen wird. Der Weg zu einer integrierenden Anthropologie ist so offen, daß ihn auch die mächtigsten Wissenschaftsverschwörungen nicht verschließen können.

Die Opposition der humanistischen Psychologie gegen die Vorherrschaft der herrschenden positivistisch orientierten experimentellen und der psychoanalytischen Großgewerkschaften in der Psychologie gründet ihre Mängelrüge weniger auf die hier vorgebrachte Anklage der Auslassung des Geistes. Der Vorwurf, die Psychologie sei mehr Veterinär- und Automaten- als Humanpsychologie, wird erweitert durch die Anklage, die etablierte akademische Psychologie, zu deren Machtgruppen in den USA auch die Psychoanalyse gehört, sei vom Übermut der Intellektuellen so korrumpiert, daß in der psychologischen Praxis einmal durch die Vernachlässigung des Gefühlsbereichs, dann durch die Vertuschung der großen Unsicherheit gerade der für die Praxis wichtigen psychologischen Lehren die notwendige Neuorientierung erschwert werde.

Die untergründige Unruhe, die so zutage tritt, spürt den Wirkungsverlust aller psychoanalytisch inspirierten therapeutischen, psychagogischen und pädagogischen Anstrengungen und führt ihn unter anderem auf die Erstickung dieser Unternehmungen durch zu vieles Reden und Zerreden zurück. Janov hat den Einwand prägnant formuliert:

Die freie Assoziation als *via regia* der psychoanalytischen Therapien ist eine Fortsetzung der Neurose des Patienten mit anderen Mitteln. Die Deutung, so könnte man zufügen, ist die Fortsetzung der Therapeuten-Neurose mit anderen Mitteln.

Wenn alle neurotischen Fehlentwicklungen zutiefst Behinderungen des freien Strömens von Gefühlen sind, mit denen freilich auch das Zuende-Denken von Gedanken und die Entfaltung lebenswichtiger Handlungsansätze gestört wird, dann könnte ein Zuviel an Reden und Deuten freilich oft eher ein weiteres Hindernis als eine Hilfe der Gefühlsentfaltung sein.

Der Vorwurf gegen die Psychoanalyse wird mit weit größerer Stoßkraft gegen die aus der experimentellen Psychologie entwickelten Verhaltenstherapien und gegen die Verhaltensmodifikation in der Pädagogik gerichtet.

Zwar wäre es unsinnig, zu behaupten, Psychoanalyse und Verhaltenstherapie seien blind für Gefühle. Behauptet wird aber, daß beide ungeeignete oder schädliche Mittel im Umgang mit Gefühlen vorschlagen. Insbesondere der Verhaltenstherapie wird nachgesagt, ihre Verfahrensweise sei eine fühllose technologische Dressur, voller Ahnungslosigkeit und Kälte im Umgang mit dem Menschlichsten im Menschen.

Andere Vorwürfe gegen die überlieferten Formen von Psychotherapie und Verhaltensformung laufen auf die Entdeckung einer Binsenwahrheit hinaus. Alle überlieferten Theoreme und Praktiken bestehen aus Lehren und Handlungsanweisungen, die zu einem großen, wenn nicht zum größeren Teil die Unsicherheit kaum konfirmierter Hypothesen und Plausibilitäten an sich haben. Die praktische Psychologie arbeitet selten mit Grundsätzen, die eine an Sicherheit grenzende Wahrscheinlichkeit erreichen – weder in der Diagnose noch in der Therapie. Ihr Glück dabei ist, daß auch ungesicherte Sätze nicht selten zutreffen. Unfreundliche Leute bezeichnen die Psychologie als Musterbeispiel einer pseudostringenten (W. Hannack) Wissenschaft. Deren Strenge und Verläßlichkeit scheint manchmal dort am größten, wo die Ergebnisse für die Existenz am gleichgültigsten sind und umgekehrt. Sie versinkt aber in der sumpfigen Bodenlosigkeit des nur Plausiblen, wo das Ganze des Daseins ins Spiel kommt, wie in der Pädagogik, Politik und Psychotherapie.

Die praktische Psychologie kennt den Menschen wie Graf Bobby im Witz die Telefonnummer seiner Freundin: approximativ. Gewiß gibt es Unterschiede der Approximation. Selbst so fragwürdige Meßinstrumente wie die üblichen Intelligenztests geben der Voraussage, ein Zehnjähriger mit einem Intelligenz-Quotienten von 85 werde die erste Gymnasialklasse nicht bewältigen, eine gute Wahrscheinlichkeit. Es trifft auch zu, daß eine Reihe von Psychotherapiemethoden ebenso wie die moderne Psychopharmakologie viele Depressionskranke vor dem Selbstmord bewahrt, auch wenn die Erklärung des Sachverhaltes ungesichert ist.

Hier stoßen wir auf einen wichtigen Unterschied. Es gibt ein gewisses Know-how-Wissen der Psychologie ohne ein »Warum-Wissen«, ein erfolgreiches Handeln trotz aller Unsicherheit, ja, gelegentlich auch trotz erwiesener Falschheit im Bereich der Hypothesen, die dem Handeln vorausgehen oder es leiten. Die glücklicherweise heute meist unnötige Elektroschock-Therapie wurde entwickelt zur Behandlung der Schizophrenie; weil man meinte, die epileptischen Krampfkrankheiten schlössen die Erkrankung an Schizophrenie aus. Der Krampfanfall wirke also vielleicht ihr entgegen. Die Beobachtung der Unvereinbarkeit beider Krankheiten erwies sich als irrig. Der erwartete Erfolg zeigte sich dennoch. Der überwundenen Theorie Mesmers vom tierischen Magnetismus verdanken wir indirekt eine differenzierte Technologie der Hypnose, und diese wird man wohl weiter benutzen, selbst wenn jene Forscher recht haben, die behaupten, einen hypnotischen Schlaf gäbe es gar nicht. Aber eben diese zweideutigen Glücksfälle hinterlassen einen bitteren Geschmack. Wer im Bewußtsein der Unsicherheit der Psychologien nach festen Trittpunkten sucht und endlich einige verläßliche Befunde und Lehren gefunden zu haben glaubt, muß vor des Lebens Widerspruch erblassen. Er erfährt wieder und wieder, wie neue Befunde das scheinbar Gesicherte in Frage stellen. Zudem bemerkt er, daß sich die Handelnden jahrzehntelang vom Abfall vollmundiger, aber widerlegter und überholter Meinungen ernähren. Psychologie scheint am wirksamsten in den Abfallprodukten, handlichen Simplifikationen und voreiligen Verallgemeinerungen, die in den Nachbargebieten, in Pädagogik, Medizin, aber auch in der eigenen Zunft ihren wissenschaftlichen Untergang gespenstisch überdauern.

So sind etwa John Bowlbys und René Spitz' Lehren über die Bedeutung der Mutter-Beziehung für die Entwicklung und Fehlentwicklung des Kindes weltweit verbreitet. Die gründlichen Korrekturen, die das von den genannten Autoren gezeichnete Bild sich gefallen lassen mußte, sind kaum bekannt geworden[16].

Wenn Hans Thomae sagt, die Psychologie stelle eines der verläßlichsten Gegengewichte gegen eine Einbeziehung des Seelischen in das laufende Band einer standardisierten Erledigung menschlicher Probleme dar, so frage ich mich, ob das gleiche auch von den handelnden Psychologen gilt. Bei der therapeutischen und pädagogischen Anwendung von Psychologie ist deren Tendenz zur beständigen Selbstüberholung und Selbstwiderlegung beunruhigend. Solcher Ängste kann man sich durch Festhalten an unangefochtenen Überzeugungen erwehren. Das Ausblenden von Widersprüchen, die Verhütung kognitiver Dissonanzen ist oft ein schwer entbehrlicher Selbstschutz des Praktikers.

Eine andere Schwierigkeit der Psychologie liegt in Glanz, Elend und Übermut der Intuitiven. Einerseits ist der Blick für eigenartige Erlebens- und Verhaltensmuster, für typische Sequenzen und Syndrome, für leiseste Ausdrucksandeutungen, Unstimmigkeiten zwischen Ausdruck und Inhalt, aber auch für gesetzesartige Zusammenhänge und für Probleme eine Gabe, ohne die es gar keine psychologische Theorie und gewiß keine psychotherapeutische Methode gäbe. Andererseits hat Intuition, eine wenig erforschte Erkenntnisweise, die peinliche Eigenschaft, allzu leicht mit der Gloriole der Evidenz bekleidet aufzutreten. »Der Wert der Intuition besteht in ihrer Offensichtlichkeit (Evidenz)«, schreibt das sonst eher nüchterne »Lexikon der Psychologie« in unübertrefflicher wissenschaftstheoretischer Naivität. Es vergißt, daß die Intuition mit dem Wahn, dem Fanatismus und der schlichten Dummheit die Neigung teilt, höchst Fragwürdiges und erweislich Falsches für evident zu halten. In der Psychoanalyse findet man bei als genial intuitiv anerkannten Größen des Faches Behauptungen, in denen Phantasie und Intuition ununterscheidbar ineinanderfließen. Die Behauptenden geben kein Verfahren an, mit dem ihre Aussage begründet oder überprüft werden könnte. Oft sind die Aussagen derart, daß nur parapsychologische Gaben sie rechtfertigen würden.

Kraft der dem Intuitiven mitgegebenen Evidenzgefühle erfreut er sich aber einer Selbstsicherheit, die für viele Klienten, vor allem für Neurotiker, doch auch für Schüler und Kollegen eine Atmosphäre der Zuversicht und des Vertrauens anbietet. Hier ist zwar das »Gold der Analyse mit dem Kupfer der Suggestion gemischt« (Freud), aber möglicherweise ist diese Mischung weit heilsamer als das reine Gold der Analyse, welches ohnehin nur im Mythos existiert.

Freud hatte gegen die Legierung keine Einwände, und wir sollten ihn nicht für so naiv halten, als hätte er den gewaltigen Schatten der suggestiven Autorität seiner eigenen machtvollen Persönlichkeit übersehen.

Dazu kommt ein wichtiger Faktor eigener Art. Intuitiv begabte, intelligente und selbstsichere Menschen haben oft die leicht magische Aura der bedeutenden, wissenden und mächtigen Persönlichkeit, wie salopp oder bescheiden sie sich auch geben mögen. Abgesehen von aller Suggestion ist es mindestens denkbar, daß die Erfahrung des Patienten, der jahrelangen Aufmerksamkeit, des Interesses und der Bemühung einer überlegenen, bedeutenden Person wert zu sein, ohne weitere Zutaten schon jenen entkräftenden Wertlosigkeitsgefühlen entgegenwirkt, welche Entwicklung wie Heilung hemmen. *Cogitor, ergo sum!* Ich werde analysiert – also bin ich wer! Viele zutiefst gedemütigte, verachtete oder nicht angesehene Kinder könnten als erwachsene Patienten dem Psychotherapeuten keinen genaueren Dank ausdrücken als mit den Worten: »Sie haben mir meine Würde wiedergegeben.«

Die suggestive, den Patienten in die eigene Sicherheit einhüllende Autorität des Intuitiven könnte einer der stärksten Heilfaktoren sein. Sie könnte. Aber gerade von Analytikern, die der Arbeit mit eben diesem Instrument höchst verdächtig sind, kommt uns die Lehre, nichts sei schädlicher als die Abhängigkeit von dem für allwissend und allmächtig gehaltenen Therapeuten. Nichts hinderlicher als Worte oder Handlungen, die das Gefühl der Ungleichheit und Unterlegenheit vertiefen – wie es möglicherweise besonders scharfsinnige, intuitive und zutreffende Deutungen tun könnten. Gerade Abhängigkeit führe in jene malignen Regressionen, aus denen es keinen Ausweg gibt. Wieder sind wir im Labyrinth des Museums der Gegenbeispiele gefangen. Beide Antithesen sind plausibel, beide enthalten wahrscheinlich unentscheidbare Fragen, wie das bei vielen Kontroversen zwischen Psychotherapeuten der Fall ist. »We agree to disagree« ist die Formel, auf die sich die tief zerstrittenen Analytikersekten Londons zu einigen wußten.

Ist Psychologie also Glückssache? Ein etwas zynischer Psychiater rät den Psychotherapeuten, sich vorwiegend mit der Therapie von endogen Depressiven und an abnormen Erlebnisreaktionen Erkrankten zu beschäftigen. Nur so sei ihnen fabelhafter Erfolg sicher; weil diese Krankheiten von sich aus so gewiß immer wieder zur Gesundung führen, wie eine Uhr über kurz oder lang abläuft.

Ist der Psychologe der pfiffige Nutznießer jener spontanen Heilungs- und Ordnungskräfte der Natur, deren mächtige Anstrengung so vieles Beschädigte wieder einrenkt oder vernarben läßt? Macht er sich die Tatsache zunutze, daß auch ein nur eingebildetes Kennen und Können positive Wirkungen haben kann? Ist Psychologie ein Placebo, das seine Farben und Verpackungen oft wechselt, weil der Spruch recht hat: Neue Therapien heilen gut? Und weil es immer genug Narren gibt, die glauben, daß die Gescheiten Bescheid wüßten?

Solche skeptischen Erwägungen werden durch Untersuchungen gestützt, die statistisch zu erweisen scheinen, daß etwa 70 Prozent aller Neurosen im Laufe von ein bis zwei Jahren spontan ausheilen. Die Zahl der Spontanheilungen läge dann höher als die Erfolge von Psychotherapie. Demnach wäre Psychotherapie allenfalls ein Unternehmen zur Verzögerung der Spontanheilung. Ganz abgesehen davon, daß dem Urheber dieser Behauptungen schlichte Fälschungen in der Zitation seiner statistischen Quellen nachgewiesen wurden, liegt seinen Überlegungen die Unkenntnis oder Vernachlässigung des Unterschiedes von chronischen Neurosen auf der einen und aktuellen abnormen Erlebnisreaktionen auf der anderen Seite zugrunde. Die letzte Gruppe zeigt tatsächlich eine hohe Tendenz, im Laufe von Wochen oder Monaten abzuklingen. Die von ihr Betroffenen bedürfen allenfalls einer Krisenhilfe, um fatale Kurzschlußreaktionen zu verhindern. Den chronifizierten Neurosen und psychosomatischen Krankheiten eine vergleichbar günstige Prognose spontaner Besserung zu stellen, wäre jedoch töricht.

Eine weniger destruktive, aber nicht weniger fahrlässige Verallgemeinerung liegt in dem Gerücht, die angewandte psychologische Methode sei relativ gleichgültig für den Erfolg. Ausschlaggebend sei vielmehr die Persönlichkeit des Therapeuten, seine Fähigkeit, dem Patienten Wärme, Verständnis und bedingungslose Zuwendung anzubieten, oder andere charismatische Gaben. Diese Ansicht kann sich unter anderem auf ein Experiment berufen, in dem gezeigt wurde, daß unausgebildete Studenten und Hausfrauen in einem Therapieversuch bessere Erfolge aufzuweisen hatten als erfahrene Experten. Inzwischen gibt es eine Fülle von Schabernack-Experimenten und Statistiken dieser Art, in denen eine psychologische Partei eine andere ihrer Narrheit zu überführen sucht. Gekrönt werden diese ernsthaften Eulenspiegeleien von dem Nachweis, daß selbst Ratten ihr Verhalten den Hypothesen ihrer Versuchsleiter entsprechend einrichten. Glücklicherweise wissen diese Tiere auch ihre eigene Loyalität zu zügeln. Sie sichern sich die begehrten Laborplätze und ihren Ernährern die Forschungsbeihilfen, indem sie gelegentlich auch zur Widerlegung von Hypothesen das Ihre beitragen.

Das Unbehagen in der Psychoanalyse und anderen verstehenden Psychotherapien und Psychologien hat der Entwicklung dem Anspruch nach objektiverer experimentell begründeter Verfahren der pädagogischen Psychologie und der Psychotherapie viel Sympathie eingebracht. Lerntheorien und Verhaltenstherapie oder Verhaltensmodifikation scheinen viele Mängel der älteren Methoden zu überwinden. Doch wird nicht bestritten, daß in der Psychologie das Experiment als eine an die Natur gestellte Frage jedenfalls von der menschlichen Natur nicht so oft eindeutig beantwortet wird, wie wir es wünschen würden. Die Lerntheorien konnten bisher ihr Versprechen nicht einlösen, exakte Naturgesetze menschlichen Verhaltens, möglichst mathematisch, zu formulieren. Ebensowenig gelang es, Krankheitslehre und Therapiemethoden so zu fassen, daß die wesentlichen und verläßlichen unter den Befunden der psychiatrischen und psychoanalytischen Forschung in der neuen Wissenschaft gut aufgehoben und die Mehrzahl der klinischen Probleme auf dem Wege zu einer besseren Lösung wären.

Die heutige Psychologie stellt dem Praktiker keine verbindliche integrative Anthropologie zur Verfügung und wird das auch in Zukunft nicht tun, weil eine solche nicht ohne die philosophische Analyse der psychischen Akte und ihres Trägers auskommen kann. Auf der anderen Seite gibt es führende Psychologen, die den anthropologischen Horizont ihrer Arbeit so offenhalten, daß der Mensch in allen seinen Dimensionen sichtbar werden kann[17].

Psychologie wird zwar oft reduktionistisch, biologistisch, kybernetistisch, reflexionistisch, ohne Ansehen von Subjekt und Person betrieben, sie ist immer in Ideologie-Gefahr – aber ihre innere Resistance ist kraftvoll. Viele Grundsätze ihrer Praxis sind ungesichert und umstritten, aber unter ihnen sind doch solche, die ausreichend wahrscheinlich sind, um diagnostisches, psychagogisches und therapeutisches Handeln zu rechtfertigen, das Schäden vermeidet und vielen Hilfe bringt. Die Annahme, psychologische Hilfestellung und psychologische Therapie habe kaum einen Legastheniker schulfähig gemacht, keine nennenswerte Hilfe für chronische Neurosen und psychosomatische Krankheiten, keine Verhinderung von Suiziden, keine Wiederherstellung zerstörter Arbeitsfähigkeit, keine Verbesserung des Familienklimas erreicht, ist ebenso unrealistisch wie der Versuch, positive Wirkungen nur einer Therapieschule zuzubilligen. Abgesehen von dem heute unterschätzten Gewicht kasuistischer Belege, deren Wert in einem Konvergenzbeweis der psychologischen Leistung mit guten wissenschaftstheoretischen Gründen vertreten werden kann, gibt es zwischen den Fluten dilettantischer statistischer Rechtfertigungsversuche doch auch wenige von makelloser Logik, die zum Beispiel die hartgesottenen Statistiker der deutschen Krankenkassen veranlaßt haben, Psychotherapie zu bezahlen.

Außerdem gibt es Patienten, die in der Therapie eine erstaunliche Fähigkeit und Zähigkeit entwickeln, das therapeutisch Angebotene für sich auszubeuten und so gut mit jedem Wind zu segeln, daß sie selbst aus Fehlern der Therapeuten Nutzen ziehen. Sie wissen, daß sie sicher weder den für sie besten Therapeuten der Welt noch mit Gewißheit die für sie beste Methode der Welt gefunden haben. Aber diese und keine andere ist jetzt ihre Chance, und die nehmen sie wahr. Das mag dezisionistisch klingen, läßt sich aber vernünftig begründen. Die einzelnen psychotherapeutischen, einschließlich der verhaltenstherapeutischen, Methoden haben jeweils andere Vorstellungen von den eingebrachten therapeutischen Faktoren. Dabei wird kaum bestritten, daß bei jeder einzelnen Methode außer den Faktoren, die sie absichtlich ins Spiel bringt, weitere beiläufig wirksam werden. Schon die einfachsten pragmatischen Methoden der Entspannung oder besser Spannungseinstellung wie das bekannte autogene Training wirken dem Streßsyndrom entgegen und beeinflussen so den großen Sektor der streßbedingten psychosomatischen Krankheiten wohltätig[18]. Eine unspezifische eutonische, spannungsregulierende Komponente enthalten aber auch viele andere Methoden, ohne darauf abzuzielen.

Alle tiefenpsychologisch orientierten Methoden setzen eine Vielfalt von möglichen Heilfaktoren ein: das kathartische Abreagieren, das schon im affektiven Aberzählen enthalten ist, die Lösung durch assoziative Denkarbeit, die Freud als den Dissoziationsprozeß der Neurose überwindenden Faktor schon früh beschrieben hat; später nennt Freud weitere Momente: das Bewußtwerden von Unbewußtem, den Abbau von Abwehrmechanismen, die Aufhebung von Besetzungen und Gegenbesetzungen, die Traumarbeit und die Trauerarbeit und, weniger abstrakt, die Korrektur eines Irrtums, den Abschied von einer Illusion, das Aufgeben oder Sublimieren eines Triebanspruchs, das Ausbrennen einer Leidenschaft, das Abtrauern eines Verlustes, das Auswüten eines Hasses. Arthur Janov hat die Liste ergänzt um ein wichtiges Element, das bei Freud vielleicht nicht ganz den ihm gebührenden Rang einnimmt: das Ausleiden eines Schmerzes, das Zuendefühlen von Einsamkeit, Demütigung und Qual; allgemeiner gesagt, das Auftauen eingefrorener Gefühlsbereiche, welches nicht nur in der Primärtherapie Janovs, sondern in allen von der *Humanistic Psychology* bevorzugten nach-psychoanalytischen Therapien als wichtigster Heilfaktor angesehen wird.

Ferner kommt es in allen Psychotherapieformen zu unsystematischen Lernprozessen, die denen in der Verhaltenstherapie herauspräparierten mehr oder weniger ähnlich sind, während umgekehrt in den Verhaltenstherapien unspezifische Faktoren aus dem tiefenpsychologischen Fundus unbeabsichtigt mit eingehen – zum Beispiel Übertragungsprozesse.

Immer wieder begegnen wir der Grundsituation, daß wir bestimmte schädigende und heilende, fördernde und hindernde Faktoren in Entwicklung und Fehlentwicklung namhaft machen und mit solider Wahrscheinlichkeit aufweisen können[19]. Insofern kennt die Psychologie den Menschen recht gut. Von daher können wir auch in etwa einschätzen, mit welchen Heilfaktoren wir bei den einzelnen Methoden zu rechnen haben, auf welche wir jeweils verzichten müssen und bei welchen Krankheitsbildern diese Methode mehr und jene weniger leistet. Wenn man aber den Psychologen darüber hinaus fragt, welcher einzelne von dieser Methode oder gar von jenem Therapeuten größeren oder geringeren Gewinn zu erwarten habe, dann läßt uns die Wissenschaft im Stich. Auch die Frage nach der schlechthin besten Methode kann sie nicht beantworten. So gut kennt die Psychologie den Menschen nicht. Wer sich mit ihr einläßt, muß bereit sein, ein großes Stück Unsicherheit zu ertragen. Man muß, so sagt ein holländisches Sprichwort, mit den Riemen rudern, die man hat.

Psychoanalyse und Verhaltenstherapie

Psychoanalyse und Verhaltenstherapie scheinen feindliche Brüder zu sein, die ihre Verwandtschaft nicht wahrhaben wollen, in der doch gerade ihre gegenseitige Abneigung und ihre Rivalität begründet sind. Was sich nah ist, haßt sich gut. Wenn von zwei Brüdern nun noch jeder behauptet, der Vater des anderen zu sein, den er als mißratenen Abkömmling und Schandfleck der Familie betrachtet, wird die Situation vertrackt. Man kann die Verwirrung dieser Familienbande auf zwei Arten zu klären versuchen: Der Praktiker wird nüchtern fragen, welche Methode wirksamer, schneller, billiger, gefahrloser, sicherer helfen könne; bei welchen Indikationen die eine, bei welchen die andere den Vorzug verdiene; ob etwa in allen Fällen eine der beiden Methoden der anderen überlegen sei.

Die letzte Frage wird heute fast nur noch von Schreibtischideologen entweder zugunsten der Psychoanalyse oder zugunsten der Verhaltenstherapie eindeutig entschieden.

Stehen sie auf seiten der Psychoanalyse, so wissen sie ganz genau, daß Verhaltenstherapie nur kurz dauernde, oberflächliche Symptomheilungen bewirke oder gar grundsätzlich und immer den Kranken schädige, weil sie ihn seiner Freiheit beraube und zum Dressurobjekt einer Gehirnwäsche mache. Verhaltenstherapie behandelt in dieser Sicht den Menschen als ein Ebenbild der Ratte, sie enthumanisiert ihn, indem sie ihn rattenfängerisch manipuliert; sie ist ein Unterwerfungsinstrument kapitalistisch faschistoider Herrschaft.

Vom Gegenschreibtisch her bedient man sich ähnlicher dröhnender Handfeuerwaffen. Die Psychoanalyse leiste nichts, als den natürlichen Spontanheilungsvorgang von Neurosen beträchtlich zu verzögern. Wo Psychoanalyse doch einmal ausnahmsweise günstig wirke, da sei der Grund, daß in der psychoanalytischen Methode unerkannte verhaltenstherapeutische Bestandteile wirksam seien.

Die wahlkampfähnliche Leidenschaftlichkeit der gegenseitigen Beschimpfungen weist auf irrationale und gefühlsmäßige Motive der Parteibildungen hin. Vermutlich handelt es sich um einen Streit mächtiger Königinnen, die ihre Vorherrschaft nicht aufgeben möchten. In beiden Positionen steckt bei manchen ihrer Vertreter der Anspruch, zu wissen, was der Mensch letztlich sei und was sein Handeln letztlich bestimme. Psychoanalyse und Verhaltenstherapie gebärden sich dann als totale Anthropologien. Jede von ihnen versucht die andere ihren eigenen Kategorien einzuverleiben. Natürlich werden auf beiden Seiten auch handfeste Machtpositionen und Interessen verteidigt. Darüber hinaus spielen vorderhand unüberwindliche wissenschaftstheoretische und philosophische Auffassungen und Vorurteile eine Rolle. So vertreten Psychoanalytiker und experimentelle Psychologen häufig unterschiedliche Meinungen über das, was als korrekte Begriffsbildung und schlüssige Beweisführung in der Wissenschaft anzuerkennen sei.

John B. Watson, der Begründer des Behaviorismus, hat kurz nach dem Ersten Weltkrieg das folgende, etwas außerhalb der Humanität liegende Experiment durchgeführt. Ein elf Monate alter Knabe namens Albert war gewohnt, mit weißen Ratten zu spielen, jenen weißen Ratten, denen die Psychologie so viel Belehrung verdankt. Er wurde nun von dem Experimentator beim Spiel mit diesen Ratten durch ein plötzliches, künstlich erzeugtes Getöse erschreckt. Der Psychologe hatte hinter Klein-Alberts Rücken mit einem Hammer auf eine Stahlschiene geschlagen. Watson hat nun erwartet, daß der Anblick der weißen Ratte, ein ursprünglich »neutraler« Reiz, durch die Verbindung mit dem Lärm zu einem bedingten Reiz werden würde, der künftig auch ohne den unbedingten Angstreiz des Lärms die Reaktion der Angst hervorrufen müßte. Das ist auch eingetroffen; der Kleine zeigte fortan die neue, bedingte Angstreaktion, sobald er die weiße Ratte erblickte. Er hatte auf dem Wege eines Konditionierungsvorgangs eine Rattenphobie als experimentelle Neurose erworben[1].

Dieses Experiment legt bei aller Künstlichkeit der Situation die Frage nahe, ob nicht viele oder gar alle Phobien auf ähnliche Weise entstanden sein könnten: durch zufällige Kopplung eines unbedingten mit einem bedingten Angstreiz. Wenn man die Erfahrung dieses Experiments mit anderen, ähnlichen experimentellen Erfahrungen vergleicht, dann kann man vermuten, daß nicht nur Phobien, sondern auch viele andere Neurosen durch die Bildung bedingter Reaktionen am falschen Platz entstehen. Neurosen wären dann Fehlkonditionierungen. Bei der Phobie unseres kleinen Patienten handelt es sich um einen Fall von sogenannter klassischer Konditionierung wie bei dem allbekannten Pawlowschen Hund. Kind und Hund sind bei einer solchen klassischen Konditionierung im wesentlichen passiv. Der bedingte Reflex entsteht auch ohne ihr Zutun, und er besteht oft vor allem in einer Reaktion des autonomen Nervensystems; beim Pawlowschen Hund in der Speichelsekretion, beim kleinen Albert in der Angstproduktion.

Nun kennt die Lerntheorie noch andere für die Therapie wichtige Typen von Konditionierungen, zum Beispiel das operante oder instrumentelle Konditionieren. Das Prinzip ist einfach: Plattwürmer, Ratten und Menschen pflegen jene Aktionen zu wiederholen, für die sie unmittelbar nach der Aktion in irgendeiner Form belohnt worden sind. Wenn eine Katze in einem Versuchskäfig sitzt und beim Herumlaufen zufällig auf einen Hebel drückt, der eine Futterklappe öffnet, dann wird sie diese Verhaltensweise des Hebeldrückens, für die sie belohnt worden ist, wiederholen; zumindest, sobald sie Hunger hat. Hier besteht die erlernte Respons nicht in einer Aktivität des autonomen Nervensystems, sondern vorwiegend in einer motorischen Aktion. Operante Responsen sind meist motorische Responsen. Auch ein solcher Zusammenhang der Verhaltensformung kann zu Fehlkonditionierungen führen. Ein Kind, das häufig Beschimpfungen ausgesetzt ist, erlebt möglicherweise als unbedingte Respons auf den Schreck und die Demütigung des Beschimpftwerdens ein Gemisch von Angst, Kummer und Wut. Diesem Gefühlszustand entsprechen bestimmte vegetative Erregungsprozesse. Man kann nun im nervösen System entgegengerichtete Prozesse hervorrufen, welche die erstgenannten (man nannte sie früher vereinfachend sympathikotone Prozesse) dämpfen, hemmen oder ganz zum Verschwinden bringen. Diese gegenläufigen, vagotonen Prozesse kann man durch verschiedene Maßnahmen in Gang setzen, zum Beispiel dadurch, daß man dem Kind etwas zu essen oder zu naschen gibt. Wenn also das beschimpfte, bekümmerte und wütende Kind in diesem Zustand Schokolade nascht, wird es durch Verminderung der aus Angst, Kummer und Wut zusammengesetzten Unlust belohnt. Das Kind wird darum nach lerntheoretischen Gesetzen diese Handlungsweise, die operante Respons des Naschens, in ähnlichen Situationen wiederholen. Auf diese Weise kann sich eine operante Fehlkonditionierung herausbilden, die wir Naschsucht, vielleicht mit dem späteren Ergebnis der Fettsucht, nennen. Eine im Hinblick auf den unmittelbaren Erfolg der Minderung von Unlust sinnvolle Aktion ist nun zu einer auf lange Sicht schädlichen Aktion geworden.

Übrigens gibt es in der Lerntheorie auch Fehlverhaltensweisen, die nicht durch Fehlkonditionierung, sondern durch das Fehlen von notwendigen Konditionierungen erklärt werden. Das gilt zum Beispiel für jene Fälle von Bettnässen, in denen das »Symptom« von der Säuglingszeit an besteht und nie durch eine Beherrschung der Blasenmuskulatur abgelöst worden ist. Bei solchen Fehlverhaltensweisen, bei denen der Mangel von notwendigen Konditionierungen die Symptomatik bestimmt, kann man gleich mit dem Aufbau der neuen, erwünschten Responsbildungen beginnen.

Nehmen wir nun einmal an, der im Jahre 1920 von Watson neurotisierte kleine Albert käme heute als erwachsener Mann mit seiner Kleintierphobie in unsere Behandlung. Wir müßten dann mit ihm nicht seine Kindheitsgeschichte in der psychoanalytischen Übertragung erinnern, wiederholen und durcharbeiten, sondern es genügte, die bedingten Angstreaktionen, die jetzt noch vorhanden sind, jetzt auch zu löschen oder zu hemmen. Das kann man mit der Methode der systematischen Desensibilisierung erreichen, die Wolpe und Lazarus entwickelt haben[2]. Diese Methode beginnt mit dem Aufbau einer sogenannten Angsthierarchie. Groß-Albert wird also befragt, was ihm zur Zeit am meisten Angst bereite, was ihn in mittlerem Maß und was ihn nur geringfügig verängstige. Er sagt uns dann etwa: Ganz schlimm wäre eine dicke, fette, lebendige Ratte direkt vor ihm; etwas weniger schlimm eine lebendige Katze oder ein Kaninchen oder ein Mäuschen. Auch sie verursachen ihm Angst, aber nicht soviel wie die Ratte. Geringfügig beängstigend wäre ein Foto von Ratte, Katze oder Kaninchen oder eine Phantasievorstellung von kleinen Pelztieren. Auch da gruselt es ihn noch, aber schon fast angenehm, jedenfalls nicht mehr gefährlich. Nun veranlaßt man den Patienten, die unterste Sprosse dieser Angstleiter zu betreten, indem man ihn auffordert, sich ein ganz kleines, ganz liebes Kaninchen ganz weit weg vorzustellen. Das erregt bei ihm nur eine leise, geringfügig unbehagliche Spannung. Jetzt gilt es, ihm irgendeine Aktivität zu zeigen, eine operante Respons einzuüben, die mit dieser Angstspannung unverträglich ist und sie verschwinden läßt, wie die Schokolade des naschenden Kindes den Kummer verschwinden ließ. Derartige Aktivitäten, in der Fachsprache »inkompatible Responsen«, mit Angst unverträgliche Responsen, gibt es vielerlei. Man kann einem Kind zum Beispiel ein Kindergewehr in die Hand drücken und sagen »Piff-Paff«, dann ist die Ratte nicht mehr so gefährlich. Oder man kann ihm ein Stückchen Schokolade geben, denn wie die Fluggesellschaften wissen, ist das Lutschen von Bonbons inkompatibel mit leichten Angstaffekten. Oder man kann ihm eine einfache Entspannungsübung zeigen, denn muskuläre Entspannung mindert Angst.

Wenn nun mit einer solchen Prozedur die geringfügige Angst beseitigt ist, kann man sich der nächsten Sprosse zuwenden. Man wiederholt die ganze Geschichte. Statt der Vorstellung des weit entfernten ganz kleinen Kaninchens stellt der Patient sich ein schon näher herankommendes größeres Kaninchen vor. Diese Angst wird wieder mit einer Entspannungsübung desensibilisiert – und so geht es fort, bis nach Wochen der Patient sein Verhaltenstherapie-Abitur vielleicht damit macht, daß ihm eine Ratte auf den Schoß gesetzt wird und er sie streichelt. Ist das gelungen, so ist seine Kleintierphobie wahrscheinlich bewältigt. So wird jeweils der bisher mit einer Angstrespons gekoppelte bedingte Reiz »Kleintier« mit der neuen Respons »Entspannung« gekoppelt, die mit der Angstentwicklung unverträglich ist und sie beseitigt. Bei Löwenphobien empfiehlt es sich allerdings, auf die letzte Stufe zu verzichten.

Nun ist diese systematische Desensibilisierung nur eine der zahlreichen Techniken der Verhaltenstherapie. Das Wichtigste und Gemeinsame all dieser Techniken ist, daß sie die systematische Anwendung von experimentell nachprüfbaren Lerngesetzen darstellen und insofern nicht etwa eine unfundierte, wenn auch als nützlich erwiesene Praxis anbieten, sondern die Anwendung eines strengen theoretischen Systems.

Bei den' beschriebenen Therapiemaßnahmen wird man psychoanalytisch fragen müssen, wo denn bei solchen Prozeduren die Charakterstruktur des Neurotikers bleibe. Wie steht es mit einem Infantilismus, mit prägenitalen Fixierungen des Patienten? Was wird aus seinen verzerrten mitmenschlichen Beziehungen? Was wird aus dem gestörten Gefühlskontakt zu Welt und Personen? Wo bleiben seine Konflikte, seine Leistungsstörungen, die Einschränkungen seiner Liebesfähigkeit? Was wird aus seiner Ich-Schwäche und aus seinem Über-Ich, was weiß die Lerntheorie vom Triebschicksal? Wie steht es mit Besetzung und Gegenbesetzung, mit Verdrängung und Abwehr? Wie werden unbewußte Vorgänge berücksichtigt?

Es ist durchaus möglich, viele Grundbegriffe der psychoanalytischen Neurosentheorie lerntheoretisch zu deuten. Die Psychoanalytiker vergelten Gleiches mit Gleichem und versuchen, die lerntheoretischen Auffassungen der psychoanalytischen Theorie einzuordnen. Es scheint aber, als sei dieses Hin- und Her-Übersetzen von einer Theoriesprache in die andere bisher nicht sehr fruchtbar geworden. Psychoanalytiker behandeln nach wie vor ohne Rücksicht auf Lerngesetze; Verhaltenstherapeuten kümmern sich wenig um unbewußte Phantasien, Regression, Übertragung und Widerstand. Möglicherweise ist das nur ein Generationenproblem. In dem Maße, in dem sich an der psychoanalytischen Ausbildung Psychologen beteiligen, die von ihrem Studium her eine gründliche Kenntnis der Lerntheorien mitbringen, wird es zu einem Eindringen lerntheoretischer Gesichtspunkte auch in die psychoanalytische Praxis kommen.

Zur Zeit scheint den Vertretern beider Richtungen der zwischen ihnen liegende Graben noch so breit und tief zu sein, daß die Verständigung schwerfällt. Das ändert sich, sobald man sich zu konkreter Zusammenarbeit in der klinischen Praxis und in ihrer theoretischen Analyse entschließt. Darum ist es vielleicht sinnvoll, wenn ich im folgenden an Stelle der Darlegung von Behauptungen und Überzeugungen einen Bericht über Gespräche gebe, wie sie seit einigen Jahren in der Klinischen Abteilung des Psychologischen Instituts der Universität München geführt werden, in der »gemischt-konfessionelle« Partner, Psychoanalytiker und Verhaltenstherapeuten, zusammenarbeiten[3]. Die Verhaltenstherapeuten sagen in diesem Kreise eindrücklich: Psychoanalyse und alle tiefenpsychologisch fundierten Psychotherapien haben in der Verhaltenstherapie einen Konkurrenten gewonnen, der in der Welt von Stunde zu Stunde an Boden gewinnt. Wenn ihr nicht der Atem ausgeht, dann scheint die Wendung zugunsten der Verhaltenstherapie absehbar.

Welche Gründe können die Verhaltenstherapeuten für diese optimistische Auffassung anführen? Theoretische und praktische. Erstens: Die lerntheoretische Erklärung des menschlichen Verhaltens und seiner Störungen, also der Neurosen, der Psychopathien und vielleicht sogar mancher Psychosen, beruht auf einfachen Grundprinzipien; sie ist wissenschaftlich sparsamer als die Psychoanalyse. Zweitens: Diese Grundprinzipien sind weniger spekulativ, sie sind erheblich besser empirisch-experimentell begründet, und sie entsprechen besser den Vorschriften der modernen Wissenschaftstheorie. Drittens: Sie scheinen ausreichend die Mehrzahl der klinischen Fakten im Bereich der Neurosen zu bewältigen und auch allen einwandfreien psychoanalytischen Befunden Rechnung zu tragen.

Zu diesen theoretischen Vorteilen der allgemeinpsychologisch begründeten Verhaltenstherapien kommen praktische. Erstens eine wesentliche Verkürzung der Behandlungszeiten und eine Verminderung der Kosten, zweitens eine größere Erfolgsquote, drittens eine kürzere und weniger kostspielige Ausbildung und die Möglichkeit, die Techniken der Verhaltenstherapie auf einem pragmatischen Niveau ärztlichem Hilfspersonal, Krankenschwestern usw. mitzuteilen, die nicht die ganze Komplikation der Theorien mitkonsumieren müssen, um sich gewisse Techniken aneignen zu können; das bedeutet natürlich eine erhebliche Vergrößerung des Kreises der Helfer und der Hilfsmöglichkeiten. Viertens eine größere Voraussagbarkeit von Erfolg und Mißerfolg schon nach einer kurzen Behandlungszeit, fünftens ein geringerer Schaden bei Abbruch einer Behandlung und sechstens eine Erweiterung des Indikationsbereiches in Bezirke, zu denen die Psychoanalyse kaum Zutritt hat, zum Beispiel in den Bereich der Verwahrlosung und Kriminalität sowie in den Bereich der Zerebralgeschädigten, der Retardierten, der geistig Behinderten usw.

Ich vermute, daß die Mehrzahl dieser Vorteile in fünf oder zehn Jahren auf der ganzen Welt noch viel deutlicher hervortreten wird, als das heute schon der Fall ist. Dazu kommt auf der anderen Seite ein gewisses Unbehagen in der Psychoanalyse, ein Unbehagen, das auch den Psychoanalytiker manchmal beschleicht. Das Unbehagen ist in zwei Dingen begründet: Einmal wächst in uns der Verdacht uns selbst gegenüber, daß unsere Liebe zur Psychoanalyse in einer gewissen eindrücklichen Plausibilität unserer Erfahrungen aus der Lehranalyse und unserer therapeutischen Erfahrung begründet ist. Es beschleicht uns die Furcht, daß die Plausibilität hier wie überall die Quelle aller Irrtümer in der Wissenschaft ist. Niemand würde sich je irren, wenn Irrtümer nicht so plausibel wären. Man weist in diesem Zusammenhang auf die Vielzahl der psychoanalytischen Schulen hin, auf die Unentscheidbarkeit der ihnen zugrunde liegenden Hypothesen usw. Wenn man ganz schwarze Stunden hat und etwas vom Dechiffrieren verschlüsselter Texte versteht, dann kann man sich fragen, ob die Techniken der Traumdeutung die Summe jener logischen Kunstgriffe seien, die notwendig sind, jeden beliebigen Unsinn in ein Sinngebilde zu verwandeln. Tatsächlich kann man, wenn man traumähnliche Zufalls-, also Unsinnsgebilde herstellt, auf sie die psychoanalytische Methode der Deutung mit vollem Erfolg anwenden. Das alles sind ungemütliche Sachverhalte, und sie fundieren ein gewisses Mißtrauen gegenüber der Psychoanalyse. Ich will nicht bestreiten, daß sich all diese Einwände möglicherweise bewältigen ließen, und nur referieren, welche Einwände immer wieder vorgetragen werden.

Nun gibt es trotz dieser Überlegungen zugunsten der Lerntheorie und zuungunsten der Psychoanalyse Gründe, an Psychoanalyse festzuhalten. Ich gehe also zu den Argumenten über, die die Psychoanalytiker in unserem Haus ihren verhaltenstherapeutischen Kollegen vorzuhalten pflegen. Die Psychoanalytiker sagen: Diese blitzschnellen Analogieschlüsse, in denen Befunde von Ratten und Tauben auf Kleinkinder und große Kinder übertragen werden, gehen uns manchmal etwas zu schnell. Die Übertragung experimenteller Befunde, die an der Ratte gewonnen sind, auf den Menschen ist berechtigt, denn es gibt zweifellos eine Ähnlichkeit zwischen Ratte und Mensch; aber wo bleibt die Unähnlichkeit? Wird die Unähnlichkeit von den Lerntheoretikern genauso ernst genommen und berücksichtigt wie die Ähnlichkeit, werden die Unterschiede gesehen? Das ist nicht nur ein spätromantisches Gerede von menschlicher

Würde, sondern es stützt sich auf ganz präzise experimentalpsychologische und allgemeinpsychologische Überlegungen, die natürlich am besten da ansetzen, wo der Unterschied zwischen Mensch und Ratte am deutlichsten wird, zum Beispiel in der Analyse des Gesprächs, des Denkens, der Einsicht, der Erfindung, der Zukunftsplanung, des Zukunftsbezuges. Und hier, sagen die Psychoanalytiker, sofern sie allgemeinpsychologisch gut unterrichtet sind, haben wir den Eindruck, daß die Lerntheoretiker große gesicherte Bereiche der experimentellen Forschung ignorieren. Ja, sie sagen, man sei von Skinner um so mehr begeistert, je weniger man zum Beispiel von den Problemen der Denkpsychologie und der Sprachpsychologie wisse. Hinzu kommt ein weiterer Vorwurf. Die Psychoanalytiker und viele andere kritische Beobachter sagen, die Lerntheorie und die Verhaltenstherapie lebten von ihrer begrifflichen Unschärfe, zum Beispiel von dem leichtfertigen Gebrauch der Begriffe »Stimulus« und »Respons«, die so arglos erweitert würden, daß sie praktisch mit den Begriffen von Ursache und Wirkung oder Bedingung und Folge in der Psychologie völlig identisch würden und damit ihre Unterscheidungskraft verlören. Die Psychoanalytiker könnten weiter darauf hinweisen, daß Verhaltenstherapie und Lerntheorie nicht selten gerade von der Ungenauigkeit in der Erhebung der Befunde zu leben scheinen, von der Unsauberkeit im Phänomenologischen. Hingewiesen sei auf Skinners Analyse der Phänomene der Abstraktion, die mir ein Schulbeispiel für eine solche phänomenologische Schlamperei zu sein scheint[4]. Es ist die gleiche Ungenauigkeit, mit der bestimmte Kybernetiker Bewußtseinsphänomene als solche mit kybernetischen Begriffen total zu verwalten und zu vergewaltigen versuchen. Ferner weisen die Psychoanalytiker darauf hin, daß die Lerntheorie eine allzu enge Allianz mit billiger Vulgärmetaphysik eingegangen sei, die den Bereich vertretbarer empirischer Forschung weit überschreitet, und daß sich darin ein bedauerlicher Mangel an Problembewußtsein offenbare. Schließlich paßt es den Psychoanalytikern nicht, daß die Lerntheorie und die Verhaltenstherapie in einer so einseitigen Weise die Priorität, ja die Exklusivität experimenteller Methoden vertreten.

Den Psychoanalytikern wird von den Lerntheoretikern vorgeworfen, sie trieben keine experimentelle Wissenschaft und seien zu leichtfertig in der Annahme kausaler Zusammenhänge, die nur in vagen Plausibilitäten gründen, nicht aber methodischer Verifikation unterzogen worden sind. Man muß schlicht zugeben, daß das wirklich ein Mangel ist und heute nicht mehr dem Stand der Forschung entsprechen kann. Dieser Mangel der Psychoanalyse ist aber zugleich die Kehrseite ihrer eigentlichen Stärke. Mir fehlt durchaus der Mut, für die psychoanalytische Libidotheorie, für die Phasenlehre oder für manches andere der traditionellen Lehrstücke auf die Barrikaden zu gehen, aber ich meine, eine Stärke der Psychoanalyse liege darin, daß sie darauf besteht, keine Anthropologie und keine Neurosenlehre könne nur mit experimentellen Methoden auskommen. Sie besteht darauf, daß auch interpretative, hermeneutische Methoden immer und grundsätzlich für jede Psychologie notwendig sind. Der Grund ist einfach der, daß Experimente nicht reden. Nur Experimentatoren reden, und sie reden manchmal auch zuviel. Bevor man ein Experiment ansetzt, muß man eine Frage stellen, und wenn man ein Experiment zu Ende geführt hat, muß man es interpretieren. Diese beiden Vorgänge sind selbst nicht experimentell, sie sind interpretativ. Alles Experimentieren ist notwendig umfangen von Zusammenhängen, die selbst nicht experimentell erhoben und gesichert werden können.

Interpretation wird eindrucksvoll, wenn wir auf die solideste hermeneutische Leistung hinweisen, die wir in der

Psychoanalyse kennen, und die ist, wie mir scheint, keineswegs die Traumdeutung. Ich meine einmal die Interpretation gewisser neurotischer Symptome, wie zum Beispiel die Interpretation der beiden Zwangsneurosen, die Freud in den »Vorlesungen zur Einführung in die Psychoanalyse«[5] deutet; ferner die vielen Interpretationen, die dem Laien die Psychoanalyse am besten zugänglich machen: nämlich jene, die in Freuds »Psychopathologie des Alltagslebens«[6] enthalten sind, vor allem die Interpretationen gewisser einfacher Fehlleistungen wie des Vergessens von Namen. In ihnen zeigt sich die Stärke der psychoanalytischen Methode, von solchen Fehlleistungen her den biographischen und charakterologischen Hintergrund einer Person zu erhellen.

Hier liegt ein weiterer Grund, aus dem die Psychoanalytiker, selbst wenn sie viel von experimenteller Psychologie verstehen und alle Forderungen der Experimentalpsychologie als berechtigt anerkennen, zäh und unverdrossen an der Psychoanalyse festhalten. Es gibt gewisse Erfahrungen solcher Interpretationen in der eigenen Lehranalyse, in der ein Mensch den Eindruck gewonnen hat, daß jedenfalls er für seine Person in einer unersetzbaren Weise in seinem Verhalten und Befinden sich selbst durchsichtig geworden ist. Solche Erfahrungen beweisen wissenschaftlich natürlich vor der Öffentlichkeit wenig. Auf der anderen Seite sind sie für den Wissenschaftler, der diese Erfahrungen hat, Gegebenheiten seiner eigenen Biographie, die er nicht einfach außer acht lassen kann und die ihn selbst mit guten Gründen zu der Überzeugung kommen lassen, daß hier ein Verfahren angewendet worden sei, das mindestens in seinem Fall zu einem offenbar zuverlässigen Ergebnis geführt hat. Ich will über den Rang dieses Arguments nicht streiten, wohl aber möchte ich darauf bestehen, daß diese Erfahrung auch für einen kritischen und methodenbewußten Forscher ein eindrucksvolles Motiv sein kann, an der Authentizität seiner Befunde festzuhalten. Wenn man nun aus solchen Gedanken etwas wissenschaftstheoretisch Haltbares machen will, dann darf man darauf hinweisen, daß es außer dem Beweis aus dem Entscheidungsexperiment auch noch die in anderen Wissenschaften, zum Beispiel in der Geschichtsforschung, anerkannte und bewährte Methode des Konvergenzbeweises gibt, in dem eine hohe Wahrscheinlichkeit dadurch zustande kommt, daß eine Fülle von Indizien gemeinsam in eine bestimmte Richtung konvergiert. Dieser Konvergenzbeweis hat nach wie vor eine erhebliche Dignität.

Schließlich weisen die Psychoanalytiker darauf hin, daß in den tiefenpsychologischen Ansätzen das Ganze der menschlichen Person und der Biographie zwar oft vage und unexakt, aber in einer umfassenderen Perspektive sichtbar wird als in den Lerntheorien, die nur einen Ausschnitt aus den Determinanten des menschlichen Verhaltens erfassen. Ich kann das hier auf dem knappen Raum nur andeuten. Man findet eine eindrucksvolle Fassung dieses Gesichtspunktes in der Arbeit eines der bekanntesten und seriösesten Experimentalpsychologen der Gegenwart, nämlich in dem Buch von J. Nuttin: »Psychoanalyse und Persönlichkeit« [7]. Nuttin stellt seine Überlegungen über die Psychoanalyse in einen Zusammenhang, der nicht experimenteller Art ist, sondern den Entwurf einer anthropologischen oder gesamtpsychologischen Konzeption darstellt. Das scheint mir ein vernünftiges Verfahren zu sein, wenn man bedenkt, daß auch die Lerntheorie im Zusammenhang einer solchen anthropologischen Gesamtkonzeption steht, die nur in der Regel als latente Anthropologie verborgen und verschwiegen bleibt.

Weiter meinen die Psychoanalytiker, Neurose sei nicht nur Symptom, sondern immer auch »falsches Bewußtsein«. Neurose ist »falsche Weltauffassung«, sagt Freud. Wenn ein Hysteriker Neigungen zur Prüderie und zu Verdrängungen des Sexuellen zeigt, dann bedeutet dies, daß er die Wichtigkeit, den Rang und den Wert von Geschlechtlichkeit im Ganzen des Menschseins nicht anerkennen mag. Das ist falsches Bewußtsein – es sei denn, er hätte recht mit seiner Abwertung des Sexuellen. Nehmen wir aber als gesichert an, diese Abwertung sei unangemessen, dann haben wir den Fall eines solchen falschen Bewußtseins in der Neurose. Nur die Psychoanalyse scheint dieser Seite der Angelegenheit gerecht zu werden. Der Sachverhalt ist von Freud großartig formuliert in einem Satz, den man eigentlich als einen daseinsanalytischen Satz bezeichnen könnte: »Der Neurotiker wendet sich von der Wirklichkeit ab, weil er sie, ihr Ganzes oder Stücke derselben, unerträglich findet.«[8] Neurose, mit den Worten Felix Schottlaenders formuliert, wäre also ein Protest gegen eine oder mehrere Determinanten des Daseins[9]. Diese Seite der Neurose wird nach Auffassung der Psychoanalytiker von den Lerntheoretikern nicht ausreichend in Rechnung gestellt. Natürlich läßt sich auch hier wiederum einiges zugunsten der Verhaltenstherapie einwenden, doch würde die Diskussion darüber in diesem Zusammenhang zu weit führen.

Ein letztes Unbehagen an der Verhaltenstherapie läßt sich auf die folgende Formel bringen: Wenn man sich fragt, in welchem Bereich des Menschen die Therapie ansetzt, dann differenzieren sich zunächst von unserer Erfahrung her leicht zwei gegensätzliche Pole. Die gewohnte medizinische Therapie setzt gewissermaßen am materiellen Pol des menschlichen Daseins an; sie ändert biochemische Stoffwechselverhältnisse, etwa als Substitutionstherapie oder als antitoxische Therapie oder wie immer. Der Gegensatz wäre eine Therapie, die direkt einzuwirken versucht, sagen wir einmal auf die »geistigen«, auf die existentiellen Haltungen und Fehlhaltungen des Menschen, also auf die von Freud beschriebene falsche Abwendung von der Wirklichkeit. In dem Augenblick, in dem ein Mensch dazu geführt wird, Wirklichkeit, ihr Ganzes oder Stücke derselben, anzuerkennen und als sinnvoll zu akzeptieren, würden sich zentrale Vorgänge der Umwertung, der Ummotivation ergeben, die nun eine ordnende Auswirkung auf den gesamten Organismus haben können. Zwischen diesem erstgenannten materiell-physikochemischen Bereich der Ordnung und Unordnung und dem personalen, existentiellen, geistigen Bereich von Ordnung und Unordnung gibt es nun vermittelnde Bereiche, die auch ihre eigenen Ordnungs- und Unordnungsformen haben. Sie sind weder mit physikochemischen noch mit geistigen Ordnungsmitteln zu erreichen, also weder der materiellen noch der, sagen wir, »logotherapeutischen« Einwirkung im weitesten Sinn zugänglich.

Dieser Zwischenbereich der vorpersonalen Psychismen oder der seelischen Mechanismen oder der Konditionierungen hat nun eine Eigenständigkeit und Eigengesetzlichkeit. Gerade diese scheint in der Lerntheorie besonders exakt herausgearbeitet worden zu sein. Es ist keine Schande, einen relativ selbständigen Ordnungsbereich wie den der Konditionierungen und Fehlkonditionierungen, den uns die Lerntheoretiker beschreiben, relativ ausschneidend und auswählend unter Zurückstellung anderer Ordnungsbereiche anzugehen, denn Abstraktion ist keine Negation. Wenn die Lerntheoretiker recht haben und die eigentümlichste Unordnung der Neurose vorwiegend in diesem Bereich zu finden ist, wenn vorwiegend Konditionierungsmechanismen das Neurotische an der Neurose ausmachen, besteht kein Grund, sich mit diesen Mechanismen nicht auch selektiv zu befassen. Das Unbehagen, das den Psychoanalytiker bei diesem Verfahren beschleicht, liegt in dem Verdacht, es könnte dieser Bereich von der Verhaltenstherapie so exklusiv betrachtet werden, daß möglicherweise noch wichtigere

Momente der Ordnung und Unordnung, die in jenem zentralen und personalen Bereich liegen, vernachlässigt werden. Anders ausgedrückt: Wir kennen Verhaltensänderungen bei Menschen aus mehreren Gründen, einmal durch physikalisch-chemische Veränderungen, dann durch biologisch-vorprogrammierte Veränderungen nach Art der Reifung und des Wachstums, wie sie die Verhaltensphysiologie im Sinn von Lorenz beschreibt. Wir kennen Verhaltensänderungen durch materiell-traumatische Veränderungen der Struktur des Organismus. Wir kennen Verhaltensänderungen durch Lernvorgänge. Auf einer anderen Ebene kennen wir Verhaltensänderungen aufgrund von Einsicht. Nun hat eine solche Verhaltensänderung durch Einsicht erstens sicher *auch* etwas mit Konditionierungsvorgängen zu tun, zweitens sicher nicht *nur* etwas mit Konditionierungsvorgängen zu tun, aber – was hat das alles mit der Neurose und ihrer Überwindung zu schaffen?

Es ist denkbar, daß ähnliche Vorgänge, die nicht vorwiegend oder nicht nur in Konditionierungen begründet sind, sondern etwas mit der Deutung des Daseins zu tun haben, auch in der Neurose und in ihrer Überwindung eine Rolle spielen. In der Neurose könnten Fehldeutungen des Daseinssinnes eine Bedingung der Erkrankung und Richtigstellung dieser Fehldeutungen eine Bedingung der Heilung sein. Das wäre beachtenswert, selbst wenn es sich nicht auf alle Neurosen, sondern nur auf einige unter ihnen bezöge. Mögliche Überwindung der Fehldeutung von Sinnbezügen ist schon in der ersten Beschreibung des psychotherapeutischen Prozesses enthalten, in der Freud das Wirken des Psychotherapeuten kennzeichnet als »das Wirken eines Lehrers, eines Aufklärers, eines Künders einer neueren und besseren Weltauffassung« [10]. Aus solcher Sicht läßt sich nun freilich das Tun des Verhaltenstherapeuten leicht als das eines Menschen interpretieren, der einen anderen nach dem

Bild der Ratte formt und den Menschen sozusagen hinter dem Rücken seiner Freiheit mit Dressurvorgängen manipuliert. So sagt denn auch Alexander Mitscherlich, daß die Konditionierungstherapie zu einem Freiheitsverlust führe. Soweit ich Einblick in Verhaltenstherapien gewonnen habe, scheint mir just das Umgekehrte der Fall zu sein, daß nämlich der Abbau freiheitsbeschränkender Konditionierungen zu einem Gewinn von Freiheit geführt hat. In der Tat liegt in der Verhaltenstherapie ein solcher Gewinn. Aber es liegt auch ein Stück Demütigung in ihr, weil sie Einsicht in eine Abhängigkeit des Menschen erzwingt. Der Mensch ist zwar keine Ratte, aber immerhin ein Wirbeltier. So ist von vornherein die Vorstellung, daß bei ihm Verhalten auch von Gesetzen mitbestimmt wird, die ihn mit anderen Tieren gemeinsam beherrschen, nur für den etwas Anstößiges, der ein Stück Wirklichkeit des Menschen nicht ertragen kann, der gegen eine Determinante seines Daseins, nämlich gegen seine eigene Animalität, protestiert.

Wir gingen davon aus, daß in der Lerntheorie zumindest ein ganz fundamentaler Befund der Psychoanalyse radikal mißachtet zu werden scheint, nämlich der eben zitierte daseinsanalytische Grundsatz von Sigmund Freud. Ist dieser neurotische Protest gegen die Determinanten des Daseins, der alle Abwehrmechanismen in seinen Dienst stellen kann, ist dieser Grundprotest gegen ein Stück Wirklichkeit tatsächlich mit ein paar Umkonditionierungen zu bewältigen, oder muß diese Abwehr nicht Punkt für Punkt durchgearbeitet werden? Muß der Patient nicht lernen, wie Freud das ausdrückt, ein Stück Wirklichkeit nach dem anderen entweder zu ertragen und sich darauf einzustellen (insofern ist Psychotherapie Anpassung) oder nach Möglichkeit zu verändern (insofern ist Psychotherapie immer auch ein Stück Erziehung zur Weltveränderung)? Können wir uns Bewußtseinserweiterung, reifende Selbsterfahrung und Selbstverständnis ersparen, indem wir uns einer Umkonditionierung überlassen? Auf diese Frage glauben die Lerntheoretiker eine Antwort geben zu können, weil sie annehmen, daß all diese charakterologischen oder daseinsanalytischen oder wie immer zu charakterisierenden Befunde der Analytiker gar nicht neurosenspezifisch, sondern durchschnittlich menschlich sind und sich aus diesem Grund auch bei allen Neurotikern finden. Oder die Lerntheoretiker sagen, daß auch solche Befunde nur kompliziertere, komplexe Formen der Fehlkonditionierung darstellen und darum prinzipiell auch auf dem Wege der Umkonditionierung zu beseitigen sein müßten.

Prüfen wir also dieses Prinzip der Prinzipien der Psychoanalyse, den Satz von Freud: »Der Neurotiker wendet sich von der Wirklichkeit ab, weil er sie unerträglich findet.« Gibt es eine Möglichkeit, auch dieses daseinsanalytische Zentrum der psychoanalytischen Neurosentheorie lerntheoretisch zu deuten? Ist der Prozeß gegen die Determinanten des Daseins auch eine konditionierte Reaktion? Man kann vielleicht sagen, daß der Satz von Freud eine klassische Beschreibung jenes fundamentalen lerntheoretischen Prinzips enthält, das die Verhaltenstherapeuten als »Vermeidungslernen« bezeichnen. Die Abwendung von der Wirklichkeit in Form der Verdrängung, der Verschiebung, der Projektion, der Umkehrung ins Gegenteil, des Ungeschehenmachens, der Verleugnung, all diese Abwehrmechanismen können interpretiert werden als die Summe jener inneren Kunstgriffe, jener operanten Responsen, die konditioniert werden, weil ihnen sofort eine Belohnung folgt. Sie werden belohnt, weil sie sofort ein Stück der unerträglichen Wirklichkeit, auf die der Neurotiker in der Konfliktsituation stößt, entweder beseitigen oder mindestens vernebeln. Anders ausgedrückt: Diese fehlkonditionierten Responsen mindern sofort Angst, Scham, Trauer, Unlust, die beim Zusammenstoß mit der unerträglichen inneren oder äußeren Wirklichkeit entstehen. Weil diese Aktivität etwas leistet, weil ihre Belohnungen sofort eintreten, die üblen Folgen aber erst viel später, wird diese operante Respons beibehalten, trotz aller üblen späteren Konsequenz.

Meine psychoanalytischen Freunde werden, vielleicht mit Betrübnis, vielleicht mit Schadenfreude feststellen, daß ich inzwischen, von neurotischen Widerständen zur Strecke gebracht, den »rechten Weg« verlassen habe. Der Vorwurf erscheint mir ungerechtfertigt. Wenn auch die lerntheoretische Auffassung der Neurose und ihrer Heilungsprinzipien nicht bei allen Erscheinungen der Neurose und der Psychoanalyse zur Erhellung oder Erklärung herbeigezogen werden könnte, so vermehrt und vereinfacht sie doch unser theoretisches Verständnis wahrscheinlich in vielen Punkten; zudem macht sie es experimentell prüfbar, und es wäre ganz unsinnig, eine solche Chance auszuschlagen.

Diese Auffassung enthält nun gleichzeitig einige praktische Konsequenzen. Die verhaltenstherapeutischen Behandlungsmethoden ergänzen und vereinfachen unser therapeutisches Instrumentarium. Wie hoffnungslos es beispielsweise ist, neurotische Kinder in größerer Anzahl psychoanalytisch behandeln zu lassen, weiß jeder, der in der Nahkampfpsychagogik steht, etwa in der Erziehungsberatung oder in poliklinischen Instituten arbeiten muß. Hindernis ist der zeitliche und geldliche Aufwand, auch die Widerstände der Eltern stehen dagegen; vor allem aber wären nach kurzer Zeit alle verfügbaren Kinderanalytiker ausgebucht. Für eine nüchterne Rechnung wird die Psychoanalyse die Riesenkluft zwischen Angebot und Nachfrage im Hinblick auf Neurose und Therapie nie überwinden können, auch wenn wir all unsere Energie und alle verfügbaren Mittel in die Ausbildung von Psychoanalytikern investieren könnten[11]. Hier zeigt die Verhaltenstherapie einen Silberstreifen am Horizont, weil sie mit weit geringerem Aufwand auskommt. Das alles sind Gesichtspunkte, die für den Praktiker eine gewichtige Rolle spielen. Schließlich ist zu sagen, daß wir angesichts der wissenschaftstheoretischen Bewegung in der Psychologie und Medizin der Gegenwart eine große Chance haben, für diesen Weg der Verhaltenstherapie viele Mitarbeiter zu gewinnen, die für die Psychoanalyse nun einmal nicht zu haben sind.

Auf der anderen Seite habe ich den Eindruck, den ich freilich nicht beweisen kann, daß bei nicht wenigen Neurosen die Psychoanalyse, die freie Assoziation, das analytische Gespräch eben jene Instrumente sind, mit denen gewisse komplizierte, ins Charakterologische gehende Fehlkonditionierungen des Phantasierens, des Denkens, vor allem aber des Fühlens zur Zeit am wirksamsten beseitigt werden. Es gibt zudem Menschen, und zwar nicht wenige, die in der Psychotherapie nicht nur Beseitigung von Symptomen suchen, sondern das ihnen nirgendwo sonst gewährte Gespräch, die Überwindung der Einsamkeit, das erstmalige Finden einer verstehenden Mitmenschlichkeit. Alles das scheint vorerst die Psychoanalyse in einer reicheren Form anzubieten als die Verhaltenstherapie. Das bedeutet, daß die psychoanalytische Therapie nach wie vor für bestimmte, in zentralere Bereiche der Persönlichkeit herabreichende Neurosen die Methode der Wahl bleiben wird. Möglicherweise aber werden wir Psychoanalytiker das, was wir tun, aufgrund der Einsicht in lerntheoretische Gesetze besser verstehen, als wir es vorher verstanden haben. Vielleicht werden wir durch diese Einsichten auch *unser* Verhalten verändern und verbessern. Wir werden uns in der Methode weiterentwickeln.

Schließlich aber habe ich den Eindruck, daß es oberflächliche, relativ harmlose Fehlkonditionierungen in Kindheitskrisen gibt, also neurotische Symptome wie Bettnässen, Nägelkauen, Einkoten usw., die tatsächlich ähnlich gebaut sind wie das künstliche neurotische Symptom in der experimentellen Neurose. Wahrscheinlich können solche Symptombildungen durch Fehlkonditionierung Kerne umfänglicherer neurotischer Fehlentwicklungen abgeben, die man dem Kind durch eine pragmatisch-symptomatisch orientierte Verhaltenstherapie ersparen kann. Es ist aus allen diesen Gründen notwendig, daß Verhaltenstherapie verstanden, daß sie gelehrt, daß sie gekonnt wird.

Ich stelle mir vor, daß wir in der gemeinsamen Arbeit und im gemeinsamen Gespräch zwischen Psychoanalytikern und Verhaltenstherapeuten nicht so bald zu einer Synthese oder einer »psychoanalytischen Verhaltenstherapie« kommen, sondern daß wir auf getrennten Wegen weitergehen. Aber ich verspreche mir von solchen Gesprächen, die der Pluralität der Krankheitsursachen, der Pluralität des methodischen Zugangs, der Pluralität der Indikationen gerecht werden, daß wir möglicherweise eine durch den Einfluß der Psychoanalytiker verfeinerte Verhaltenstherapie entwickeln können, die bestimmte wichtige, bis heute nur in der Psychoanalyse gesehene Phänomene besser berücksichtigt. Ich verspreche mir weiter von einem solchen Gespräch zwischen Psychoanalytikern und Verhaltenstherapeuten eine durch Verhaltenstherapie vereinfachte und verkürzte Form der Psychoanalyse. Wenn eine gewisse Aussicht besteht, das Gespräch zwischen der Verhaltenstherapie und der Psychoanalyse aus dem Jahrzehnt einer rechthaberischen, »konfessionellen« Kontroverse herauszuführen zu dem Versuch, voneinander etwas zu lernen, dann hoffe ich, daß wir vielleicht schon in fünf oder zehn Jahren so weit sein werden, uns gegenseitig etwas zu geben und gegenseitig etwas voneinander anzunehmen. Das wird dann gelingen, wenn wir jene menschliche Grundeigenschaft mäßigen, die wie kein anderes Hindernis der Klärung von Kontroversen im Wege steht und die wie keine andere Eigenschaft Lerntheoretikern und Psychoanalytikern gemeinsam ist: eine sanfte Neigung zur Rechthaberei.

Auf dem Weg zu einer integrativen Anthropologie muß es gelingen, weil nur die experimentelle und lerntheoretische Psychologie jene basale Schicht des Menschlichen erfaßt, in der er von Erfahrungen verändert wird, ohne Erfahrungen zu verstehen. Sie ist mit keiner hermeneutischen Methode zugänglich[12].

Nachschrift 1978

Es ist empfehlenswert, anders als Hans im Glück, bei Neuerwerb den vorhandenen Besitz nicht einzutauschen, sondern festzuhalten. Mein Interesse für die Primärtherapie Arthur Janovs seit 1973 hat mehrere Günde. Einer ist, daß ihre sicher in ganz unzulässiger Weise vereinfachte Neurosentheorie und Anthropologie trotz aller Mängel eine Verbindung zwischen drei wichtigen Brennpunkten psychotherapeutischer Forschung und Praxis herstellt:

Der Psychoanalyse, der experimentellen und verhaltensbiologischen Erforschung psychophysischer Mechanismen, die der Verhaltenstherapie zugrunde liegt, und schließlich jenem Zentralmassiv der psychosomatischen Medizin, das wir Streß-Forschung nennen. Diese Zwischenstellung der Primärtherapie ist nicht von Janov selbst, aber von jenen abtrünnigen Schülern erkannt worden, die aus der Primärtherapie und anderen Ansätzen ihre *Feeling Therapy* entwickelt haben. Sie nennen Psychotherapieformen wie die ihre, die sich sowohl von der Psychoanalyse als auch von der Verhaltenstherapie herleiten, aber wegen ihres theoretisch-systematischen Charakters nicht einfach eklektisch genannt werden können, »funktionale Psychotherapien«[13].

Der Urschmerz als Streßfaktor

Die Primärtherapie Arthur Janovs und die Streßforschung

Die Theorie Janovs ist eine Vereinfachung der psychoanalytischen Theorie unter Verschiebung der Schwerpunkte. Die mit der Methode der Primärtherapie erhobenen Befunde sind nichts anderes als ein biographischer Katalog jener vom Beginn der individuellen Existenz an auftretenden schädigenden Streßfaktoren (Disstressoren), die der Organismus nicht zu neutralisieren vermochte und die verdächtigt werden, zu einem inneren Dauerstressor zu kumulieren, der mit großem Aufwand in Schach gehalten, aber nur unter günstigen Bedingungen spontan oder durch eine geeignete Therapie aufgelöst werden kann.

Wissenschaftstheoretisch hat die Theorie Janovs, wie ausnahmslos alle psychotherapeutischen Theorien, den peinlichen Mangel, daß sie in ihren Grundannahmen nicht empirisch falsifiziert werden kann und auch nicht im Sinne der neopositivistischen Wissenschaftstheorien, mit denen meine Generation aufgewachsen ist, validiert werden kann. Ich schätze dennoch den Ansatz der Primärtherapie, weil ihre einfache, deutungsfreie Methode einen genialen Kunstgriff anzubieten scheint, den »gespeicherten« Frühschmerz der direkten Erfahrung zugänglich zu machen, um diesen Dauerstressor zu entladen.

In einer subtilen Übersichtskritik der Streßforschung macht J. W. Mason (1971)[1] darauf aufmerksam, daß bei einer Vielzahl von experimentell geprüften physischen Stressoren wie Hitze, Muskelarbeit, Fasten, Infektion, Blutverlust usw. die psychologische Situation und die Bedeutungsqualität vernachlässigt worden seien, in denen die Versuchstiere oder Versuchspersonen den Stressor erlebt hätten. Fasten zum Beispiel führt bei Affen und Menschen kaum oder in viel geringerem Maße zu Streßreaktionen, wenn es weder mit sozialer Benachteilung und Neid noch mit Hungerschmerz oder Angst verbunden ist. Den Unterschied zwischen einem physikalischen Reiz und seiner psychologischen Dimension kann man sich klarmachen an dem optischen Reizgehalt der Buchstabenfolge »Morgen Mond« im Unterschied zu der Buchstabenfolge »Morgen Mord«. Physikalisch ist die Ähnlichkeit, psychologisch ist die Verschiedenheit groß. Aus der methodologischen Übersicht von L. Levi (1972)[2] geht hervor, daß das experimentelle Gewissen für den psychischen Bedeutungsgehalt physischer Reize inzwischen so geschärft worden ist, daß die These von Hans Selye, beim Menschen mit seinem hochentwickelten Nervensystem seien Gemütsregungen die am häufigsten auftretenden Stressoren[3], zwar im ärztlichen Alltag noch oft vernachlässigt wird, in der Forschung aber Beachtung findet.

Die psychologisch orientierte Streßforschung hat sich natürlicherweise zunächst vorwiegend mit der psychobiologischen Wirkung von anhaltenden Stressoren beschäftigt, die als Umweltsituationen vor allem den erwachsenen Menschen treffen, also mit Rekrutenzeit und Kriegseinsatz, Flug und Raumflug, Haft und KZ-Aufenthalt, Fließbandarbeit, Berufs- und Wohnungswechsel, mit den siebenjährigen Kriegen des Ehestandes und mit der Langweile der grünen Witwen und Arbeitslosen.

Dagegen ist die Unsumme von Forschungsbemühungen, die sich der Sache nach mit dem Aufbau innerer Dauerstressoren in der frühen Kindheit beschäftigen, also mit den Streßdispositionen im »psychobiologischen Programm«, noch nicht befriedigend in die Streßforschung einbezogen worden. Dabei ist kein Zweifel, daß etwa die Experimente und Beobachtungen von René Spitz ebenso ein noch unsystematisierter Beitrag zur Streßforschung sind, wie das von der gesamten Psychoanalyse gilt, soweit sie überhaupt die Kriterien von Forschung erfüllt. Denn die wichtigsten Systeme der psychologischen Medizin, nämlich die psychoanalytisch-psychodynamischen und die experimentell-lerntheoretischen, sind insofern Beiträge zur Streßforschung, als sie alle auch Theorien von Adaptationssyndromen darstellen, von spezifischen, aber auch von generellen Anpassungsleistungen des Organismus. Auch suchen sie umfassende Formeln für jene psychischen Faktoren zu finden, die entweder selbst als chronische psychische Stressoren angesehen werden können oder den Organismus zu einer erhöhten Streßanfälligkeit disponieren.

Diese Generalformeln sagen bei den Psychodynamikern: Jede erlebnisreaktive Fehlentwicklung, also jede chronische Neurose, viele chronische und rezidivierende psychosomatische Krankheiten sind das Endprodukt von seelischen Verwundungen, Versagungen und ungelösten Konflikten. Auch Arthur Janov bleibt diesem ersten Satz des psychodynamischen Glaubensbekenntnisses treu.

Die Generalformel der Lerntheoretiker sagt – nicht dagegen, aber dazu –: Neurosen und psychosomatische Krankheiten sind Ergebnisse von Fehlkonditionierungen. Ein mangelhaft oder falsch konditionierter Organismus ist aber immer ein hervorragender Stressorenfabrikant, insofern er aus jeder Stressormücke einen Disstressorelefanten zu machen vermag, überdies aber die mögliche Kunst, aus wirklichen Elefanten Mücken oder wenigstens gezähmte Elefanten zu machen, nicht erlernt hat. Der Fehlkonditionierte ist ein Adaptationstölpel. Die Primärtheorie und Primärtherapie Janovs ist zunächst einmal aus vielerlei guten Gründen für den sachkundigen Leser ein Museum der wissenschaftlichen Ärgernisse. Janov ist ein kalifornischer Psychologe, der bis zum Tage seiner entscheidenden Zufallsentdeckung, Anfang 1967, psychoanalytische Gruppentherapie ausgeübt hat. Seit 1971 hat er die Primärtherapie in dem Bestseller »Der Urschrei«, in drei weiteren Büchern[4] und in seiner Zeitschrift beschrieben. Unter dem Wust seiner Irrungen und Wirrungen finden sich Hypothesen von großer theoretischer und praktischer Bedeutung für den Fortschritt der Streßforschung. Die im Rahmen des Streßkonzepts wichtigste sagt: Neurotische und psychosomatische Krankheit, Süchte und Perversionen, möglicherweise auch ein Teil der sogenannten Psychosen gehen zurück auf die Überlastung des jungen Organismus mit physischen und psychischen Stressoren. Sie bestehen in vielerlei negativen Gefühlserfahrungen, die von der Geburt an, ja schon vor ihr, mit unerträglicher Intensität den Säugling und das Kind überschwemmen. Janov faßt die Summe dieser unerträglichen Frühgefühle in dem Begriff *primal pain* – Urschmerz – zusammen.

Während viele mäßige Disstressoren folgenlos oder gar mit positiven Lernergebnissen überstanden werden, kommt es bei den unmäßigen nicht zu einer Erledigung und Lösung, sondern zu einer summierenden Speicherung im nicht abrufbaren Gedächtnisbestand: Gespeicherter Frühschmerz ist – wenn ein solcher Begriff im Streßkonzept zulässig ist – ein innerer Dauerstressor, der das Gesamterleben und -verhalten ständig störend beeinflußt und zudem den Organismus dazu disponiert, alltägliche, sonst harmlose Stressoren in mächtige Disstressoren zu verwandeln.

Während andere Autoren als den zentralsten Unruheherd von Neurosen und psychosomatischen Krankheiten eine fundamentale Angst ansehen, hält Janov die Angst für eine noch oberflächliche verdeckende Schicht, die den Urschmerz verhüllt, sogar vor ihm schützt, aber in der Therapie auf ihn hinweist und hinführt.

Ist diese Grundhypothese Janovs vom gespeicherten Urschmerz als Dauerstressor wieder eine der vielen Psychosophien, an denen unser Fach so reich ist, oder hat Janov soliden Anlaß für seine Grundvermutung?

Janov hat seine neue Primärtherapie, ihre Theorie und ihre Praxis, aus einer einfachen Beobachtung entwickelt. Das methodische Vorgehen der Primärtherapie sei kurz beschrieben: In einem schallisolierten Raum wird der Patient aufgefordert, von seinen Kindheitserinnerungen zu berichten. Dabei liegt er am besten mit ausgebreiteten Armen und gespreizten Beinen auf dem gepolsterten Boden. Sobald er an schmerzliche Erinnerungen gerät, fordert ihn der Arzt auf, sich ganz in die diese Erinnerungen begleitenden Gefühle und Stimmung sinken zu lassen. Dabei kommt es in der Regel schon bald, manchmal schon Minuten nach Beginn der Sitzung, häufig vor Ablauf der ersten Stunde, zu einer Überflutung mit Angst und Wut, in den folgenden Tagen aber oft zu einem Durchbruch von seelischem und auch körperlichem Schmerz, Ausbruch von Tränen, Schluchzen und schließlich lauten, gequälten Schreien. Die Erinnerung an das schmerzliche Erlebnis wird lebhaft und deutlich, aber vorerst qualitativ noch nicht verändert. Wenn im Laufe der ersten Behandlungstage einige Kindheits- oder Jugenderlebnisse in dieser Weise tief atmend und fühlend durchgegangen worden sind, wird der Schmerz immer intensiver. Bald kommt es in der Regel nahe dem Höhepunkt des Schmerzanfalls zu einer völlig neuen, dem Patienten bisher unbekannten Erfahrung: Er erlebt in sinnlicher Gegenwärtigkeit eine qualvolle Kindheitsszene wieder, als ereigne sie sich im gegenwärtigen Augenblick. Der quasi halluzinatorische Charakter bezieht sich auf alle Sinnesbereiche. Mit dem vollen Eintauchen in die Gegenwart des Erlebnisses kommt der Schmerz auf seinen Gipfel und ist bald darauf zu Ende gebracht und überstanden. Ihm folgt die Erleichterung einer warmen Trauer mit Schluchzen und Weinen. Doch müssen Ereignisse in ähnlichen Schmerzwellen mehrmals wiedererlebt werden. Der ganze Vorgang wird schließlich, so quälend er ist, als intensive Befreiung erfahren, als sei jeweils ein großer Teil eines gestauten Schmerzes aus dem Organismus abgeflossen.

Ein solches »Primal« oder Urerlebnis enthält oft Szenen extremer Bedrängnis auf Leben und Tod und tiefer seelischer Verwundung. Ein Patient, der als Kind beim Spielen von einem Sandrutsch verschüttet wurde, erlebt die Katastrophe genau in allen Einzelheiten neu, das Eindringen des Sandes in Atemwege und Augen, gleichzeitig aber die jämmerliche Verlassenheit, daß die Eltern nicht zur Rettung zur Stelle sind. Sobald die volle Gegenwart des Entsetzlichen erreicht ist, schlägt die Alarmreaktion des Angst- oder Wutanfalls um in ein von vorwiegend parasympathisch-cholinergischen Erscheinungen beherrschtes Bild: profuse bronchiale Sekretion, Speichelfluß, Ausbruch von Schweiß und Tränen; Abfall des Blutdrucks, des Pulses und der Temperatur, merkwürdigerweise auch Verminderung der Alphaamplitude im EEG. Oft zwingen Angst, Wut und Schmerz in der Alarmphase Bewegungsstürme, laute Schreie und manchmal den markerschütternden Urschrei heraus, der als Eruption im ganzen Leibe verspürt wird. Das Wiedererlebnis kann dem Inhalt nach etwas gänzlich Vergessenes zum Gegenstand haben oder eine schon bekannte Erinnerung mit bisher ungekannten Gefühlsfarben von großer Intensität ausfüllen. In jedem Falle bringt es eine nie zuvor erlebte, qualitativ neue Erfahrung mit sich. Im Idealfall folgt dem Primal ohne Nachdenken und Suchen eine

Kette von »Einsichten« und sogenannten Verbindungen, in denen sich dem Patienten ein Zusammenhang einer im Urerlebnis zusammengefaßten Grundsituation seiner Frühzeit mit seinen gegenwärtigen Symptomen und Problemen in subjektiver Evidenz aufdrängt. Gelegentlich fällt schon nach einem Primal ein als zugehörig erlebtes Symptom einfach ab, oder es löst sich nach mehreren einschlägigen Urerlebnissen auf. Im Falle unseres als Kind verschütteten Patienten verschwindet die Neigung, auf Situationen, die Andeutungen eines beklemmenden oder bedrohlichen Charakters enthalten, mit bronchialasthmatischen Reaktionen zu antworten.

Das Phänomen des Primals, in dem eine Erinnerung nicht als Erinnerung, sondern als jetzt und hier geschehendes Wiedererlebnis auftaucht, ist nicht neu. Es kommt vor als Spontanereignis, es ist produzierbar in der Hypnose, vor allem in der kathartischen Hypnose, es wurde in milder Form von dem kanadischen Neurochirurgen W. Penfield experimentell erzeugt, als er im Laufe von Operationen am freiliegenden Gehirn kortikale Zonen stimulierte. Wir finden das Primal in Drogenerfahrungen. Es zeigte sich ferner lange vor Janov in psychologisch gezielten Massagebehandlungen und Körperübungen von Wilhelm Reich, die heute als Bioenergetik bezeichnet werden; ebenso in der Gestalttherapie von Fritz Perls und in anderen abenteuerlichen Selbsterfahrungsexperimenten, die in der Sonne Kaliforniens ausgebrütet wurden. Primals wurden auch bei elektroenzephalographischen Untersuchungen mit Flakkerlicht ausgelöst. Janov hat das Primal nicht entdeckt, er scheint es aber um jene Spanne vertieft zu haben, die entscheidet, ob eine Bohrung einen artesischen Brunnen wirklich eröffnet oder nur auf eine spärliche Wasserader trifft. Vor allem aber scheint er aus seiner Ausgangserfahrung des voll entfalteten, bis auf den Grund geführten Primals außer einem ärgerlichen Wust voreiliger Fehlschlüsse, der ihm die wiederum voreilige Nichtachtung der Fachwelt eingetragen hat, einige haltbare Schlüsse gezogen zu haben. Dies sind seine Folgerungen, umformuliert in der Sprache der Streßtheorie:

1. Während die Alltagsüberzeugung, Schmerzen und Entbehrungen der Vergangenheit seien überstandene Schmerzen, für mäßige Schmerzerfahrungen von Kindern, ja auch für extreme von Erwachsenen gelten mag, legt das Phänomen des Primals die Deutung nahe, daß äußerste und allzu häufige Schmerz- und Mangelerfahrungen der Kindheit nicht erledigt und verwunden, sondern in Störengrammen (der Begriff »Engramm« wird von Janov kaum verwendet, scheint aber als kurze Kennzeichnung der Inhalte des Primal Pool geeignet zu sein) von hoher Reproduktionsgefahr gespeichert werden.

2. Solche biochemischen oder bioelektrischen Engrammnarben, deren Gesamtheit Janov als Frühschmerzspeicher – Primal Pool – bezeichnet, wirken als innere Dauerstressoren von hervorragender Störkraft im Organismus. Sie sind Unruheherde, die eine unspezifische Dauerfehlspannung, genauer gesagt, vielfältige muskuläre, glanduläre, vaskuläre und neuronale Regulationsstörungen, hervorrufen. Ferner neurotische Symptome und Verhaltensweisen.

3. Urschmerzengramme werden in der Therapie nicht gelöscht, wohl aber von ihrem Überdruck und damit von ihrer hohen Reproduktionstendenz befreit.

4. Der Reproduktionsdruck der gespeicherten Urschmerzengramme ist nicht nur selbst ein Dauerstressor, sondern zieht einen zweiten nach sich. Er führt zum Aufbau eines komplizierten Abwehrsystems, dessen Aufrechterhaltung einen großen Energieaufwand mit sich bringt. Mit dieser These segelt Janov in den ruhigen Hafen der etablierten psychoanalytischen Abwehrtheorien ein. Das gefährlichste

Abwehrmittel und gleichzeitig das umfassendste besteht nach Janov in einem andauernden inneren Totstellreflex der Gefühlssphäre, in einer Gefühlserstarrung oder Thymosklerose. Der Neurotiker kann nicht tief und herzhaft fühlen. Wer nicht mehr fühlen kann, muß auch nicht mehr das leiden, was er am meisten fürchtet, die vernichtende Schärfe des Frühschmerzes. Er gerät aber durch die gelungene Narkotisierung des Urschmerzes und der Fühlsphäre in einen emotionalen Deprivationsstreß, den er durch Sensationsgier zu kompensieren sucht. Dazu gehört außer so verbreiteten Symptomen wie Fernsehsucht und ärgeren Süchtigkeiten jene Kompensation durch Pseudolebendigkeit, welche die große Skala der ärmlichen Frustrationsaffekte bietet, die von der Thymosklerose leider nicht vermindert, sondern gefördert werden: Ärger, Neid, Rachsucht, Mißmut und Mißgunst, Gereiztheit, Alltagssadismus und unbeseelte sexuelle Gier. Das Ergebnis all dieser die seelische Öde überspielenden Affektdramatik ist allerdings, daß der Betroffene vom Streßregen der Gemütsdeprivation in die Streßtraufe der miesen Kompensationsaffekte gerät, die im sozialen Kleinhandel nicht mit »Streicheleinheiten« belohnt werden. (Dieser saloppe Begriff von Eric Berne – »Stroke« – trifft einen wichtigen psychologischen Sachverhalt.)

Eine andere Kompensationstaktik besteht umgekehrt in dem Versuch, das Gefühlsvakuum durch enormen Konsum von Anerkennung und Zuwendung zu füllen, was manchmal durch glatte, angepaßte Liebenswürdigkeit gelingt. Doch ist dabei wieder der Aufwand einer falschen Art von Selbstverleugnung so groß, daß der Versuch, im Beruf des überaus netten Mitmenschen Großverdiener von Streicheleinheiten zu werden, zum Stressor ersten Grades ausartet und hohe Dauerspannungen erzeugt.

5. Gelingt es, eine Abwehrmauer abzureißen oder Abwehrtaktik aufzugeben und auf diese Weise mit der Zeit die

volle Reproduktion des Störengramms zuzulassen, wird also der vernichtende Urschmerz frei und bis zum bitteren Ende ausgelitten, dann kommt es zwar nicht zur Löschung der Urschmerzengramme, wohl aber zu ihrer weitgehenden oder gar völligen Entladung. Extremes Leid löst sich nur durch Ausleiden, nicht durch Vermeidung, Flucht, Abwehr, Dämpfung, Trost oder Kompensation. Auch nicht durch Liebe.

Für Freud besteht Heilung im Ausbrennen einer Leidenschaft, im Auswüten eines Hasses, im Abtrauern eines Verlustes, im Abschied von einer Illusion, in der Korrektur eines Irrtums, im Aufgeben oder Sublimieren eines Triebanspruches. Dies alles geschieht bei Freud in der Weise des Durcharbeitens der Abwehr und des Abgewehrten in der Form von Traumarbeit, Trauerarbeit und Denkarbeit, in der Weise des Bewußtwerdens von Unbewußtem.

In Janovs Weg des Fühlens und Ausleidens ist das alles enthalten. Hier bleibt die Frage offen, ob es noch andere Formen der Entladung oder Neutralisierung von frühen Störengrammen gibt, wie zum Beispiel Dianetiker behaupten.

6. Eine Hauptwirkung des gestauten Urschmerzes ist nach Janov die, daß er den Patienten in eine beständige Kampfbereitschaft zwingt, in einen aussichtslosen Kampf, der in der neurotischen Hoffnung geführt wird, die Mitmenschen endlich doch noch in liebende Eltern und Geschwister zu verwandeln oder, wenn das nicht gelingt, die oft nur vermeintliche Bosheit der anderen so aufs Haupt zu schlagen, daß die drohende Wiederholung der vernichtenden Niederlagen der Kindheit vermieden wird. Es ist plausibel, daß eine solche Einstellung eine ständige Stimulierung der unspezifischen Steinzeitreaktionen des Organismus fördert, insbesondere die von Selye so genannten katatoxischen Reaktionen innerhalb des allgemeinen Adaptationssyndroms. Der

vom Urschmerz Gefangene erlebt eine Unmasse von harmlosen Situationen als gefahrvolle Notfallsituationen.

7. Die Neurose und auch viele Psychotherapieformen stellen den Versuch dar, den andauernden Stressordruck der Urschmerznarben zu dämpfen, zu kompensieren und durch Abwehrmaßnahmen in Schach zu halten oder zu mildern. Auch die kathartische Abreaktion erreicht nur selten die Reaktivierung der Urschmerzes selbst, sondern meist nur die oberflächlichen Ausläufer von Wut und Angst. Darum ist es ein Mißverständnis, Primärtherapie im Kern mit kathartischer Abreaktion zu verwechseln, wenngleich kathartische Abreaktion in der Vorphase des Primals viel Raum einnimmt und bei schlechter therapeutischer Führung auch viel Zeit verschwendet. Dennoch scheint es erfolgreiche Primärtherapien ohne eigentliche klassische Primals zu geben, in denen nicht voll wiedererlebt, sondern nur ein biographisch ort- und namenloser Schmerz durchlitten wird.

8. Der zweite Grundbefund Janovs, der seine Hypothese zu stützen scheint, ist folgender: Nach gelungener Wiederbelebung einer ausreichenden Zahl von Urschmerzerinnerungen können neurotische Spannungen, Fehlregulationen und Symptome verschwinden. Natürlich ist es auch hier fast unmöglich, die Vermutung auszuschließen, daß nicht das Wiedererleben des Urschmerzes und seine Auflösung, sondern andere Gründe, etwa die an das Wiedererleben suggestiv geknüpfte Heilungserwartung oder die von Janov leichtfertig geleugnete Übertragung, zu dem positiven Ergebnis führen könnten.

Die erste wissenschaftliche Arbeit über neurophysiologische Messungen an primärtherapeutischen Patienten stammt von R. Corriere und W. Karle. Sie erschien 1971 als Dissertation, gleichzeitig als Beitrag zu Janovs Buch »Anatomy of Mental Illness«. Erst 1974 erschienen zwei weitere

Forschungsberichte im »Journal of Primal Therapy«, Band 2, und zwar von B. P. McInery und von M. Holden, einem jungen Neurologen aus gutem wissenschaftlichen Hause, der gleichzeitig als Leiter der Forschungsabteilung vorgestellt wird. Alle genannten Arbeiten beziehen sich auf das Streßkonzept. Sie gehen von der Hypothese aus, daß die therapeutische Wiederbelebung des Urschmerzes diesen Stressor beseitigt oder vermindert und daß sich die erhebliche Verminderung des Gesamtstreßvolumens in signifikanten bleibenden Veränderungen von Puls, Körpertemperatur, Blutdruck und EEG zeigen könnte, abgesehen einmal von den klinischen Heilungszeichen. Die Messungen zeigen dann auch eine Tendenz zur Senkung aller genannten Meßwerte in der Behandlung, wobei die EEG-Veränderung als späteste erst nach acht Monaten eintritt. Die Ergebnisse entsprechen damit jenen, die auch von der transzendentalen Meditation, vom autogenen Training und anderen Entspannungsmethoden berichtet werden. Möglicherweise haben also alle diese Therapiemethoden eine prophylaktische Wirkung gegenüber Verschleißkrankheiten, ganz besonders des Herz- und Kreislaufsystems, und eventuell eine Verzögerung des gesamten Alternsprozesses durch Herabsetzung einer überhöhten Stoffwechselrate. Zu berücksichtigen ist allerdings, daß die transzendentale Meditation und das autogene Training bei hoher neurotischer Unruhe und bei der chaotischen Unfähigkeit vieler Neurotiker, Übungsvorsätze halten zu können, in vielen Fällen gar nicht durchführbar sind. Natürlich gilt das *mutatis mutandis* auch für die Primärtherapie. Psychotherapeutische Methoden sollten aber nicht zu konkurrierenden Rennpferden herangezüchtet, sondern indikationsbezogen eingesetzt werden. Die neueste Untersuchung von Holden gilt dem Verlauf einer primärtherapeutischen Sitzung und der Vermessung eines sich mehrfach wiederholenden Primals. Der Patient ist ein 36 Jahre alter

Hypertoniker, der vorher aufgrund akuter psychotischer Episoden, in denen er mit Psychopharmaka und Elektroschocks behandelt worden war, dreimal hospitalisiert wurde. Die in einer Sitzung in Wellen wiederkehrenden Primals begannen jeweils mit einem akuten Angstanfall und sprunghaftem Anstieg aller Meßwerte. Mit dem plötzlichen Aufhören des Panikzustandes setzt das typische Wiedererlebnis der quälenden Kindheitsszene ein. Damit beginnen die geschilderten Phasen der parasympathisch-cholinergischen Dominanz, gekennzeichnet durch plötzlichen Abfall von Puls, Blutdruck und Alphaamplitude im EEG, sowie die übrigen schon beschriebenen Erscheinungen (Absonderung von Bronchialsekret, vermehrte Salivation, Tränenfluß, Verkleinerung der Pupillen und plötzliches profuses Schwitzen). Nach Ablauf der elf Primal-Wellen während der Sitzung, also nach etwa einer Stunde, sind alle Meßwerte zum Teil erheblich unter die Ausgangslinie gesunken.

Nicht klar ist, ob wir die Möglichkeit autosuggestiver Artefakte und sogenannter Deckerinnerungen ausschließen können. Wir stoßen hier auf ein Problem aus Freuds Frühzeit; die erste große Krise in der Entwicklung der Psychoanalyse bestand darin, daß Freud einsehen mußte, daß viele der von den Patienten unter seiner Anleitung ausgegrabenen Früherinnerungen, die sie als authentische Erinnerungen erlebten, doch als Erinnerungsartefakte, sogenannte Deckerinnerungen, verworfen werden mußten. Das ist ein Problem, das Janov nicht kennt und dem er sich nicht stellt. Ich kann hier auf die Gründe, die es nahelegen, die mit der Janovschen Methode erhobenen Früherinnerungen für solider zu halten als die mit der psychoanalytischen vor der Jahrhundertwende erhobenen, nicht eingehen.

Ich schätze den Kernbestand der Primärtheorie, weil sie einfach ist, in sich stimmig, gut vereinbar mit den psychologischen, physiologischen und pathologischen Daten, die ich für solide begründet halte, und schließlich, weil sie wegen ihrer Einfachheit auch technisch praktikabel ist. Ich übersehe nicht, daß in Janovs Büchern und in seiner Zeitschrift auch ein reiches Maß wissenschaftlicher Umweltverschmutzung vorgestellt wird. Doch ist der Schmutz gut abgrenzbar und leicht zu beseitigen. »Dirt is matter on the wrong place.« Auch scheint es bei den Pionieren in unserem Fach nun einmal ohne eine solche nicht abzugehen. Indes, weder Kolumbus noch Galilei waren ganz seriös. Tragen wir es mit streßmindernder Fassung – syntoxisch.

II

Glaubensbegründung

Sigmund Freud war der Meinung, Psychoanalyse und Christentum seien nicht Dinge, die einander ausschließen[1]. Offensichtlich erlaubt die psychoanalytische Methode nur Aussagen über den Menschen: sein Sinnen und Trachten, sein Bewußtsein und sein Unbewußtes. Nichts kann sie wissen über das Ganze der Wirklichkeit, ihre Herkunft und ihren Sinn – auch nichts über ihren Unsinn.

Dennoch stellt die Psychoanalyse aus einem einfachen Grunde jeden Glauben in Frage, den der Christen und den verborgeneren der Nichtchristen. Die meditative Bewegung der freien Assoziation, wird sie nicht künstlich in Grenzen gehalten, führt von sich aus leicht und schnell zu der Frage: Warum glaube ich, was ich glaube? Warum glaube ich nicht, wenn ich nicht glaube? Jedenfalls pflegt sie dies nicht selten bei christlichen und ehemals christlichen Patienten und Analysanden zu tun. Durch diese eine Frage macht der analytische Zwang zur Wendung nach innen jenes Unbehagen im Glauben deutlich, das sich aus der Schwierigkeit ergibt, von diesem Glauben in der Weise der kritischen Reflexion Rechenschaft zu geben. Die Forderung »Gib Rechenschaft von deinem Glauben!« ist eine Forderung der Vernunft, des Gewissens und auch des Neuen Testaments. Glaubenszustimmung oder -ablehnung sind keine belanglosen Verhaltensweisen. Sie müssen verantwortet werden, wie ein richterliches Urteil verantwortet werden muß. Die Frage bringt den, der sie sich und sich ihr stellt, oft in arge Verlegenheit; kritische Reflexion ist weder jedermanns Sache noch auch jedermanns Pflicht. Sie will gelernt sein; nicht jeder hat sie gelernt, und nicht jeder muß sie lernen.

Wie steht es mit den Antworten, die wir hören? Es muß berichtet werden, daß die Gläubigen auf den ersten und zweiten Blick im peinlichen Selbstverhör der Psychoanalyse oft weder vor dem Analytiker noch vor sich selbst eine gute Figur machen.

Auch Menschen, die auf anderen Gebieten recht nachdenklich sind, scheinen nicht selten die Glaubenszustimmung in der Form »Es wird schon ungefähr stimmen« zu geben; also nicht, weil sie unbedingt von der Wahrheit des Geglaubten überzeugt sind, sondern vielleicht, weil sie vom Glauben irgend etwas haben, das außerhalb der Wahrheit liegt oder liegen kann: Wunscherfüllung, Trost, Frieden, Halt an den Autoritäten ihrer Herkunft.

Andere sind anfangs ihrer Sache sicher, gelegentlich auch unheimlich sicher; doch können sie diese Sache nicht immer gut vertreten. Sie suchen ihre Gründe mühsam zusammen. Was sie finden, überzeugt sie oft selbst so wenig, daß viele diese Sache nach und nach verloren geben. Der Glaube zerfällt wie eine Jahrtausende alte Mumie, wenn er der Luft und dem Licht selbstkritischer Befragung ausgesetzt wird – ohne Zutun des Analytikers. Er zerfällt unter dem Druck einer Frage, die auch das Neue Testament zu stellen befiehlt; so ist es nicht recht, der Analyse die Schuld für den Zerfall zu geben, wenn der Glaube der Rechenschaft, die von ihm verlangt wird, nicht standhält.

In anderen Fällen geht es umgekehrt zu. Der Rechenschaftsanspruch klärt und befestigt den Glauben, er kann ihn von Grund auf erneuern und den klinisch schon Toten wiederbeleben – ohne Zutun des Analytikers.

Die Frage, wie Glaube das psychoanalytische Rigorosum übersteht, könnte man auf gepflegte akademische Weise beantworten, als sei man selbst nicht betroffen. Ich habe das auch versucht, empfand es aber als unangenehm objektivistisch. So will ich in einer persönlichen Antwort zeigen, was psychoanalytische Reflexion zu meinem Glauben beiträgt und wie das Verständnis des Glaubens mein Selbstverständnis als Analytiker mitbestimmt.

Als Kind habe ich gelernt, daß die Welt von jemand gemacht worden sei, der Gott heißt, sehr gut ist, alles kann und alles weiß. Das fand ich überzeugend. Das war gut. Denn der Gott wollte mir, wenn ich mir Mühe gab, ein gutes Kind zu sein – es mußte nicht einmal immer gelingen –, die ewige Seligkeit geben. Als ich hörte, es gäbe Gottesleugner, war mir das unbegreiflich. Ich hielt solche Leute für unerhört dumm und böse. Ich glaubte und glaube also, weil ich unter christlichen Einflüssen aufwuchs und damals keinen Grund vorfand, das Überlieferte zu bezweifeln. Vermutlich hätte ich mich ebenso verhalten, wenn ich unter den Lehren Buddhas oder Maos aufgewachsen wäre. Den größten Teil meiner Schulzeit habe ich in Berlin verbracht. Als einziger oder einer von wenigen katholischen Buben unter evangelischen und, wie man damals sagte, Dissidenten. So geriet ich früh in die Situation des Angehörigen einer angefochtenen, leise verachteten Minderheit und erfand alsbald die dafür typische Schutzhaltung von milde elitärer Arroganz, Altklugheit und apologetischer Reflexion des eigenen, das heißt des von der Familie mitgegebenen Standpunktes. Narzißmus ist das Rettungsboot des Außenseiters. An dieser Rolle muß ich so viel Vergnügen gefunden haben, daß ich einen kurzen Aufenthalt auf einer katholischen Schule benutzte, um mich wiederum elitär zu distanzieren, wozu sich nun aufgeklärte atheistische Emanzipation anbot. So hatte ich denn auch dem König Ödipus eine Nachzahlung der

Zollgebühr entrichtet. Die Rückkehr des verlorenen Sohnes wurde durch den Ausbruch des Dritten Reiches erleichtert und von Freunden energisch gefördert. Ich fand es aber nötig, mir von jetzt an über mein Glauben oder Nichtglauben Rechenschaft zu geben. Die Frage hat mich auch später nicht mehr losgelassen und auf ähnliche Probleme von Patienten aufmerksam gemacht.

Für die heutige Form meiner Glaubensrechenschaft ist auch der Beruf meines Vaters wichtig. Nüchtern und psychoanalytisch gesehen, hängt mein Festhalten und Begründen des christlichen Bekenntnisses wahrscheinlich eng damit zusammen, daß mein Vater Rechtsanwalt war. *Jurisprudentia est divinorum*, lernte ich von ihm: Das Recht von Menschen sei eine heilige Sache, verstand ich. Ich fand es gut, daß mein Vater, dessen Fachgebiet das Staats- und Verwaltungsrecht war, benachteiligte einzelne gegen den übermächtigen Gegner Staat verteidigte. Das mag die Kindheitsneigung verstärkt haben, einer angefochtenen Minderheit anzugehören, die von einer Überzahl angegriffen wird. Das galt vom Christentum, aber zur Zeit meiner Berufswahl und Berufsvorbereitung auch von der Psychoanalyse. So war die Identifizierung mit dem die schwächere Partei beschützenden Vater für mich in jeder Hinsicht ein Gewinn. Sie ist es heute noch, ich habe in diesem Punkte nichts gegen sie einzuwenden und möchte an ihr festhalten. Auch der Analytiker hat manches mit dem Anwalt gemein. Vielleicht ist, aus diesen und anderen zunächst unbewußten Motiven, für mich der Gedanke, daß es in den Glaubensfragen um Rechte von Personen geht, die ich achten und anerkennen sollte, die oder eine Achse meines Glaubens. *Glaube ist für mich Anerkennung des Rechtes einer Person:* Rechte eines möglicherweise existierenden Gottes, Rechte seiner abgesandten und legitimen Vertreter, Rechte von Mitmenschen.

Mein Vater war Anwalt, nicht Richter. Ich lernte, daß

man auch als engagierter Parteigänger und Verteidiger sachlich bleiben, objektiv prüfen, Vernunft herrschen lassen solle und könne, weil blinde Parteilichkeit, weder gerecht noch zweckmäßig, zu nichts führt. Vielleicht verdanke ich dem Vater auch eine gewisse Abneigung gegen die Richterrolle und ihre Versuchungen. Die Art, wie Hinz und Kunz, als Großinquisitoren der Kirche des Unglaubens, den Gott zum Verhör zitieren, sein Schweigen verärgert gegen ihn ausschlachten, ihm die Beweislast für seine Existenz und Unbescholtenheit auferlegen; wie sie ihn höhnisch und hämisch von oben herab abkanzeln; wie leichtfertig Todesstrafe und Verbannung über ihn verhängt werden: Das alles finde ich empörend. No fair trial. Kein Sinn für Prozeßordnung, Standgericht der letzten Kriegstage. Da blieb ich lieber Verteidiger wie mein Vater; auch von diesem Platz aus kann man einsehen, ob eine Sache gerecht oder ungerecht ist, manchmal sogar besser als der objektivste Richter; auch in der Sache Gottes.

Mit der Psychoanalyse steht es ähnlich. Als ich studierte, war sie lange Zeit *jewish science*, von jeder wissenschaftlichen Psychologie und Psychiatrie angeblich längst widerlegt; im Bereich des Christentums, das damals andere Sorgen hatte, schier indiskutabel. Bis heute ist die Psychoanalyse angefochtene Wissenschaft; nach kurzer Zeit überschwenglicher Ovationen stößt sie heute auf wachsenden neuen Widerstand der sich exakt fühlenden experimentellen Psychologie und des orthodoxeren Marxismus.

Wenn ich meinen Gottesglauben mit der mir möglichen kritischen Distanz prüfe, dann finde ich für ihn die folgenden Ursachen, Motive und Gründe, denen ich eine einfache Quintessenz vorausschicken möchte: Alle jene Grundeinsichten, die meine Vernunft und mein Gewissen anerkennen müssen, sprechen für, keine gegen den Glauben. Vielleicht gilt dies für die meisten der an Gott glaubenden Menschen.

Zu den Einzelheiten: In meiner Kindheit hatte mein Glaube die Form einer vorrationalen Zustimmung zu der Autorität meiner Eltern; vorrational, nicht irrational. Irgendwie empfand ich die Welterklärung durch den Schöpfer nicht als Information über ein hinzunehmendes Faktum, nicht einmal nur als einleuchtend, sondern als schlechthin notwendig. Ich finde – wie Freud – in mir nichts vor, was ich als direkte Gotteserfahrung deuten könnte. Ich erfahre die äußere und meine innere Welt. Das ozeanische Gefühl, das Romain Rolland in einem Brief an Freud als Ursprung aller Religion anpries, ist mir ebenso fremd wie jene *cognitio Dei experimentalis*, von der die Mystiker unter den Heiligen berichten. Freud hat recht, was mich und meine Patienten betrifft, daß starke unbewußte Wünsche und Neigungen, Elternbindungen, psychodynamische Mechanismen oft zugunsten des Glaubens wirken. Der analytische Blick entdeckt hier wie überall orale, anale und ödipale Spuren. *Inter faeces et urinas nascimur*, sagten die Kirchenväter; *vivimus et cogitamus*, tragen die Analytiker nach. Ich habe nichts dagegen.

Libidinöse Mitmotive wirken ja in jeder lebenswichtigen Urteilsbildung in irgendeine Richtung; freilich nicht immer in dieselbe. Dem Glauben können alle diese Dinge auch kräftig entgegenwirken. Nur: die Erkenntnis, daß ich das, was ich glaube, zum guten Teil sehr gern glaube, daß ich unter meinen bewußten und unbewußten geistigen Begründungen auch noch eine Menge triebhafter Motive, Neigungen, Vorlieben habe, sagt mir rein gar nichts darüber, ob mein Glaube dic Wahrheit trifft oder verfehlt. Auch die Psychoanalytiker hängen an der Psychoanalyse, nicht zuletzt, weil sie ihnen gefällt; weil sie eine bestechend elegante, geistreiche Theorie ist, formuliert in einer Sprache, die ein Vorurteil zugunsten ihrer Wahrheit einflößen kann; weil sie viele unbewußte Wünsche befriedigt; wohl auch, weil

Freud sympathisch ist, imponiert, die Vatersehnsucht stillt. Das alles spricht so wenig gegen den Wahrheitswert der Psychoanalyse wie Schönheit und Charme gegen Klugheit und Charakter einer Frau. Bedenklich wird es erst, wenn man keine anderen stichhaltigen Gründe hat, die Psychoanalyse oder den Glauben für wahr zu halten, als solche, die zwar die Anziehungskraft einer Lehre, nicht aber ihre Wahrheit fundieren. Freud hat recht: Die Psychoanalyse kann zeigen, daß bei vielen Gläubigen nach psychoanalytischer Lockerung der Anziehungskraft der infantilen und libidinösen Glaubensmotive nichts Solides mehr übrigbleibt. Daß dies oft so ist, glaube ich Freud und weiß es inzwischen aus eigener analytischer Erfahrung. Daß es immer so sein muß oder auch nur die Regel ist, hat Freud nicht behauptet, noch wird es in der analytischen Erfahrung bestätigt. Ich weiß auch, daß auf Einleuchtendes wenig Verlaß ist, ebensowenig auf das präzise Funktionieren meiner Vernunft, die durch den Speck des Plausiblen und Angenehmen in die Falle vieler Irrtümer gelockt wird.

Plausibel ist, was Applaus findet, Plausibilität eine Hauptquelle aller Täuschungen. Ich kenne, nicht erst von Freud, die Bestechlichkeit der Vernunft durch Wünsche, Leidenschaften, Suggestion, Kindheitsfixierungen, psychische Mechanismen, Gewohnheiten und ästhetische Anziehungen. Wahr ist dann, was gefällt; wahr ist, was aufgrund biographisch vorentschiedener Perspektiven einleuchtet. Unwahr, was mißfällt. Das Urteil untersteht dem Lustprinzip an sich nicht, aber es unterwirft sich ihm täglich. Eine Hure mag ich die Vernunft nicht nennen, aber ein leichtes Mädchen, das ist sie. Die damit angedeuteten psychologischen Denkgesetze scheinen oft mächtiger zu sein als alle logischen.

Hier bin ich als Psychoanalytiker weit freudianischer als Freud. Sein schöner, nobler Satz: »Die Stimme des Intellekts ist leise, aber sie ruht nicht, ehe sie sich Gehör geschafft hat. Am Ende, nach unzählig oft wiederholten Abweisungen, findet sie es doch«[2], scheint mir eine seiner wenigen Fixierungen an bürgerliches Wunschdenken zu spiegeln – ein Pyrrhussieg des Prinzips Hoffnung. Ich kann Freuds Optimismus teilen in bezug auf den Fortschritt aller »harten« Wissenschaften – Mathematik, exakte Naturwissenschaften, Technologien. Er fehlt mir weitgehend in bezug auf den Fortschritt der Vernunft jenseits der Kompetenz harter Wissenschaften, und gerade darum geht es in allen Lebensfragen. Unser letztes Ziel ist nicht die Mondfahrt. Auf der anderen Seite weiß ich zwei Dinge, die mir aus der Falle des psychologistischen Relativismus – wahr ist, was gefällt – heraushelfen. Ich weiß, daß einige meiner Urteile von Natur vor Irrtum weitgehend geschützt sind. Ich bin zum Beispiel »unfehlbar« in der Überzeugung, daß ich existiere und erlebe; daß mein Vergnügen, Sie als Leser zu haben, in der mir ebenso gewissen Existenz meiner Mitmenschen begründet ist. Auf der anderen Seite ist es mir ganz und gar unmöglich, alle meine existenzwichtigen Urteile auf die relativ wenigen »unfehlbaren« zurückzuführen. Dazu fehlt mir alles: Scharfsinn, Ausdauer, Zeit. Den praktischen Ausweg aus dem Dilemma unserer Fallibilität sehe ich in der zweiten Überlegung: Ich finde in mir und in allen meinen Nachbarn »Ideen, denen mit Vernunft nicht widersprochen werden kann« (J. G. Fichte), vor; mindestens solche, denen ich selbst mit den Mitteln meiner Vernunft nicht widersprechen kann, solange ich von meinem Verstand vernünftigen Gebrauch mache. Sie haben für mich etwas Bezwingendes und Verbindliches. Ich kann ernsthaft an ihnen nicht zweifeln, allenfalls spielerisch im intellektuellen akademischen Experiment, nicht, wenn es um Kopf und Kragen oder um das Heil geht.

Ferner habe ich eine Reihe von Überzeugungen, denen

ich aufgrund einer an Sicherheit grenzenden Wahrscheinlichkeit anhänge, bei denen ich faktisch mit einem Irrtum weder rechne noch das ernsthaft könnte. Die Forderung, der »intellektuellen Redlichkeit« zuliebe aus dem Bestand dieser Überzeugungen alles auszusondern, was ich nicht empirisch oder philosophisch reflex begründen und beweisen kann, muß ich leider ablehnen. Wer diese Forderung an sich selbst stellt und zu erfüllen glaubt, werfe den ersten Stein. Er wäre nicht nur ein Pharisäer, sondern auch ein Narr. Er weiß nicht, was er tut. Er stolpert schon über die trivialsten Binsenwahrheiten, will er die eigene Forderung erfüllen. Für mich gehört der Gottesglaube zu den Ideen, denen von meiner Vernunft nicht widersprochen werden kann. Vielleicht sage ich besser, der Glaube ergibt sich aus diesen Ideen als der vom Gewissen befohlene nächste Schritt. Muß ich dazu sagen, daß ich bei anderen nicht nur den Zweifel, sondern auch ein negatives Ergebnis respektiere, ohne sie darum für »Analphabeten des Gehirns und des Herzens«[3] zu halten, die es freilich auch gibt? Die Einwände des Gehirns und des Herzens gegen die christliche Gotteslehre sind zahlreich, aber Variationen weniger Grundgedanken. Unter bestimmten Voraussetzungen erhalten sie ein gewaltiges psychologisches Gewicht, dessen Last ich zu kennen meine. Ich weiß aber auch, nicht zuerst und nicht zuletzt von meinen Patienten, daß viele dieser Einwände sich gegen ein Gespenst richten, ein numinoses Monstrum, das mit dem Gott des Glaubens verwechselt wird. Wieder andere Einwände gelten weniger den gröbsten Entstellungen, aber doch einem tiefen Miß- oder Unverständnis des Überlieferten. Wenn zum Beispiel Ludwig Marcuse sagt, einen persönlichen Gott könne er sich ebensowenig vorstellen wie einen elfeckigen, so deutet er an, daß er den Gedanken des Göttlichen mit dem Begriff der Person für ebenso unvereinbar hält wie mit dem Begriff des Elfecks. »Person« in diesem Zusammenhang ist für ihn ein »transzendenter Übermensch« oder ein »anthropomorpher Homunkulus«. Ich habe aber gelernt, daß Gott auf unendlich andere und unendlich höhere Weise Person sei als der Mensch, frei von aller Begrenzung in Raum, Zeit, Materie; frei von aller Pluralität verschiedener geistiger Akte des Denkens und Wollens; unendlich anderes, aber doch in göttlicher Andersheit absolutes Bewußtsein. Ich sehe darin nicht einen Widerspruch, sondern das Gegenteil: Notwendigkeit. Ein erkenntnisloses und gleichgültiges metaphysisches Ursein wäre letztlich niedriger als der Mensch, ein Gott für Fische. Wohl geht die Lehre von der Personalität Gottes ganz über meine Fassungskraft, aber sie provoziert meine Vernunft weit mehr zur Zustimmung als zum Urteil der Unmöglichkeit.

Für mich enthält die christliche Gotteslehre manches Unmögliche auf den ersten Blick, weniger auf den dritten, nichts auf den hundertsten. Beim Studium der chinesischen Klassiker pflegte der Lehrer dem nach Unverstandenem fragenden Schüler zu antworten: Hundertmal Lesen wird den Sinn enthüllen. So steht es auch hier, und daran fehlt es auch hier oft genug, wo es fehlt. Aus der Lehre vom persönlichen oder besser überpersönlichen Gott ziehe ich nicht die Folgerung, schönes Segelwetter zu erbitten. Aber ein Gott, der nicht in der Lage wäre, jeden Sperling auf jedem Dach der Welt zu kennen, jedes Haar auf dem Kopf zu zählen, ein Gott, der unter Enge eines begrenzten Bewußtseins litte wie wir, ein Gott, der nicht auch den Wunsch nach schönem Segelwetter erfüllen könnte, wenn es ihm gefiele, wäre in größter Gefahr, in nicht ferner Zukunft von der Entwicklung cleverer Computer überholt zu werden. Ich könnte ihn weder göttlich finden noch anbeten. Ein geistig beschränkter und behinderter Gott ist für mich unmöglich. Entweder allwissend, allmächtig, allgütig von Ewigkeit zu Ewigkeit oder doch nur ein armer Deunkulus. Man kann sich nicht gleichzeitig über den Anthropomorphismus des Christentums beklagen und dann sozusagen auf halber Denkstrecke Angst und Höhenschwindel bekommen, wenn die Christen ernsthaft den Unendlichen an Macht, Weisheit und Liebe zu denken wagen. Man kann, aber man sollte das nicht für weise halten.

Ein Skandalon, der Stein des Anstoßes im christlichen Gottesglauben ist für mich die Einheit von Erkenntnis, Macht und Güte in der Gottheit. Ich kann nicht anders von Gott denken, ohne seine Göttlichkeit radikal zu zerstören, und ich kann schier nicht so von ihm denken, solange ich auf die Weltgeschichte, ihr Elend, ihre Bosheit, ihre Gottverlassenheit blicke. Hier bin ich absolut am Ende meines frommen Lateins und finde keinen Trost in den Versuchen der Theologen, zu erklären, warum Gott nicht nur »das« Übel, sondern so elende Übel der Zeit und der Ewigkeit zugelassen und bewirkt habe. Es geht mir hier wie Goethe: Hundegebell und das Kreuz sind mir das Widerlichste in der Welt. Aber ich lasse mir gesagt sein, was Hiob genügte. Gott kann mein Leid verantworten, er wird auch Kindertränen, unschuldiges Blut und seinen »Anteil« an allem Übel verantworten können, von Golgatha bis Auschwitz und Vietnam. Ich weiß wahrlich genug von ihm, um diese Sorge sein Problem sein zu lassen, zu dessen Lösung ich weder in der Lage noch berufen bin. Mein Vertrauen wäre leichter, wäre es gelöst, aber von Vertrauen bliebe nicht viel übrig. Denn nur in diesem einzigen Punkte ist mir Vertrauen überhaupt als Last zugemutet. Ich meine, Gott dürfe mir Vertrauen zumuten. Mein Vertrauen hat die Chance, größer, nobler, großmütiger zu werden nur in dieser Dunkelheit. Ich bin nicht der berufene Richter, ihn zum Nichtsein zu verurteilen um des Bösen willen. Das geht mir evident zu weit, zu weit auch gegen meine Vernunft.

Ich berufe mich nicht auf meine artikulierbare Philosophie, soweit vorhanden. Philosophische Schachpartien zwischen Agnostikern und Metaphysikern haben in der Regel den Ausgang, daß jeder den anderen beschuldigt, an diesem oder jenem Punkte einen jeweils einem von beiden evidenten, ja unübersehbaren Sachverhalt so hartnäckig und verstockt zu verleugnen, daß böser Wille im Spiel sein oder übermenschliche Dummheit angenommen werden muß. Aus dem Patt philosophischer Streitgespräche muß ich mich zurückziehen. Darum schreckt mich Carnap wenig; alten und neuen Positivismus schätze ich wegen seiner puritanischen Beiträge zur Theorie und Methode der Naturwissenschaften; philosophisch halte ich ihn für hoffnungslos problemblind und eine *quantitée négligeable.* Vor großen Philosophen habe ich hohen Respekt und von ihnen wenig zu befürchten. Fast ausnahmslos haben sie zur Klärung und Festigung der Gottesidee beigetragen. Dem forschen atheistischen und agnostischen Triumphalismus sind sie sehr fern. Ihm, wie dem Dialektischen Materialismus oder Teilen desselben, stehen mir zu viele Ideen entgegen, die ich mit Vernunft nicht bezweifeln kann.

Die Psychoanalyse hat nicht gezeigt, aber tiefer eingeprägt, daß menschliche Überzeugungen auf zwei grundverschiedene Weisen zustandekommen. Einmal, ohne Rücksicht auf Logik, auf dem Wege unbewußter triebhafter Prozesse und Mechanismen. Dann aber, im Grenzfall ohne Rücksicht auf diese psychischen Prozesse, auf dem logischen Weg über sachbegründete Einsicht und Beweis.

Wäre ich zum Richter in der Gottesfrage bestellt – ich bin es in der Tat wie jeder Mensch, dem das Wort »Gott« und sein Verständnis in die Wiege gelegt wurden –, dann müßte ich sagen: Soviel ich weiß, habe ich im Prozeß die mir meinen Lebensumständen nach zumutbare Sorgfalt aufgewendet. Die verneinende Partei hat ein Argument, das für den ersten Augenschein gegen die Existenz des geglaubten Gottes spricht: das physische und moralische Übel. Ich kann das Argument nicht löschen, aber im wörtlichen Sinn entkräften; die Ziffern des Arguments bleiben, aber sie rücken mir weit hinter das Komma. Die verneinende Partei hat gute Sachverständige, die gegen die sichere Beweisbarkeit des Gottes votieren. Andere Sachverständige sagen das Gegenteil. Ich bin kein Sachverständiger und kann keiner werden. Ich darf aber mein Urteil nicht auf einen Mehrheitsbeschluß der Spezialisten abschieben, denn der Richter muß das Urteil verantworten, nicht die Experten, unter denen Einstimmigkeit offenbar nicht zu erzielen ist. Vor allem aber hilft mir die Auskunft, die Existenz der Gottheit sei nicht zwingend zu beweisen, keinen Schritt weiter. Auch ein nur wahrscheinlicher Gott würde mich verpflichten – ja auch ein unwahrscheinlicher könnte oder sollte noch auf das Wort zuverlässiger Zeugen geglaubt werden, wenn es Menschen gäbe, die ihn in einer wirklichen Erfahrung von Angesicht gesehen haben; mit Augen des Geistes, die mir fehlen. Oft genug ist das Unwahrscheinliche das Wahre. Sollte die Gottheit gegenüber dem verfügenden Zugriff meines Verstandes ebenso auf Verborgenheit bestehen, wie sie meinen Sinnen unzugänglich ist, dann hätte ich immer noch Grund genug, eine verborgene Gottheit anzubeten. Das »Adoro te devote, latens Deitas« ist ein dem menschlichen Geist sehr angemessenes Gebet.

Bin ich ein befangener Richter? Und ob! Ich habe das vitalste Interesse am Ausgang des Prozesses; ich stehe und falle mit ihm. Er entscheidet in jeder Hinsicht über mein Sein oder Nichtsein. Von seinem Ausgang hängt es ab, ob ich mein Dasein allenfalls gerade noch mürrisch erträglich finden oder, wie es geht und steht, mit aller Dankbarkeit annehmen kann. Die Liturgie sagt: »Wahrhaft würdig und recht ist es, angemessen und heilwirkend, Dir, Allmächtiger

Gott, immer und überall Dank zu sagen, Dich zu preisen und anzuerkennen.«

Ich wäre nicht mehr zu retten, wenn ich so nicht mehr sprechen könnte. Welch ein irrer Tor wäre ich, wenn ich einen Glauben, der mir mein Dasein bis hinein in jeden Ärger des Alltags so erhellt, daß ich es einschließlich Ärger, Leid und Frustration als Sinnfülle, Glück und Hoffnung begreifen kann, ohne die zwingendsten Gründe aufgeben würde? Selbstmörder kann ich verstehen, aber die geistige Selbstaufgabe ohne Grund und Gegenwehr überfordert meine Einfühlungsgabe. Sie wird mir nur mühsam und indirekt verständlich – nicht zuletzt durch Freuds Lehre. Also doch Wunschdenken? Und ob, mit aller Kraft, mit Zähnen und Klauen – solange es sich mit triftigen Gründen vertreten läßt (das macht den Unterschied zum neurotischen und banalen Wunschdenken aus, das wir mit Recht fürchten). Es läßt sich halten, leicht und gern. Rechtsbeugung um des Wunschdenkens willen, nein, wozu auch. Man würde viel Energie verschwenden, um endlich den eigentlichen Sinn doch zu verfehlen. Aber ich habe in dieser Hinsicht nicht die Spur eines Verdachtes, und niemand hat ihn. Denn niemand hat je einen anderen menschenwürdigen, den Geist zufriedenstellenden Sinn gezeigt, der uns erlauben würde, nicht wie Hunde zu leben. Ohne das Licht Gottes fällt mir meine Welt langsam aber sicher in die Finsternis, in der ich täglich lauter das höre, was übrig bleibt, wenn das Wort des Sinnes verstummt: Heulen und Zähneknirschen, Haß, Neid und Aggression. Das Geräusch kenne ich. Freuds »gemeines Unglück« ist nur ein Teil davon. Alles Licht der Welt, auch in der Welt Freuds, Goethes, Bert Brechts oder Che Guevaras, ist für mich Abenddämmerung oder Morgendämmerung eines unerschaffenen Lichtes. Die eine sinkt, die andere steigt mit ihm.

Ich sehe weit und breit keinen Ort, an dem ich wie im

Glauben Sinn, Wahrheit, Hoffnung, Glück und jeder Kritik standhaltende Motive für Gerechtigkeit und Fremdenliebe finden könnte. Ich kann aus diesem Ort nicht ausbrechen. Er ist mein Gefängnis, dessen Gitter ich liebe. Das Gitter besteht aus ein paar zwingenden und tausend triftigen Gründen, die mich am Fortgehen hindern, solange ich auf Gründe noch etwas gebe. Verlassen des Glaubensortes wäre Aufgabe der Identität, wäre Selbstentfremdung, vor allem aber Auflehnung gegen die wenigen unter meinen Ideen, denen mit Vernunft nicht widersprochen werden kann.

Ich fand bei mir und bei meinen Patienten eine intensive Neigung, einen den Geist wirklich zufriedenstellenden Sinn im Menschenleben zu finden; ich wünschte immer, es möge ein absolutes Glück ohne Ende für mich und alle zu haben sein. Ich wünschte auch, das Blut, die Opfer, die Tränen der Hoffenden und Gequälten, der ungerecht Leidenden und Unterdrückten durch die Jahrtausende mögen nicht umsonst vergossen worden sein. Gegen Freuds irrationales Ansinnen, aus jener Mischung von seltenem Glück, mäßigem Vergnügen, viel Mühe, Ärger und Versagung, die er das »gemeine Unglück« nennt, das Beste zu machen und größere Ansprüche auf dieses Niveau zu ermäßigen, fühle ich intensive Abneigung. Am meisten zuwider ist mir die Zumutung, das menschliche Leben als ziellose Laune sinnloser Naturgesetze, des Zufalls und des selektiven Überdauerns der höchst überflüssigen Produkte beider zu verstehen. Außerdem war mir der Gedanke unangenehm, meine sich redlich im Geschirr des Glaubens und der Liebe plagenden Eltern und Vorfahren, Helden, Heilige und Gerechte eingeschlossen, sollten so mir nichts dir nichts als tragikomische Himmelsnarren dahingegangen sein, für nichts und wieder nichts.

Es gab also diese und viele andere, teils geistige, teils libidinös-instinktive oder ästhetische Tendenzen zugunsten einer befriedigenderen Antwort – *wenn eine solche möglich sein sollte.* Für eine unmögliche, ungereimte, in platte, undialektische Widersprüche führende Antwort hatte ich kein Interesse. Das Evangelium mutet sie mir nicht zu. Es bleibt, auch ohne Entmythologisierung, »im Rahmen des Möglichen«; denn daß vieles, was bei Menschen unmöglich ist, bei Gott möglich sein muß, wie das Evangelium sagt, das fordert schon meine Vernunft. Das »Credo, quia absurdum« des großen Tertullian schien mir eine Lästerung Gottes und Beleidigung des Menschen. Wahrscheinlich hat er das Wort ganz anders gemeint, als ich es verstehe.

Das alles ist vielleicht noch gar kein Glaube, sondern Zustimmung zu einem bezwingenden Gedanken um seines Inhalts willen. Ist aber meine Philosophie so gut, daß ich dem Weltgeist in sein Konzept gucken kann? Bin ich vielleicht ein Gnostiker? Nahe bei Rudolf Steiner? Ja und nein. Ich glaube an Gott, den allmächtigen Vater, Schöpfer des Himmels und der Erde, so beginnt das Credo. Ich glaube diesen Gott Abrahams, Isaaks und Jakobs den Boten, die ihn bezeugen. Aber ich glaube nicht »nur«. Ich meine, in meiner Gotteserkenntnis seien auch Elemente einmal eines reflektierten, sagen wir, philosophischen Verstandeswissens. Für viel gewichtiger und grundlegender halte ich aber das, was ich als Bestände eines gemeinmenschlichen, unreflektierten Grundwissens, Naturwissens deuten möchte, das verschüttet und verdrängt, aber auch freigelegt werden kann. Auf seinem Fundament ruht eine Gottesgewißheit, die aller Verstandesreflexion vorausgeht und bei vielen Menschen auch ein gutes Recht begründet, auf deren Hilfe wie Beirrung gleichzeitig zu verzichten. Wie immer nun Wissen von Gott beschaffen sein mag, Glaube ist kein Wissen. Ich bin als Kind von meinen Eltern und Erziehern vor die Gestalt des Jesus Christus als des maßgebenden Mannes der Geschichte gestellt worden. Ihm verdankte ich all das an

Gottes- und Menschenkenntnis, was die Philosophen nicht wissen können. Nur von ihm wußte ich, was Gott vom Menschen hält und mit ihm vorhat; wie falsches und richtiges Bewußtsein beschaffen ist; daß meine einzige Lebensaufgabe und Chance darin besteht, mein Bewußtsein an dem seinen auszurichten.

Dies alles kann ich nicht wissen, weil kein Wissen in die Gedanken und Absichten der Gottheit einzudringen vermag. Nur der Inhaber dieser Gedanken kann sie offenbarend mir mitteilen. Nur das Hören der Mitteilung, das Glauben, gibt mir die Kenntnis, deren ich bedarf.

Später, vor dem Ausflug in den Unglauben, habe ich dann den Kontakt verloren oder einschlafen lassen. Eines Tages fiel mir aber ein, daß ein Mann wie der aus Nazareth nicht einfach so abgelegt werden kann wie die Beziehung zu einem Nachbarskind. Daß er einen Anspruch auf Aufmerksamkeit, gerechte Beurteilung und Stellungnahme, auf Dankbarkeit und Treue haben könnte. Jeder Mensch hat ja unantastbare Rechte, und dieser hatte wohl ein Recht darauf, von der Welt und von mir nicht als belanglos behandelt zu werden, so, als wäre er einer von vielen, den man nach Geschmack hören oder ignorieren kann wie Nietzsche oder Stefan George. Wenn er wirklich der war, der zu sein er beanspruchte, dann hatte er weit mehr noch als jeder wahrhaftige und in seiner Glaubwürdigkeit bewährte Mitmensch einen Anspruch darauf, daß man ihm glaubt. Mir dämmerte, daß »Glauben« einem als glaubwürdig bewährten Menschen gegenüber nichts als Anerkennung eines einfachen, unantastbaren menschlichen Rechtes ist, das dem anderen zusteht, Unglaube aber Verweigerung eines Grundrechtes des anderen sein kann. Dieser Gedanke hat mich gefangen. Ich kam mir vor, als würde der Prozeß gegen ihn und seine Freunde bis heute durch die Geschichte fortgeführt. Als sei Er entschlossen, mich mit seinen Augen nicht aus dem Gerichtshaus dieser Welt und Zeit entlaufen zu lassen, bis ich zu der agnostischen Ausflucht des Pilatus durch ein klares Ja oder Nein Stellung genommen hätte. Ich konnte an seinem Auschwitz nicht unbekümmert vorübergehen, als sei das heute längst bedeutungslos geworden. Hat dieser Mann Rechtsansprüche an uns, die ich mit meinen Orientierungsmitteln so ausreichend erkennen kann, daß ich sie für wahrscheinlich und verbindlich halten muß? Bin ich ihm etwas schuldig? Für mich war jedenfalls die Frage nach dem Recht des Jesus von Nazareth, als *der* Lehrer der Wahrheit und Herr der Welt anerkannt zu werden, ein Widerhaken, der sich mit jeder Denkbewegung fester eingegraben hat.

Später begriff ich auch, warum der Glaube, eine Erkenntnisweise, die dem Wissen gegenüber als minderwertig gilt, von Jesus als die Achse des Heils angesehen wird. Ich begriff, warum wir uns mit Erfahrung und Wissen nicht einmal innerhalb unserer Welt begnügen können. Schon der alltägliche Glaube zwischen Menschen überragt jedes mögliche Wissen in einem Punkt: Allein durch das Glauben finden wir Zugang zu der für uns wichtigsten und ranghöchsten Region der Wirklichkeit, zum verborgenen Inneren, zum Bewußtsein anderer Personen, der Person des Mitmenschen wie der Person Gottes. Solange wir nicht Gedanken lesen können, muß uns der andere sagen, was er denkt und erinnert, fühlt und will. Wir können in fremdes Bewußtsein nur soweit eindringen, als der andere uns davon berichtet. Jede Kenntnis seiner Bewußtseinswelt ist durch unseren Glauben vermittelt. Wir glauben ihm, was er uns davon offenbart, oder wir glauben ihm nicht und verzichten damit auf die Teilhabe an seinem Bewußtsein.

Nun weiß ich schon, daß meine Frage hundert andere nach sich zieht, die ich nicht lösen kann. Wissen wir denn genau, was er wirklich gesagt, getan und gemeint hat? Ist er nicht mehr verborgen als offenbar unter dem Gewebe jener

Berichte der Evangelien, die doch auch Tendenzschriften von Gemeindetheologien sein sollen? Muß ich vielleicht außer Philosophie jetzt noch Geschichtswissenschaft und Exegese studieren? Etwa Aramäisch lernen? So kann es nicht gehen. Wenn der Verdacht zutrifft, daß Jesus Christus der ist, der er zu sein beansprucht hat, dann kann er den Zugang zu sich selbst nicht mit Bibliotheken verrammelt und mit Professoren verstellt haben. Ebensowenig wie Gottesgewißheit »intellektuell redlich« nur unter philosophischen Doktorhüten gerechtfertigt sein kann, sowenig muß ich ein Fachmann werden, um Jesus Christus zu erreichen. Müßte ich es aber, dann könnte er nicht sein, als was ihn seine Zeugen bekennen: der Lehrer aller und das Heil der Welt. Das ist nicht den Universitäten anvertraut.

Es ist hier nicht der Ort, über die Fragestellung hinaus die Antwort zu begründen. Auch hier verlangt das Netz jener Ideen, denen ich mit Vernunft nicht widersprechen kann, im Verein mit den mir zugänglichen Fakten, von mir die Anerkennung des Anspruchs, den Jesus Christus an mich stellt. Ich muß ihm glauben, wenn ich sie nicht mißachten will.

Wenn ein Analytiker so denkt, wie wird dann seine Analyse aussehen? Die Identifizierung mit der Sache Jesu Christi, ihre Wertung als das »eine Notwendige« scheint eine missionarische Aktivität zu fordern, die sich mit psychoanalytischer Zurückhaltung schlecht vertrüge. Ich sehe das anders. Die einfachste Zusammenfassung des christlichen Auftrags lautet: »Seid gesinnt wie Christus Jesus.« (Phil. 2,5) Der Befehl ist deckungsgleich mit dem Wort: Suchet zuerst das Reich Gottes. Die eine Formel zielt mehr auf jenes Umsinnen, *metanoia*, das falsches in richtiges Bewußtsein umformen soll. Die zweite, die einen Begriff der politischen Sphäre benutzt, darf man auf die revolutionäre Konsequenz des neuen Bewußtseins beziehen. Im Bereich des Handelns besteht Reich Gottes vor allem darin, daß anstelle der Dominanz jenes biologischen Grundgesetzes, das wir »Kampf ums Dasein« nennen, die Vorherrschaft jenes anderen Grundgesetzes aller Lebewesen durchgesetzt wird, das der Biologe Kropotkin das »Prinzip der gegenseitigen Hilfe« genannt hat.

»Reich Gottes« heißt, Gott geben, was Gottes ist, und den Mitmenschen die Dienstleistungen, deren er bedarf zu seinem weltlichen Wohl und zu seinem ewigen Heil. Er braucht aber Brot und Wein, solide Handwerker, gute Freunde, gerechte Politiker, liebe Eltern und Ehepartner; leider auch gute Ärzte und Psychotherapeuten. Sie alle sollen auch das Evangelium vermitteln, wem immer sie ihre Dienste leisten. Dies aber in der Regel mehr durch die Selbstlosigkeit, Hilfsbereitschaft, Freundlichkeit, vor allem durch die sachliche Qualität, die in den Dienst eingeht, als durch unerbetene seelsorgliche Zugriffe, deren Zeitaufwand der Auftraggeber am Ende noch bezahlen muß. Eine Telefonistin sorgt sehr gut für das Reich Gottes, wenn sie durch Höflichkeit, Nicht-warten-Lassen und Hilfsbereitschaft dazu beiträgt, nervöse Spannung zu vermindern, gute Laune und Frieden zu vermehren. Für zusätzliche Evangelisation würden wir uns mit Recht bedanken. Der Psychotherapeut sorgt gut für das Reich Gottes, wenn er den Dienst leistet, den der Patient erbittet und honoriert: Behandlung der Neurose, *lege artis.* Schließt die *lex artis* Seelsorge ein – nun gut; schließt die *lex artis* Seelsorge aus, dann ist Seelsorge dem Reich Gottes zuwider; sie ist Betrug vor Gott und den Menschen. Ich neige zu der Ansicht, daß das erste selten ist, aber doch vorkommt, das zweite, Ausschluß seelsorglicher Akte durch die *lex artis,* eher die Regel ist. Im ersten Fall wäre der Verzicht auf Seelsorge für mich ein Kunstfehler, im zweiten ihre Anwendung. So halte ich mich an die Telefonistin und bleibe ein Analytiker, der sich einigermaßen streng an die klassische Methode hält. Der anthropologische und theologische Kontext sieht für mich etwa so aus: Die psychoanalytische Psychologie ist in meinen Augen die exakteste Beschreibung dessen, was das Johannesevangelium »Welt«, Paulus »Fleisch« nennt – der Mensch, wie er von sich aus und vor sich hin leibt und lebt, sinnt und trachtet. »Fleisch« ist bei Paulus nicht dasselbe wie Sinnlichkeit oder Leiblichkeit. Der Begriff bezeichnet den ganzen leibgeistigen Menschen, insofern er von sich her und auf sich hin ohne Rücksicht auf Wort und Geist Gottes existiert. Die Psychoanalyse in ihrer klassischen Form redet nicht viel vom Geist im Menschen, aber sie hat es beständig mit ihm zu tun, und sie ist darauf aus, den Menschen durch ihre Nacherziehung zu lehren, daß sein Ich einen Weg finde, dem Anspruch der Triebe, der Realität, der Vernunft und des Gewissens in gerechtem Ausgleich Rechnung zu tragen. Das ist ein sehr geistiges Geschäft. Da dabei auch die Rechte des Mitmenschen Rücksicht finden müssen, ist das geistige auch ein ethisch höchst anspruchsvolles Thema. Wie weit nun außer Geist und Trieben auch das Spirituelle, das geistliche Moment, im Spiel ist, das ist ein weites Feld, das hier nicht mehr begangen werden kann. Vorläufig meine ich, daß ich in den psychoanalytischen Stunden dem Reich Gottes am besten diene, wenn ich in Abstinenz von direktiven Eingriffen jeder Art mich an die psychoanalytischen Regeln halte, die im Wesen der Neurose und des Heilungsvorganges gut begründet zu sein scheinen. Darüber hinaus hoffe ich, eines Tages älter, etwas weise, gütig und damit von Regeln freier zu werden oder auch bessere als die analytischen kennenzulernen.

Glaube und Unglaube in psychoanalytischer Sicht

Bemerkungen über Wahrscheinlichkeit und Unwahrscheinlichkeit des Christentums

Viele Psychoanalytiker behaupten, daß religiöse Fragen in der Analyse eine geringe Rolle spielen und meist vorgeschoben werden, um Wichtigeres zu verbergen. Da nach den vorherrschenden Theorien metaphysische Sorgen mit der Entstehung und Heilung von Neurosen kaum etwas zu tun haben, entziehen sich Probleme dieser Art der auswählenden Aufmerksamkeit des Untersuchers, oder sie werden als uneigentlich beiseite geschoben. Es steht also keineswegs von vornherein fest, daß die Psychoanalyse in solche Bereiche Einblick gewährt.

Wo sie es tut, zeigt sie uns mehr die neurotischen und infantilen Untiefen des Glaubens als dessen jeweils vorhandenen Gründe. Glauben als illusionäres Wunschdenken, als Flucht aus einer unerträglichen Realität, als ängstliches Haften an Elternautoritäten, als masochistische Identifikation mit sich Opfernden, als letzte Bastion vor der verzweifelten Einsicht, von niemandem geliebt zu werden, ganz und gar einsam zu sein – alle diese Tönungen sind der Psychoanalyse vertraut, vielleicht manchmal auch von ihr erzeugt. Artefakte der psychoanalytischen Methode gibt es wie in anderen wissenschaftlichen Methoden.

Weil die Psychoanalyse es vor allem mit Fehlleistungen und Fehlentwicklungen zu tun hat, ist ihr Blick für das Geglückte, Gelungene und Begründete im Leben des Menschen nicht besonders geübt. Im Bereich unserer Frage sind die Befunde dürftig, nicht weil, wie C. G. Jung meint, der wirkliche Glaube die Neurose verhindert oder überwindet, sondern weil die Gründe des Glaubens oder Unglaubens nicht als solche analytisch erforscht werden. Gefragt ist nach den Gründen der Krankheit, der neurotischen Fehlhaltung. Auf den Spuren der dazu gehörenden Entwicklungslinien tauchen die im Folgenden beschriebenen Erfahrungen nur beiläufig, in Bruchstücken und nur bei wenigen Patienten in größeren Zusammenhängen auf. Darüber sollte die Zusammenfassung der gefundenen Bruchstücke zu einem Mosaik nicht hinwegtäuschen. Sie ist meine Zutat.

Da der Bericht sich nicht auf die Aufdeckung unbewußter Gehalte bezieht noch auf Gedanken und Überlegungen, die bei neurotisch Kranken häufiger sind als bei Gesunden, habe ich keinen Grund gesehen, Gedanken auszuschließen, die ich bei nicht-analytischen Gesprächen gehört oder im vorhergehenden Aufsatz schon mitgeteilt habe. Die Berufung auf Patienten ist einfach darin begründet, daß ihre Mitteilung den quantitativ weitaus größten Anteil dessen ausmacht, was ich von anderen Menschen erfahre.

Eine zweite Vorbemerkung ist notwendig. Nach meiner Erfahrung sind existenztragende Urteile und Überzeugungen, auf wie immer komplizierten Denkwegen sie zustandegekommen sein mögen, im letzten Ergebnis ganz in der Regel einfach. Die Einfachheit mag dumm sein oder weise, platt oder tief – in den letzten Entscheidungen sind wir alle törichte oder einsichtige Kinder. Die Metaphysik des Thomas von Aquin, der Gottesglaube Kants oder Horkheimers, der Atheismus bei Russell, Sartre, Marx und Freud, die agnostische Frömmigkeit Ludwig Wittgensteins wie die transzendentale Existenzanalyse Maréchals oder Karl Rahners enthalten auch Gedankengänge von subtilster Kompliziertheit – aber ihr Nerv, ihre letzte, Entscheidungen rechtfertigende Kraft liegt nicht in den subtilen Passagen der philosophischen und logischen Analyse, sondern in ihrem wirklichen oder vermeintlichen Gehalt an »Binsenwahrheit«.

Man mag nun füglich bezweifeln, daß Einfachheit der existenztragenden Gedanken bei den oberen Zehntausend der Intellektualität erwiesen werden kann. Jedenfalls gilt sie für alle durchschnittlich begabten Menschen, die subtileren logischen Operationen kaum zu folgen vermögen, aber auch für die große Mehrzahl der überdurchschnittlich Begabten, die im Bereich der existentiellen Orientierung allzu fein Gesponnenem mißtrauen. Das wiederum veranlaßt mich zu einem tiefen Mißtrauen gegen jenen intellektuellen Snobismus mancher Theologen, der sich in der Verachtung hausbackener traditioneller Gedankengänge äußert. So berichte ich hier vor allem von jenen mehr oder weniger einfachen Gedanken, die immer wieder auftauchen, wo Menschen sich über ihre letzte Orientierung Rechenschaft geben.

Der Bericht beruht auf der Tatsache, daß sich Patienten in der psychoanalytischen Behandlungsmethode mehr oder weniger sorgfältig an die analytische Grundregel halten, alles zu sagen, was ihnen einfällt, ohne Auswahl, ohne Kritik, ohne Weglassen. Sie reden über ihre Lebensgeschichte und ihre Erfahrungen, über ihre Sorgen, Pläne und Hoffnungen, sie reden über Gott und die Welt. Also auch über Fragen des Glaubens und des Unglaubens, die ihnen häufig erhebliche Sorgen machen. Der Analytiker sieht Gläubige und Ungläubige, eifrige und laue Christen, Atheisten und Marxisten, Positivisten und Anthroposophen. Die größte Gruppe ist die der Ratlosen, die irgendwo zwischen Glaube und Unglaube ihre Zelte aufgeschlagen haben. Viele von ihnen machen aus dieser Ratlosigkeit eine Weltanschauung, indem sie theoretisch annehmen oder praktisch in ihrem Verhalten voraussetzen, der Mensch habe keine Möglichkeit, zu verbindlichen religiösen Überzeugungen zu gelangen. Sie sind also, was man Agnostiker nennt. Wenn ich die Unfehlbaren ausnehme, dann gilt für alle genannten Gruppen, daß sie ihrer Sache nicht ganz sicher sind oder waren oder während der Analyse eine bestehende, unangefochtene Sicherheit zu verlieren pflegen. Ein weiser jüdischer Witz erzählt von Salomon, der Atheist war, doch an jedem Sabbat pünktlich die Synagoge besuchte. Dem Rabbi war das verwunderlich. Er stellte ihn zur Rede und fragte: »Salomon, warum gehst du in die Schul am Sabbat, da du doch bist ein Atheist?« Darauf Salomon: »Gewiß bin ich ein Atheist, aber weiß ich denn, ob ich habe recht?«

Viele unserer Analysanden sind in einer ähnlichen Lage wie Salomon. Für die Christen unter ihnen kommt noch etwas hinzu. Sie sind in einer besonders zwiespältigen Situation. Sie haben Schuldgefühle wegen ihrer Unsicherheiten und Zweifel im Glauben, gleichzeitig aber wegen ihrer Glaubenssicherheit und der Festigkeit ihrer Überzeugung. Die erste Art von Schuldgefühlen haben sie, weil sie eine Glaubenspflicht anerkennen, die den Zweifel zu etwas Unerlaubtem macht. Die zweite Art haben sie, weil sie als moderne Menschen eine Zweifelspflicht anerkennen, die das Glauben als ein leichtfertiges, intellektuell unredliches Verhalten erscheinen läßt. Die Neuzeit schärft uns eine Pflicht zur kritischen Skepsis als eine sittliche Pflicht ein. Das ist eine merkwürdige Gewissenssituation; dasselbe Gewissen befiehlt zu glauben und zu zweifeln.

Tatsächlich kommt es in psychoanalytischen Behandlungen nicht selten zu einem Glaubensverlust, weil der Glaube sich mit dem kindlichen Vertrauen auf die Autorität der Erwachsenen allzu lange begnügt hat, die nun freilich ein brüchiges Fundament bietet.

Noch kurioser wird es, wenn wir erfahren, daß Atheisten, Agnostiker, Positivisten und Marxisten sich in der Analyse nicht selten in der gleichen Lage vorfinden wie die Christen. Sie haben Schuldgefühle, weil sie spüren, daß sie möglicherweise mit ihrem Atheismus oder Agnostizismus die Wahrheit und den Sinn ihres Lebens verfehlen könnten. Wenn sie aber ihre atheistische oder agnostische Position in Frage stellen, dann kommen sie vom Regen in die Traufe und erleben neue Schuldgefühle, weil sie fürchten, sich dem gleichen infantilen Wunschdenken, dem gleichen Konformismus, der gleichen Naivität oder dem gleichen metaphysischen Sicherungsbedürfnis zu überlassen, das sie den Gläubigen vorwerfen. Psychoanalytisch ausgedrückt: Der Glaubende fragt sich, könnte nicht mein Glaube eine Fehlleistung sein, ein Wunschdenken, an dem ich hänge, weil ich zuwenig Courage habe, die infantile Abhängigkeit von den Weisungen und Drohungen meiner Eltern und Erzieher zu überwinden und die Trostlosigkeit einer sinnlosen oder die Angst um eine in ihrem Sinn fragwürdige Welt zu ertragen. Schließlich gibt es noch Christen, die von der Furcht geplagt werden, ihr Glaube könne die feige Unterwerfung unter die zwar mächtige und drohende, aber im Grunde bösartige Autorität eines üblen Gottes sein.

Der latente oder offene Haß gegen den Gott, auf dessen Tod man Alleluja singt, und die kalte Antipathie gegen Jesus Christus findet sich in vielen Analysen gläubiger und ungläubiger Menschen als einigendes Band zwischen Christen, Atheisten und Agnostikern. Die Ungläubigen dagegen fragen sich in stillen Stunden gelegentlich: Könnte nicht mein Nichtglauben ebenso eine Fehlleistung aus Wunschdenken sein, die mir erlaubt, den harten Forderungen des verleugneten Gottes auszuweichen und an Bequemlichkeit, Eigenwillen oder Rechthaberei festzuhalten. Auch Freud würde wohl dem Satz Karl Barths: »Das Tiefste im Menschen ist seine unausrottbare Rechthaberei« nur hinsichtlich des Superlativs im Rangplatz widersprechen. Die Gewissenslage der Analysanden ist in bezug auf den Atheismus leicht einzusehen.

Wir kennen zwar Philosophen, die behaupten, in Evidenz und ohne Gefahr des Irrtums zu erkennen, daß es nichts Göttliches geben könne. Der Satz: Gott ist unmöglich, eine Gottheit ist absurd, ist für sie eine unbezweifelbare Wahrheit. Oder sie sagen wenigstens: Es gibt keinen einzigen stichhaltigen Grund, mit einem göttlichen Sein zu rechnen. Alle vernünftigen Gründe vielmehr sprechen gegen eine solche Annahme, und darum ist der Atheismus vernünftig oder wenigstens um vieles vernünftiger als der Glaube. Nun spüren aber doch viele Menschen, die so denken, daß diese Meinung weder auf zwingenden, unwiderleglichen Gründen noch auf überwältigenden Wahrscheinlichkeiten aufgebaut ist, sondern irrationale Momente enthält und möglicherweise von Tendenzen mitbestimmt ist, die sie nicht ganz ruhigen Gewissens vertreten können.

Anders steht es mit vielen Agnostikern. Sie wollen sich gerade vor dem arroganten Unfehlbarkeitsanspruch hüten, der ihnen bei Atheisten und Christen gleichermaßen ärgerlich ist. Ihr Ethos ist also das Ethos einer kritischen Skepsis, der wissenschaftlichen Bescheidenheit. Der Mensch, so sagen sie, kann sich solche metaphysischen Behauptungen über die Gesamtwirklichkeit, wie sie sowohl im Atheismus als auch im Christentum enthalten sind, nicht leisten. Gewissenhaft handelt darum nur, wer sich eines Urteils enthält, das er doch nie verantworten könnte. In der Psychoanalyse zeigt sich nun manchmal ohne Zutun und Stellungnahme des Analytikers, daß auch diese scheinbar so vorsichtige, bescheidene und vernunftgemäße Position des Agnostikers von seinem eigenen Gewissen eines Tages kritisiert zu werden beginnt. Manche Analysanden bemerken, daß sie auch auf diese Weise eine metaphysische Entscheidung getroffen haben und verantworten müssen, obwohl sie gerade das vermeiden wollten, weil sie jede Form von Metaphysik ablehnen. Ihre unvermeidbare entschiedene Metaphysik sagt nämlich doch: Das Ganze der Wirklichkeit, ihr Sinn oder ihr Unsinn, ihr Grund oder ihre Grundlosigkeit, ihre Tiefe oder ihre Plattheit, dieses Ganze ist von seinem eigenen Wesen her dunkel und dem menschlichen Verstandeslicht undurchdringlich. Wir bleiben, so sagen sie, im Lichtkreis der Erscheinungen, der Phänomene eingesperrt und können in keiner legitimen Weise über diesen Lichtkreis des Erfahrbaren hinaus. So ist der Mensch und so ist die Welt und so ist das Ganze der uns umgebenden Wirklichkeit verfaßt. Der antimetaphysisch eingestellte Agnostiker spürt doch, daß er eine Stellungnahme nicht unterlassen kann und nicht unterlassen hat. Er hat nämlich erklärt, daß die metaphysische Frage unbeantwortbar sei oder sinnlos oder gleichgültig und hat damit schon eine Antwort gegeben. Er sagt, daß das Sein, der Sinn oder der Grund des Seienden mindestens für uns den Charakter des Unfaßlichen, des Verschlossenen oder Nichtigen habe und daß es darum den Fragenden ins Leere, ins Nichtige und Lichtlose fragen läßt[1]. Er schiebt so die Verantwortung für die Unerkennbarkeit dem Sein, dem Gott oder der Wirklichkeit zu, nicht aber sich selbst. Das ist nicht Enthaltung von einem Urteil, sondern sogar ein recht forsches metaphysisches Urteil, jedenfalls aber ein Urteil von existentiellem Gewicht und Konsequenzen, das verantwortet werden muß. Für den Agnostiker hat das von ihm gar nicht geleugnete Göttliche dennoch kein Recht auf weitere Beachtung. Es geht ihn nichts an oder es geht ihn nicht an und bleibt darum *quantitée négligeable.* Das wäre auch recht und billig nach dem alten Rechtsgrundsatz: *Ultra posse nemo tenetur*, zu Unmöglichem ist niemand verpflichtet. Um den ganz und gar unerkennbaren Sinn und Willen einer ganz und gar unerkennbaren, möglicherweise vorhandenen, aber doch nicht zugänglichen Gottheit sich zu kümmern, kann man nicht verpflichtet sein, weil es unmöglich ist, etwas über diesen Willen auszumachen.

Religiöse Indifferenz und Uninteressiertheit wurzeln oft in dem überwältigenden Gefühl der Aussichtslosigkeit, in diesen Fragen Klarheit zu gewinnen. Die dringlichen Aufgaben des Lebens scheinen keinen Platz für den großartigen Aufwand zu lassen, den eine solche Klärung erfordern würde. Eine nüchterne Einschätzung der eigenen Möglichkeiten und Kräfte scheint ein solches Unternehmen zur Erfolglosigkeit zu verdammen. Erst die Einsicht, daß jeder Mensch praktisch in seinem Lebensvollzug die religiöse Entscheidung fällt, ob er mit der Größe »Gott«, »Wille Gottes«, »Offenbarung Gottes« in seinem Verhalten rechnen will oder nicht, führt zu der Frage, ob man diese Entscheidung dem Zufall, vagen Gefühlen oder ungeklärten Vorurteilen überlassen darf. Da die Orientierungswahrheit nicht offensichtlich jedermann vor Augen liegt, existentielle Orientierung aber faktisch von jedermann vollzogen wird, scheint eine Pflicht, nach Klärung zu suchen, im Rahmen des dem einzelnen Zumutbaren unabweisbar zu sein. Daß dieses Zumutbare und Mögliche für einen Bauarbeiter in Art und Umfang anders aussieht als für den Intellektuellen, ist selbstverständlich. Daß gerade geistige Menschen, deren Entscheidungen viele geistig Abhängige mindestens kulturatmosphärisch, meist aber sehr konkret und massiv beeinflussen, hier oft in unverantwortlicher Weise in ein metaphysisches Fachidiotentum ebenso ausweichen wie im Bereich der Politik, ist wohl kaum zu leugnen. Mildernde Umstände mag man in Menge finden, eine stichhaltige Entschuldigung könnte nur im Vorliegen wahrhaft unüberwindlicher Irrtümer gegeben sein. Das ist zum Beispiel der Fall, wo die Aussichtslosigkeit der Bemühung sich überwältigend aufdrängt, während die Unvermeidlichkeit der faktischen Entscheidung nicht gesehen wird.

In Analysen kommt es vor, daß einer von dem Gedanken betroffen wird, die bisherige willkürliche Festsetzung des zumutbaren Aufwandes könne nicht nur von einer unberechtigten Resignation, einer Berufung auf das durchschnittlich übliche oder von falschen Idealen wissenschaftlicher Perfektion bestimmt sein, sondern auch von einem kaum bewußten Widerstand gegen die geahnten und gefürchteten Zumutungen des göttlichen Willens. Tatsächlich ist das Evangelium für viele mehr eine bedrückende Nachricht als eine frohe Botschaft, weil seine Forderungen als überfordernde Last empfunden werden, die eine Zukunft in Angst, dumpfer Traurigkeit, Insuffizienzgefühlen und vergeblicher Überanstrengung erwarten läßt. Viele sogenannte Glaubensschwierigkeiten sind eigentlich Hoffnungsschwierigkeiten. Man sieht sehr deutlich die Grenzen der eigenen Kräfte, während das Rettende und Helfende unsichtbar bleibt.

Aus diesen Gründen erwacht nun bei gewissenhaften Menschen oft ein Selbstmißtrauen. In der analytischen Meditation treten Unstimmigkeiten und Widersprüche der Selbstauslegung und des Daseinsverständnisses oft deutlicher hervor als im Alltag. So kommt es zu Fragen wie diesen: Ist die Unerkennbarkeit des Göttlichen, des Sinngebenden denn wirklich so sicher zu erkennen? Kann man sich darin nicht irren? Sind wir unfehlbar in dieser Einsicht? Und sind die Dinge, die aus psychologischer Notwendigkeit zum zentralen Thema meines Lebens werden müssen, sobald die Aufmerksamkeit für das Göttliche schwindet, sind diese Dinge, denen ich mein Sinnen und Trachten zuwende, an die ich mein Leben ausgebe als an das verbleibende Wichtigste, um das ich mich kümmern soll: Familie, Beruf, Mitmenschen, Politik, Vergnügen, Selbsterhaltung und Arterhaltung, Leistung und Lustgewinn, um es mit Freuds Worten zu sagen, sind diese Wirklichkeiten mit Recht die zureichende Füllung meiner Existenz, die rechtmäßigen Gläubiger, die auf meine Aufmerksamkeit und Zuwendung, auf den Einsatz meines Lebens Anspruch haben? Oder hat etwa doch jener recht, der sagt: Du sollst nicht dies oder jenes, du sollst nicht diesen und jenen, sondern du sollst den Herrn, deinen Gott, lieben aus deinem ganzen Herzen, mit deinem ganzen Gemüt und mit allen deinen Kräften; ihm allein sollst du dienen. Könnte es nicht so stehen, fragt der Analysand, daß mein Agnostizismus ein gescheiter und differenzierter, aber eben doch ein Kunstgriff ist, mit dem ich meinem wesentlichsten Partner sein Recht vorenthalte? Denn auch ein nur möglicherweise existierender, vage erkannter oder auch nur geahnter Gott hätte doch wohl Rechte, die vom Menschen beachtet werden müssen. Diese auch mögliche Motivation in der Psychologie der Leugnung Gottes oder der Erkennbarkeit des Göttlichen, der Wunsch nämlich, der Anforderung und Bedrohung aus dem Wege zu gehen, ist von Anna Freud als ein zentraler Punkt einer Neurose aufgedeckt worden. Sie schreibt über einen Knaben, der unter anderem durch lästerliche Gottesleugnung und Auflehnung gegen alle Autoritäten auffiel: »Der Knabe, ein Achtjähriger, ist ein harmloser kleiner Feigling, der zusammenschrickt, wenn ihn ein Hund anbellt, der sich fürchtet, abends über den dunklen Korridor zu gehen, und der gewiß nicht imstande wäre, auch nur einer Fliege etwas zuleide zu tun. Seine aufrührerischen Äußerungen aber kommen auf folgende Weise zustande: Seine frühe Leidenschaft der Gefühlsbindungen, von einer intensiven Beschäftigung mit dem eigenen Glied begleitet, gehen durch die Bemühungen der Erziehung und durch einen als Schock wirkenden ärztlichen Eingriff zugrunde. Zur Sicherung vor neuen Versuchen bleibt eine ungeheure Angst vor der Bestrafung am schuldigen Körperteil, die Angst, die wir in der Psychoanalyse als Kastrationsangst bezeichnen. Diese Angst aber bringt ihn jetzt zur Leugnung jeglicher Autorität. Wenn irgend jemand in dieser Welt Macht hat, sagt er sich, dann hat er auch die Macht mich zu bestrafen. Darum muß jede Möglichkeit eines himmlischen oder irdischen Machthabers aus der Welt geschafft werden. Je größer vor irgendeiner auftauchenden Versuchung seine Angst wird, desto lauter überschreit er sie durch die dabei ganz harmlosen Angriffe auf die Autoritäten. Diese laute Art der Abwehr ist übrigens nicht seine einzige. Obwohl er den Gottesleugner spielt, kniet und betet er abends heimlich und von seiner Angst gezwungen. Er denkt: Es gibt Gott zwar nicht. Vielleicht könnte es ihn aber doch geben, und dann wäre es jedenfalls gut, sich mit ihm zu verhalten.«

Es sei nebenbei bemerkt, daß diese kurze Analyse die gesamte Argumentation von Freuds Religionskritik[2] in Frage stellt, weil sie zeigt, daß Angst und Wunschdenken nicht nur zur Religion, sondern auch zum Atheismus motivieren können. Die Psychologie ist auch hier ein Stock mit zwei Enden.

Viel häufiger freilich als einen programmatischen Atheismus oder Agnostizismus findet man in der Analyse, verborgen unter vielerlei »Konfessionen«, eine Grundstimmung geistiger Resignation, verbunden mit einer Haltung, die man als Dezisionismus bezeichnen könnte. Die Resignation formuliert sich etwa so: Ich bin in keiner Weise fähig, mich auf rationalem Wege für irgendeine Philosophie zu entscheiden. Dazu fehlt mir alles, Begabung, Sachkenntnis, Zeit. So bleibt mir nichts übrig, als mich an die Einsichten anzuklammern wie ein Schiffbrüchiger an seine Planke, die mir mehr oder weniger zufällig einleuchten. Sei das nun das Lustprinzip oder die Notwendigkeit, Geld zu verdienen, sei es die Pflicht und Schuldigkeit, oder seien es die Worte des

Vorsitzenden Mao. Das Gesetz, nach dem ich antrete, ist das Gesetz des Plausiblen.

Nicht besser steht es in sogenannten Glaubensfragen: Ich bin weder fähig, mir darüber klarzuwerden, was an der »Sache mit Gott« ist, noch in der Lage, in dem Streit der Schriftgelehrten Partei zu ergreifen. Hat Bultmann recht oder der Papst? Ist Christus auferstanden, oder gehört die Auferstehung entmythologisiert? Muß ich nach katholischer oder nach mennonitischer Fasson selig werden, oder soll ich es mit dem Zen-Buddhismus halten? Solche Gedanken werden auch für den Christen zu Gewissensproblemen, die in der Analyse auftauchen. Sie fragen: Wie dürfen wir es wagen, im Glauben etwas als sicher wahr anzuerkennen, obwohl wir doch keine gelernten Philosophen sind und also die unzähligen Schwierigkeiten, die eine sichere Gotteserkenntnis als unmöglich zu erweisen scheinen, noch nicht einmal kennen und schon gar nicht alle verstehen? Und selbst wenn wir eine Möglichkeit hätten, die Existenz Gottes zu erkennen, wie dürfen wir uns anmaßen, trotz aller Probleme der Religionswissenschaft, der Exegese, der vergleichenden Religionsgeschichte, die Überzeugung zu verantworten, der geschichtliche Jesus Christus sei der authentische Sprecher der Gottheit und darum die letzte, maßgebende Autorität für jeden Menschen bis zum Ende dieser Geschichte? Müßten wir nicht hochqualifizierte Spezialisten für Historie, Textkritik, Archäologie und, wenn man an das Problem des Wunders denkt, auch noch für Naturwissenschaften und einige andere Disziplinen mehr sein, um auch nur zu begründeten Wahrscheinlichkeiten, die weit von Sicherheit entfernt sind, zu kommen? Ist hier nicht die Bescheidenheit des Agnostikers viel angemessener, wenn er sagt: Ja, die Theologieprofessoren können vielleicht ihren Glauben intellektuell verantworten, und die Apostel mögen es auch gekonnt haben, obwohl sie keine Professoren waren.

Aber ich bin weder Apostel noch Professor, ich kann es anständigerweise nicht, und ich werde es nie auf vertretbare Weise können. Mein Glaube könnte nichts Besseres werden, als entweder ein vor der Vernunft und dem intellektuellen Gewissen nicht zu rechtfertigender irrationaler Sprung oder ein Fixiertbleiben an Kindheitsautoritäten, an Vater, Mutter, Pfarrer und Lehrer. Das reicht aber nicht aus, denn sie alle sind nicht dabei gewesen, wie die Apostel dabei gewesen sind. Und selbst wenn ich mich entschließe, den Professoren zu glauben, weil sie doch grundgescheite und sorgfältige Wissenschaftler sind, so weiß ich doch andererseits, daß die Wissenschaft und die Professoren in diesen Dingen keineswegs einig sind und auf die Dauer höchst unsichere Kantonisten zu sein pflegen, die ihre Meinungen in jeder Generation weitgehend ändern. Professoren, Wissenschaft und all das sind nicht die Art von Felsenfundament, auf die man das Haus seines geistigen Lebens bauen sollte. Mein Glaube könnte also nicht mehr sein als ein dilettantisch zusammengezimmertes Weltanschauungsgehäuse, das keiner kritischen Prüfung standhält. Der Nichtfachmann oder der nichtintellektuelle Durchschnittsmensch kann sich ja gar nicht in der Weise der rationalen Reflexion, der wissenschaftlich fundierten Urteilsbildung orientieren, und dennoch muß es auch für ihn einen Weg zu einer gewissenhaften und verantwortlichen Glaubens- und Unglaubensentscheidung geben.

Glücklicherweise gibt es ein Gebiet, in dem es ähnlich zugeht wie im Glauben, nämlich das der sittlichen Erkenntnis. Viele Menschen wissen nicht, wie man philosophisch beweisen kann, daß man Tante Anna nicht vergiften darf, um sich in den Besitz ihres Vermögens zu setzen, und viele Philosophen unserer Tage würden fest behaupten, daß man so einen Satz gar nicht beweisen könne. Aber sie würden trotzdem zugeben, daß sie es auf irgendeine andere unerklärliche Weise eben doch wissen und aus diesem Grunde davon Abstand nehmen, Tante Anna zu vergiften. Es gibt so etwas wie eine existentielle Logik, über die auch der Durchschnittsmensch verfügt, der kein Gelehrter ist, und die es jemand, der einen geringen Intelligenzquotienten hat, auch erlaubt, nicht wie ein Hund zu leben, sondern wie ein vernünftiger Mensch.

Solche Gedanken, die aus dem Recht und der relativen Pflicht zur kritischen Skepsis hervorgehen, können sich sogar auf den Satz eines großen Theologen berufen, der über das Wesen des Glaubens, des Glaubensrechtes, der Glaubenspflicht und der Glaubensgrundlagen gerade auch des ungelehrten Menschen ein ganzes langes Leben lang unermüdlich nachgedacht hat, auf John Henry Newman. Er sagt: »Der Glaube muß sich schließlich auf Einsicht und Vernunft zurückführen lassen, wenn wir es nicht mit den Phantasten halten wollen.«

Zu der Unruhe des Glaubenden tritt die Erfahrung, daß es eine nicht seltene Pseudosicherheit bei Gläubigen gibt, einen katholizistischen oder protestantistischen Unfehlbarkeitskomplex. Man kennt die Überheblichkeit einer Form von unangefochtener Glaubenssicherheit, die nur dem gelingt, der in der Verdrängung des Denkens überhaupt oder im Spiel mit apologetischen Taschenspielertricks eine hohe Meisterschaft erreicht hat. Daß es auch eine unangefochtene Glaubenssicherheit bei ungewöhnlich lauteren und klugen Menschen gibt, soll darum keineswegs übersehen werden. Doch sie ist von anderer Art. Von ihr wird später die Rede sein.

Alle diese Überlegungen führen zu einer gewissen Gemeinsamkeit zwischen Christen und Nichtchristen. Sie fühlen sich angewiesen auf die Planke des zufällig Einleuchtenden oder Wahrscheinlichsten. Dieses dem einzelnen Wahrscheinlichste ist nun heute weniger und weniger das verbindliche Glaubensbekenntnis einer Konfession, sondern immer häufiger eine synthetische Privatmetaphysik, die jene Elemente verschiedenster Herkunft enthält, die aufgrund der individuellen Geschichte der begegnenden meinungsbildenden Kräfte und Plausibilitäten einleuchten. Der irrationale Dezisionismus, der sich aus dieser Situation ergibt und ergeben muß, ist eben jenes resignierte Sichhalten an das je Einleuchtende trotz der Erkenntnis, daß dieses jeweils Wahrscheinlichste zum guten Teil aufgrund biographischer Zufälle plausibel ist und man persönlich keine Chance hat, auf rationale oder gar wissenschaftliche Weise die weltanschaulichen Überzeugungen solide zu fundieren.

Die so sich bildenden Privatkonfessionen haben gewisse typische Züge. Am häufigsten begegnet der Analytiker wohl einem unbestimmten Gottesglauben, aus dem alle unangenehmen Züge des christlichen Gottesbildes entfernt sind. Dieser Gott stellt zwar Forderungen, aber sie decken sich entweder in Maß und Art mit der willkürlichen Auswahl aus dem Sittengesetz, auf die das Individuum zufällig aufmerksam geworden und die es als tragbar anzuerkennen bereit ist. In der Regel hat dieser Privatgott auch die freundliche Neigung, dem Genuß ohne Reue wohlgesinnt zu sein. Er ist bereit, seine Gläubigen so zu nehmen, wie sie sind. Wie er nur Mittelmäßiges verlangt, so ist er auch mit Mittelmäßigem zufrieden. Von dem *sola gratia, sola fide* der Reformation mußte nur das *sola scriptura* weggenommen werden – daran haben Generationen ebenso emsig wie erfolgreich gearbeitet –, und man hatte den totgeschlagenen Gott einer bourgeoisen Verfallschristlichkeit, der niemandem je etwas zuleide tut, weil er alles verstehend, auch automatisch, ja ungebeten, alles verzeiht: »Certainement il me pardonnera, c'est son métier.« Dieses arme Gotteswesen freut sich so unbändig über den *good will*, der in der bloßen Anerkennung seiner Existenz liegt, daß es dafür jeden Lohn zu spenden bereit ist – wenn es überhaupt etwas zu spenden haben sollte. In jedem Fall aber genügt solche *sola fides*, um den Gedanken und die Befürchtung einer Strafe zu verscheuchen. »In der Hölle brennt kein Feuer.« Daß die ungeheuerliche Härte der faktischen Weltverhältnisse in Blut und Tränen ein so beruhigendes Gottesbild nicht eben bestätigt, läßt sich übersehen, solange man von dieser Härte selbst nicht allzu arg betroffen wird. Die Konfession dieser Art von Gottgläubigkeit bedarf keiner Organisation und keiner Hierarchie, um eine unsichtbare Gemeinschaft zu formieren, die möglicherweise die größte und attraktivste »Kirche« unserer Zeit darstellt. Sie bietet Vorteile, mit denen keine Form des Christentums konkurrieren kann. Denn sie erlaubt, an Religion teilzuhaben, ohne irgendeine Last konkreter Glaubensformen tragen zu müssen. Sie ermöglicht, »mit Gott« zu leben, ohne am Vorrang der Egolatrie, am Ichkult der Selbsterhöhung und Selbstverwöhnung zu rütteln. Die Vorentscheidung für die Auffassung, man müsse vor allem seine Kraft daran setzen, möglichst viel vom Leben zu haben, bleibt durch diesen Glauben unangetastet.

Das Christentum und sein Anspruch treffen wohl seltener auf die Zurückweisung reinen Unglaubens als auf den Widerstand einer energischen unreflektierten Vorentscheidung für eine Weltreligion des Glaubens an jenen anspruchslosen und vorteilhafteren Gott und seine komfortablere Kirche. Wer ihr anhängt, kann sich auf das Vorbild und die Zustimmung vieler Nachbarn stützen, er hat alle psychologischen Hilfen und Prämien des Konformismus. So finden wir in dieser Gemeinschaft die geringsten Glaubenszweifel. Ihre Tradition verfügt über die größte Erbauungsliteratur, da viele Massenmedien neben allen Informationsaufgaben die Bewahrung dieses Glaubens pflegen. Ihre Kraft liegt in der gegenseitigen Bestätigung, in der unangefochtenen Selbstverständlichkeit und Fraglosigkeit der gemeinsamen Überzeugung, ihre Pflicht in der konsequenten Vermeidung von Nachdenken, Zweifel und Frage, soweit diese dem Ganzen des Seins und des Daseins gelten. Darum verhängt diese »Kirche« strenge Denktabus, die alle metaphysischen Fragen als sinnlos, töricht, unentscheidbar und unwissenschaftlich verbieten. Ihre asketische Disziplin ist der Frageverzicht, ihr Kirchenrecht alle jene Konventionen, die geeignet sind, die gegenseitige Stärkung in diesem Glauben zu garantieren, vor allem aber, jeden entgegenstehenden zu zerstören. Ihre Moral ist das unermüdliche Hinaufspielen der vielen Wichtigkeiten über das eine Notwendige und die suggestive Beteuerung, mit der christlichen Moral könne man in der Welt, wie sie nun einmal ist, auf keinen Fall durchkommen. Vielleicht liegt in der Existenz dieser latenten Glaubensform eine Antwort auf die rätselhafte Frage nach dem Grund des metaphysischen Leichtsinns vieler. Der Mensch wendet aus verständlichen Gründen keine Aufmerksamkeit auf Probleme, die für ihn gerade und nur durch einen vagen, von keiner Strenge logischer Kritik gefährdeten »Glauben« schon befriedigend beantwortet sind. Was als Gedankenlosigkeit erscheint, kann die instinktsichere Konsequenz einer Entscheidung sein, die sich den angenehmen Gott, der ihr gefällt, nicht nehmen lassen will.

Soweit dies zutrifft, kann auch keine Rede sein von dem oft beklagten religiösen Indifferentismus. Im Gegenteil geht es im Ausweichen vor der Problematik, dem Nachdenken, dem Gespräch wahrscheinlich nicht selten darum, die Störung eines empfindlichen Gleichgewichts zu vermeiden. Man hat mit »seinem« Gott einen Nichtangriffspakt auf Gegenseitigkeit geschlossen, der sich bezahlt macht. Der Gewinn, sich eine domestizierte Gottheit hinter Gittern halten zu können und damit Religion zu haben, ohne von ihr gestört zu werden, darf nicht aufs Spiel gesetzt werden. In dieser Glaubensform ist es gelungen, eine psychohygienisch zuträglich scheinende Gottheit zu synthetisieren, aus der das Tremendum entfernt ist. Damit wird aber ein gewaltiges Stück Angstvermeidung geleistet. Allerdings nimmt man auf die Dauer eine unerträgliche metaphysische Verödung und Langeweile in Kauf, die das fehlende Abenteuer des Spirituellen mit anderen Sensationen kompensieren muß – zum Beispiel Sexualität und Aggression.

Ein wichtiges Motiv in der Bildung solcher Privattheologien liegt allerdings darin, daß die kirchliche Theologie der Tradition manchmal in einer Weise vorgelegt wird, die den Anschein des Unerträglichen und Absurden trägt und damit eine leidenschaftliche Gegenbewegung provoziert.

Das Gesagte läßt sich leicht als fromme Denunziation mißbrauchen. Die psychoanalytische Erfahrung erlaubt die Vermutung solcher Zusammenhänge. Sie erlaubt die Frage an den einzelnen, ob er solche Haltungen bei sich selbst vorfinden könne. Sie erlaubt die Diagnose in extremen Fällen – der Vorsehungsherrgott Hitlers war offensichtlich ein solcher numinoser Komplize einer bösen Selbstverabsolutierung. Unerlaubt hingegen ist jede weitergehende diagnostische Unterstellung solcher Zusammenhänge bei einzelnen oder Gruppen. Niemand kann das Vorliegen solcher Haltungen feststellen, es sei denn bei sich selbst, weil keines ihrer Symptome eindeutige Auskunft gibt. Sie alle können sich auch da finden, wo ein Mensch lauter und einfältig alles gibt und tut, wozu die ihm jetzt zugängliche Einsicht ihn auffordert.

Diese zugängliche Einsicht sieht für viele so aus, daß sie mangels anderer Orientierungsmöglichkeiten sich an die eindeutigen Hinweise halten, die vor jedem denkbaren Sinnhorizont des Daseins standhalten, weil sie so etwas sind wie die Physik des Sinnes selbst: Logik und Ethik. Es kann nicht falsch sein, die Wahrheit zu suchen, wo immer man sie ergreifen kann. Es kann nicht falsch sein, das Gute, das Recht und die Güte zu verwirklichen, worin immer sie sich zeigen. Wenn für den Menschen so etwas wie Freundschaft mit Gott, Einfügung in die Bestimmung, richtiges Leben zu haben sind, dann muß es sich in dieser Richtung finden.

Das gezeichnete Bild enthält noch eine Lücke. Außer den beschriebenen Gruppen gibt es vermutlich noch viele Menschen, die sich selbst und die Welt einfach als Faktum hinnehmen, ohne nach Grund und Ziel zu fragen. Sie scheinen kein Bedürfnis nach einem Verständnis ihres Daseins zu verspüren. Ich kann über diesen Typus kaum etwas sagen, weil ich ihn in der Analyse nie gesehen habe. Alle zunächst so erscheinenden erwachsenen Analysanden, bei denen die Analyse überhaupt solche Fragen berührte, berichteten doch von Zeiten der Konfrontation mit dem Glauben, in denen es aus irgendeinem Grund zur Resignation, zum Protest oder zu jenem stillen, unauffälligen Versickern gekommen war, das sich ereignet, wenn der rufenden Stimme immer wieder die Antwort verweigert wird.

Die geschilderte Privattheologie und ihr Gott sind offensichtlich ein Produkt des Wunschdenkens – aber gerade darin liegt ein bedrückendes Problem. Sobald der Mensch auf das Treibholz des Plausiblen angewiesen ist, wird er zum betrogenen Betrüger. Er gerät rettungslos in die Bodenlosigkeit des Beliebigen, das heißt aber des Beliebteren. Er hält für wahr, was ihm paßt und was zu ihm paßt. Das Wunschdenken wird zum Schicksal. Während im physisch-pragmatischen Bereich eine solche Haltung meist bald auf den energischen Widerstand der Wirklichkeit stößt, die den Wunschdenker schmerzhaft aufweckt, gibt es einen solchen Widerstand im metaphysischen Bereich nicht. Theologische Irrtümer tun lange Zeit nicht weh. »Die Erde schenkt uns Selbsterkenntnis, weil sie uns Widerstand leistet« (Saint-

Exupéry). Der Himmel leistet keinen Widerstand. Er widersetzt sich nicht der Veruntreuung. Er überläßt den Menschen scheinbar erbarmungslos seinen Irrtümern und Selbsttäuschungen.

Da Schmerz und Unlust für den Organismus lebenserhaltende Orientierungshilfen sind, scheint es, als sei dem Menschen in der metaphysischen Orientierung diese entscheidende Hilfe versagt. Tatsächlich gibt es nicht wenige, die weder die Erfahrung eines religiösen Hungers noch die quälender Schuldgefühle oder schmerzhafter Reue kennengelernt haben, noch viel weniger so etwas wie ein Erlösungsbedürfnis. Dem Angebot des Evangeliums scheint heute kein spürbarer seelischer Bedarf mehr zu entsprechen. Wie kommt es, daß die Sauerstoffversorgung durch zwingenden Lufthunger gesichert ist, während die Sorge um den existentiellen Lebensunterhalt allzu selten durch drängende Mangelerscheinungen aufrechterhalten wird?

Die Sorge um die Wahrheit, das Gute und das Heil scheint der Freiheit, der Vernunft, dem Gewissen in anderer Weise vorbehalten und anvertraut zu sein als die vitale Selbsterhaltung. Die geistigen Orientierungsorgane sind pflegebedürftig und verfallen bei mangelndem Gebrauch erschreckend. All das mag etwas mit der Würde des Menschen zu tun haben. Würden wir in Atemnot geraten, wenn wir Meditation, Gebet und Sammlung unterließen, würde jede Schuld unmittelbar mit starkem physischem oder seelischem Schmerz bestraft, jede Regung der Gottes- und Nächstenliebe von einer Lustprämie belohnt werden, so würden wir uns vermutlich ziemlich tugendhaft betragen, aber unsere Tugenden glichen den Verhaltensweisen konditionierter Ratten. Das Fehlen eines Lust-Unlust-Zwanges in allen wesentlichen Bereichen macht das Existieren zu einem Risiko, aber es ermöglicht vielleicht die Würde der Freiheit, um derentwillen es den endlichen Geist gibt. Man muß jedoch zugeben, daß es verwunderlich ist, warum uns nicht etwas mehr »Rattenhilfe« zuteil wird.

Bei Analysanden, die mit dem Christentum in einen ernsthaften Kontakt gekommen sind, sich als Christen verstehen oder verstanden haben, meldet sich nach allen Zweifelsmeditationen gewöhnlich eine Gegenstimme. Sie können sich auch mit ihrer eigenen Skepsis nicht beruhigt identifizieren. Sie sagen etwa: Ich bin nun einmal in meiner geschichtlichen Situation an die Gestalt jenes Christus geraten, der mich unablässig ansieht und fragt: Was hältst du von mir? Kannst du mich einen Lügner, einen Phantasten, einen Schizophrenen heißen oder als Genie abtun? Kannst du ohne Antwort an mir vorübergehen? Kannst du mir meinen Anspruch verweigern? Denn ich sage dir, daß ich nicht einer unter vielen, sondern der einzige bin, der dir mit absoluter Autorität etwas zu sagen hat. Du bist jetzt Richter. Du bist jetzt und hier gefragt: Habe ich das Recht, von dir zu verlangen, daß du mir glaubst, oder habe ich dieses Recht nicht? Entscheide dich. Wenn nun der Gefragte antwortet, was er lange Zeit ganz legitim und ruhigen Gewissens tun kann: Es ist möglich, daß du das Recht hast, aber ich weiß es einfach nicht, ich kann deine Frage nicht beantworten, dann fährt das einmal aufgestörte Gewissen unerbittlich fort zu fragen: Vielleicht liegt es an dir, an deinem Leichtsinn, an deiner Unredlichkeit, an deinem Nicht-wissen-Wollen. Du kannst deine Hände nicht in der Unschuld der Unwissenheit waschen, denn du richtest unvermeidlich, wie Pontius Pilatus unvermeidlich richten mußte und wie jeder Mensch, der mir begegnet, so gewiß über mich richten muß, wie ich über ihn richten werde. Das Gewissen wird auch hier bewegt von einem einfachen, meist gar nicht bewußt reflektierten ethischen Grundprinzip. Man könnte es etwa so formulieren: Wenn mir jemand eine für mich nicht nachprüfbare Wahrheit sagt oder Nachricht bringt, aber durch seine Person und seine Lebensführung, durch alles, was ich von ihm weiß und erfahre, das Recht hat, von mir als glaubwürdig anerkannt zu werden, dann tue ich ihm unrecht, wenn ich ihm nicht glaube; ich bin ihm gegenüber nicht fair und bleibe ihm etwas schuldig, auf das er Anspruch hat. Ich weiß nicht, ob das ein evidentes Prinzip ist oder ob die Moralphilosophen es beweisen können, aber ich weiß, daß die meisten Menschen es als verbindlich anerkennen. Sie werden böse, wenn man ihnen dieses Recht vorenthält, indem man ihnen mißtraut, wo sie die Wahrheit sagen. Sie beanspruchen, daß ihnen Glaube nicht geschenkt, sondern gegeben werde als eine ihnen zukommende geschuldete Gabe. Man kann nicht etwas schenken, was man schuldet. Es gibt unter Menschen, die einander als gewissenhaft kennen, eine Pflicht zum Vertrauen auf das nicht nachprüfbare Wort des anderen. Es liegt nahe, dieses Prinzip auf die Person Jesu Christi anzuwenden. So stellt sich die Frage, ob nicht auch der Mitmensch Jesus Christus eine Person sei, die Rechte habe. Wenn dem Gewissen der Verdacht dämmert, daß möglicherweise die Rechte dieser Person genau die sein könnten, die sie für sich in Anspruch nimmt, nämlich angehört und als unbedingt glaubwürdig anerkannt zu werden, dann kommt ein Entwicklungsprozeß in Gang, der in seinem Ausgang ungewiß ist, aber auch nicht selten dazu führt, daß man sich genötigt sieht, dieses Recht zu bejahen. Indem ich es aber erkenne und anerkenne, bin ich schon ein glaubender Christ oder doch nahe daran. Glaube ist Anerkennung eines Rechts.

Die Unwahrscheinlichkeit des Christentums

So weit, so gut. All das gälte gewiß dem direkt begegnenden Christus gegenüber, dessen unmittelbare Glaubwürdigkeit mich vielleicht bezwungen hätte. Für die Jünger war wohl das Glauben wirklich die einzig menschlich verantwortbare, die einzig »rationale« Haltung. Ich aber habe es nicht mit Jesus Christus selbst zu tun, sondern mit Berichten über ihn, von denen niemand genau weiß, wie weit sie historische Protokollsätze, Legenden oder Gemeindetheologien sind, einmal von unvereinbaren Widersprüchen in diesen Berichten ganz abgesehen. Daß aber das Wichtigste im menschlichen Dasein, die Beziehung zu Gott, durch solche Unsicherheiten vermittelt sein sollte, das stellt uns vor das Problem der Unwahrscheinlichkeit des Christentums, das im folgenden in seinen wichtigsten Momenten beschrieben werden soll, soweit das bisher noch nicht geschehen ist.

Es ist extrem unwahrscheinlich, daß die für alle – Gelehrte und Analphabeten, Kluge und Schwachsinnige, Selbständige und geistig Abhängige – gültige Anrede Gottes nur greifbar sein sollte in dem ungewissen Zwielicht widersprüchlicher, anfechtbarer, von Mythos und Legende schwer unterscheidbarer Zeugnisse in fragwürdiger Überlieferung. Diese Unwahrscheinlichkeit, im Verein mit der Aussichtslosigkeit, dieses Dunkel lichten zu können, dispensiert von jeder Mühe, die Frage der Glaubwürdigkeit der Evangelien, ihrer Verfasser und der sie verkündenden Kirche zu klären.

Es ist extrem unwahrscheinlich, daß der Zugang zu den heilsnotwendigen Einsichten über so komplizierte, scharfsinnige und gefährdete Denkwege führen sollte, wie sie von den Theologen vorgelegt werden. Mag sein, daß Newmans »Grammar of assent« und Karl Rahners »Hörer des Wortes« geistvolle Höhepunkte neuzeitlicher Erkenntnisanalyse sind – aber wer hat Zeit, Intelligenz und Vorbildung genug, sie zu studieren?

Das Christentum, das alle angeht, zuerst aber den Armen und den kleinen Leuten die frohe Botschaft bringen will, erreicht gerade diese am allerwenigsten. Es hält mit Mühe seine traditionellen Bastionen im Adel, im Mittelstand und Kleinbürgertum, die Arbeiterklasse hat es verloren, Neuland gewinnt es nicht. Die soziologischen Grenzen scheinen seit langem und für lange Zeit unüberwindlich, ebenso die psychologischen. Wer nicht als Kind oder spätestens in der Pubertät von engagierten Christen beeinflußt worden ist, hat in der Regel dem Kontakt mit dem Christlichen eher eine Immunisierung gegen dessen Einfluß zu verdanken. Ein späteres Betroffensein wird fast nur einer Elite zuteil, die durch ungewöhnliche intellektuelle Sensibilität, Gewissenssorgfalt, Nachdenklichkeit, natürliche religiöse und ethische Begabung und meist noch durch ein luxuriöses Ausmaß von Bildung bevorzugt ist. Solche Menschen haben dann auch leicht Gelegenheit, auf anziehendere und überzeugendere Exemplare der christlichen Gattung zu stoßen. John Henry Newman, Maurice Blondel, Romano Guardini, Dietrich Bonhoeffer haben einer unübersehbaren Zahl den Zugang zum Christentum geöffnet, aber Hinz und Kunz, Kreti und Pleti waren nicht darunter.

Es geht mit rechten Dingen zu, daß das Christentum seit Johannes und Paulus immer auch eine gelehrte und akademische Religion ist, aber sie wird unglaubwürdig und unwahrscheinlich, wenn sie nur noch Intellektuelle, »Feinsinnige« und religiös Begabte überzeugt. Das Licht der Welt, nur noch in christlichen Trachtenvereinen oder in esoterischen Zirkeln zu erblicken, wird als Licht der Welt unwahrscheinlich.

Schließlich ist es die Kirche selbst, die das Maß der Unwahrscheinlichkeit voll macht. Für den Nichtchristen sind Kirchen Vereine, die in internen Problemen verstrickt der Selbstverherrlichung und Selbstbehauptung obliegen. Kirche ist weder selbst das Licht der Welt, weil sie nichts Leuchtendes an sich hat, noch ein Zeichen, das auf das Licht hinweist. Sie ist kein Medium, in dem Christus als Licht sichtbar wird, sondern eher eine Mauer, die ihn verbirgt. Für viele ist ferner die augenscheinliche Unfähigkeit des Christentums, seine eigenen Anhänger zu bekehren und dem ähnlich zu machen, dessen Namen sie tragen, ein Zeichen dafür, daß in ihm die weltumwandelnde Macht göttlicher Kräfte und Gnaden nicht gegenwärtig sein kann.

Eine ähnliche Voraussetzung, die das Christentum entwertet, liegt in gewissen Wunschphantasien. Das Christentum ist unwahrscheinlich, weil es unscheinbar ist. »Was kann aus Nazareth Gutes kommen?« Wenn es so etwas gibt wie den Einbruch Gottes in die Sichtbarkeit menschlicher Erfahrung, dann kann das nur in der Form eines überwältigenden Superereignisses mit Pauken und Trompeten gedacht werden, eines Ereignisses, das alle gewöhnlichen Geschehnisse sprengt. Ein Gesandter Gottes, der die Menschen mit einem Schlag umwandelt, der ein Weltreich aufrichtet, der eine neue Gesellschaft ohne Gewalt, Armut und Ungerechtigkeit, eine neue Natur ohne Krankheit und Schmerz schafft – Steine in Brot verwandelnd, schwebend von den Zinnen des Tempels –, so wäre Offenbarung gotteswürdig und überzeugend. Aber nach einem im Dunkel der Geschichte, im Pluralismus der Religionen, im Gestrüpp der Meinungen, in den oft albernen und geschmacklosen, zuweilen bösartigen Erscheinungsformen des Kirchenwesens mehr verborgenen als offenbaren Gottesboten suchen wie ein Kind nach Ostereiern – das scheint wirklich zuviel verlangt. Wem kann man das zumuten?

Zu der Unwahrscheinlichkeit des Christentums tragen alte Erwägungen bei, die seine *Unmöglichkeit* zu erweisen scheinen. Die erste ist schon von Hume klassisch formuliert worden. Sie läßt sich auf die Formel bringen: Das ganz und gar Ungewöhnliche ist unmöglich und darum unglaublich. Wenn mir, so schreibt Hume, eine Reihe der zuverlässigsten

Männer von größter Nüchternheit, Vernunft und Glaubwürdigkeit einmütig versichern würde, die jüngst verstorbene und begrabene Königin von England sei auferstanden und ihnen begegnet – niemals würde und dürfte ich ihnen Glauben schenken.

Der Gedanke Humes repräsentiert ein Prinzip, das viele Ablehnungen des Glaubens begründet. Aber gerade hier wird der Bogen überspannt, weil Hume ein metaphysisches Wissen über Möglichkeit und Unmöglichkeit unterstellt, das zu der heutigen Neigung zur Bescheidenheit in ontologischen Aussagen im Widerspruch steht.

Es ist wohl nicht zu bestreiten, daß dieses Humesche Axiom von der Unglaublichkeit des ganz und gar Außergewöhnlichen bewußt und unbewußt bei vielen Anhängern der Entmythologisierung und bei Gegnern des Glaubens zum Grundprinzip geworden ist. Aber wie immer man sich zur Auferstehung der Königin von England nun einstellen mag – das Prinzip hat seinen guten Sinn für den Hausgebrauch –, viele Menschen sehen doch leicht ein, daß es keineswegs eine universale logische Geltung hat. Es gibt kein evidentes metaphysisches oder logisches Gesetz, das dem freien Handeln Gottes vorschreiben könnte, die Grenzen des Gewöhnlichen und Naturgesetzlichen nicht zu überschreiten. Gerade eine moderne metaphysische Urteilsabstinenz erleichtert die Meinung, ein Gott, für den das Ungewöhnliche wirklich ein Unmögliches wäre, sei ein unmöglicher Gott.

Diese wiederum simple Einsicht hat sehr weitgehende Konsequenzen. Wenn man sich einmal daran gewöhnt hat, das Ungewöhnliche nicht für unmöglich zu halten, wird im Zusammenhang der Heilstaten Gottes das Ungewöhnliche zum Erwartbaren, also zum Wahrscheinlichen. Jesus Christus hat sich legitimiert, nicht nur durch die strahlende Glaubwürdigkeit seiner Person, sondern auch durch ausweisende Machtzeichen. Wenn Gott sich in der Geschichte mitteilen und offenbaren will, dann ist die Frage schwer zu beantworten, ob das denn überhaupt auf andere Weise geschehen könne als in der des »Ungewöhnlichen«. Wie sollte sich Offenbarung aus dem homogenen Fluß geschichtlicher Geschehnisse und psychischer Ereignisse herausheben und deutlich machen, es sei denn durch das Mittel der Ungewöhnlichkeit, des Wunderbaren, des außergewöhnlichen Zeichens. Wenn im Zusammenhang göttlicher Mitteilung »Wunder« nicht skurril, skandalös oder unmöglich sind, dann sind sie wahrscheinlicher als eine nicht ausgezeichnete Mitteilung. Angesichts des Ernstes der Verbürgung der Evangelien, angesichts der von ihren Verfassern immer wiederholten Versicherung, es handle sich hier nicht um Erdachtes und Phantasiertes, sondern um Zeugnis von *Augenzeugen*, die gleichsam beschwören, was sie gesehen und erlebt haben, angesichts der deutlichen und angestrengten Bemühung der biblischen Schriftsteller, ihre Berichte von dem Legendenwust der Antike, der ihnen wohl bekannt war, abzuheben, ist – wie auch viele moderne Exegeten zugeben – die einfachste, die Gegebenheiten der Quellen ungekünstelt erklärende Hypothese doch die, es habe sich vieles tatsächlich so zugetragen, wie es berichtet wird. Auch der Satz »Christus ist erstanden, ja, er ist wahrhaft auferstanden« ist mindestens im Kontext aller aufgeführten Wahrscheinlichkeiten wiederum die rationalste unter allen vorliegenden Erklärungen des geschichtlichen Materials. Alle anderen Erklärungen sind nur dann besser, wenn feststeht, daß diese einfachste unmöglich und absurd sei.

Woher also die merkwürdige Diktatur, in der Menschen sich selbst und anderen auferlegen, das Ungewöhnliche nicht für wahr halten zu dürfen? Woher die Zustimmung, die Humes Gedanke durch die Jahrhunderte bei Unzähligen findet, die ihn nie gelesen haben? Ist es wirklich nur die rhetorische Eindruckskraft, die auch Rousseaus Frage prägt: »Gott kann Wunder wirken? Das hieße, die Gesetze verletzen, die er selbst eingerichtet hat. Würde diese Frage ernsthaft behandelt, dann wäre die Frage gottlos, wenn sie nicht absurd wäre.« Auch dieser Satz kann jenseits des rhetorischen Effektes keine Spur von logischer Stringenz beanspruchen.

Die Psychologie vermag nur Vermutungen darüber anzustellen, warum die Neuzeit sich so schwertut, einen souveränen Gott zu denken, der moralische Gesetze »suspendiert«, indem er Sünder begnadigt, und physische, indem er Tote erweckt und Stürme zum Schweigen bringt. Ist es jene souveräne Unberechenbarkeit und Unverfügbarkeit, die heilige soziale Gesetze umwirft, »die Mächtigen erniedrigt, die Niedrigen erhöht, die Armen mit Gütern erfüllt, Reiche aber leer ausgehen läßt«, die den Neid der Leerausgehenden provoziert? Wird der Gott über den Gesetzen für jenes bürgerliche Sekuritätsbedürfnis, das seit Descartes Philosophie und Wissenschaft der Neuzeit in manchmal unmäßiger Weise zu gängeln sucht, zu einer unheimlichen Angstquelle? Oder haben wir es mit einer Reaktion auf die Theologie des Nominalismus zu tun, nach der Gott in wesenloser Willkür sich in einem Esel inkarnieren und alles Böse, auch Lüge, Neid und Haß, dadurch zum Guten machen könnte, daß er das Böse zu tun und das Gute zu lassen gebietet, wie Wilhelm Occam, der Prophet von Oxford und Schwabing, lehrt? Gibt es eine finstere Leidenschaft, die sich allem verwehrt, das über dem Gewöhnlichen steht? Gibt es den Neid des Knechtes auf den unendlich überlegenen Herrn? Ist es die Wonne des Geschöpfes, seinem Schöpfer wenigstens in den Naturgesetzen Vorschriften machen zu können? Fasziniert uns die Lust des Metaphysikers, naseweis zu diktieren, was dem Weltgeist möglich oder unmöglich ist? Jedenfalls war Jesus Christus, der die Gesetze aufhob, den gesetzestreuen Juden ein Ärgernis, wie er der gesetzesfrommen Wissenschaft heute eine Torheit ist. Jene Revolution – *revolvit lapidem* –, die den Felsen vom Grabe geräumt hat, verzeihen ihm die einen so wenig, wie die anderen die Revolution gegen das Gesetz der Schriftgelehrten dulden wollten. Vielleicht sind die Motive ähnlich; die Identifizierung mit einem Gesetz, und sei es nur das Humesche der Gewohnheit und Gewöhnlichkeit, macht uns zu Herrschern, Richtern und Rechthabern, zu Weisen, Schriftgelehrten und Pharisäern. Das Evangelium würde wohl nicht so viel Raum auf die Auseinandersetzung mit den Gesetzesfanatikern verwenden, wenn nicht die Haltung von Schriftgelehrten eine den Menschen beständig begleitende Grundgefahr wäre.

Eine andere ebenso spekulative Vermutung könnte auf einen psychologischen Zusammenhang hinweisen, der in der Zwangsneurose eine Rolle spielt. Der Mensch hat stets ein zwiespältiges Verhältnis zum Gesetz. Es gibt eine Lust am Chaos, an der Willkür – »Unordnung ist die Wonne der Phantasie« –, am Zerstören von Ordnungen, am Schmutz. Es gibt eine Haßlust, gerichtet gegen Schönheit, gegen das Edle und Kostbare; zudem beschränken Gesetze selbstherrliche Freiheit und provozieren darum Auflehnung. Diese Versuchungssituationen neurotischer Revolte bringen oft Reaktionsbildungen ins Spiel, in denen es zu einer ängstlichen Vergötzung gesetzlicher Ordnungen kommt: Zwangshafte Ritualisierung, Pedanterie, Legalismus, Skrupulosität, Buchstabengläubigkeit, in der Wissenschaft kleinlicher Methodenfetischismus und in milder Ausprägung das Positivum der Akribie. Solche zwangshaften Haltungen können wiederum in einer Haßlust gegen das Freie und den Freien, gegen Initiative, Spontaneität und Phantasie, gegen das Unberechenbare und Unvorhersehbare gipfeln. In der modernen Welt hat Wissenschaft eine geradezu numinose Autorität über das Bewußtsein gewonnen. Nun ist der Wissenschaftler als Typus durch eine erhebliche Beimischung zwangshafter Züge bestimmt, ohne die er sein Handwerk gar nicht gut ausüben könnte. Sollte die Dominanz des Anankastischen, das Angst abwehrende Anklammern am Gesetz, an Voraussage und Kontrolle der Phänomene jenen Protest gegen die freie Spontaneität der biblischen Ereignisse ebenso verständlich machen, wie er die in keiner intellektuellen Evidenz begründbare Zustimmung zu den Prinzipien Humes und Rousseaus erklären könnte[3]?

Die Wahrscheinlichkeit des Glaubens

Jedenfalls ist in dem Augenblick, in dem ein Mensch begreift, daß der biblische Satz »Was bei den Menschen unmöglich ist, ist bei Gott möglich« eigentlich mehr Rationalität für sich hat als Humes Formel: »Was bei den Menschen ungewöhnlich ist, ist auch bei Gott unmöglich«, eine Kettenreaktion ausgelöst, die Wahrscheinlichkeitspositionen revolutionieren kann. Solche Ereignisse sind nicht selten ein Anlaß, der den Menschen aus der Perspektive der Unwahrscheinlichkeit des Christentums langsam oder plötzlich herausrückt und ihn veranlaßt, den Glauben einmal sozusagen probeweise unter der Perspektive einer möglichen Wahrscheinlichkeit zu betrachten. Natürlich geschieht das am ehesten, wenn man andere trifft, denen sie ohnehin vertraut ist. Doch führt die häufige Labilität unfundierter existentieller Positionen auch ohne diese Begegnungen gelegentlich zu solchen Kippphänomenen der Erkenntnis. Am besten wird die andere Perspektive von den Erfahrungen derer her beschrieben, die in ihr leben. Ganz abgesehen von Menschen, die sich »ihren Kinderglauben bewahrt haben«, und solchen, die große Mühe auf eine intellektuelle Begründung und Rechtfertigung ihres Glaubens aufwenden, findet man

Glaubende von hohem intellektuellen Niveau, kritischer Skepsis und ausgeprägtem Problembewußtsein, die in einem erstaunlich unangefochtenen, ja naiven Glaubensbewußtsein stehen. Diese nun doch auch wieder erstaunliche innere Situation läßt sich bei genauerer psychologischer Klärung oft auf eine Formel bringen, die so verblüffend einfach ist, daß sie der Aufmerksamkeit leicht entgeht. Diesen Menschen kommt – abstrahieren wir einmal so weit wie möglich von dem, was die Theologen das Licht des Glaubens nennen – das Christentum zunächst einmal höchst wahrscheinlich vor. Menschen, für die ähnliches gilt, hat ihre geistige Entwicklung an einen perspektivischen Punkt gestellt, von dem her viele für andere verwirrende Linien zu einer deutlichen Gestalt konvergieren. Was andere verstört und beunruhigt, ist ihnen zusätzliche Bestätigung, weil es sich in ihre Perspektive sinnvoll einfügt. Der Grund liegt wahrscheinlich darin, daß ein wirkliches Verständnis allein nur des christlichen Gottesbildes den menschlichen Geist in eine Lage versetzt, von der her das so ermöglichte Verständnis des Ganzen, des Seins, der Geschichte und des Menschen so etwas wie eine bezwingende Wahrscheinlichkeit gewinnt. Schon die beständig wach gehaltene Frage nach dem Ganzen als solche schafft eine innere Disposition, die für die Antworten des Glaubens öffnet. Erst das Aufgeben der Frage ist der Tod des Glaubens.

Hinter solchem Für-wahrscheinlich-Halten verbirgt sich wohl durchweg ein Sachverhalt, der sich der Analyse entzieht. Wir alle haben feste und zutreffende Überzeugungen, deren Gründe wir kaum befriedigend auseinanderlegen könnten. Das Überzeugende ist die Konvergenz, das Netz der Zusammenhänge und was sich in ihm fängt. Der einzelne, in Licht gestellte Grund ist nur wie ein Knoten in diesem Netz. Dieses läßt sich gleichzeitig und als Ganzes kaum sichtbar machen, und dennoch ist der Knoten als Teil eines

Netzes erfaßt. Durch die einzelne, artikulierbare Wahrscheinlichkeit leuchtet ein diffus miterfaßter Hintergrund, ein Gesamtzusammenhang, der weder ausdrücklich gemacht noch übersehen werden kann, wo man ihn nicht abblenden will. J. H. Newman hat die komplexe Logik solcher Begründungen, die in weiten Bereichen der praktischen Erkenntnis eine führende Rolle spielt, subtil analysiert. Vielleicht hat er trotzdem die Möglichkeiten und damit die Pflicht des durchschnittlichen Menschen überschätzt, sich in eigener abwägender Denkarbeit zu orientieren. Er würde diesem Einwand wohl entgegenhalten, daß hier wie in allen heilsentscheidenden Akten von niemand mehr verlangt wird, als er zu geben vermag, so daß auch der ungeschicktesten Bemühung, die der Trägheit des Herzens entgegengesetzt wird, ihr Erfolg verheißen ist.

Darüber hinaus finden wir bei den Glaubenden noch ein weiteres Moment, das ihnen das Glauben zu etwas Natürlichem macht: Sie haben keine Alternative. Selbst jener triviale, unterste und dürftigste Anfang von Gotteserkenntnis, den unsere abstraktiv-intellektive, im begrifflichen Stückwerk verteilte und gefangene Einsicht ermöglicht, gewährt, wem sie zugänglich ist, doch ein Licht, das jedes andere überstrahlt. Dieses Licht des Wahrscheinlichen erhöht das metaphysische Anspruchsniveau in einer Weise, die viele andere Positionen von vornherein ausschließt. Der Glaubende kann leicht zugeben, daß es Marxisten, Faschisten, Positivisten, Existentialisten, Pragmatisten in Menge gibt, deren Intelligenz die seine um Erhebliches übersteigt. Trotzdem darf er das Recht für sich beanspruchen, diese und viele andere Ideologien, insofern sie Deutung der Gesamtwirklichkeit geben oder für unmöglich erklären wollen, für indiskutabel platt und dumm zu halten. Bei anderen Daseinsdeutungen, die ein solcher Vorwurf gewiß nicht trifft – ob sie sich nun auf Sokrates, Hegel oder Buddha berufen –, bleibt die Frage nach dem Anspruch Jesu Christi unbeantwortet und damit ein Stück der geschichtlichen und psychischen Realität unberücksichtigt. Man geht geistig über Leichen, die Leichen der Zeugen, von Anbeginn bis zur Gegenwart. Der Glaubende gibt zu, daß die Intelligenteren mehr Verstand haben als er, aber er bezweifelt, daß sie hier von ihrem Verstand vernünftigen Gebrauch machen. Sie erreichen die Ebene des Fragens gar nicht, auf der er zu fragen sich gezwungen sieht.

Der Rang des Fragens *sub specie totalitatis* schließt eine Unzahl von Antworten von vornherein als nicht zur Sache beitragend aus.

Diese Einstellung wirkt für den Gesprächspartner äußerst arrogant, und sie geht in der Tat mit privater Arroganz die wunderlichsten und ärgerlichsten Verbindungen ein. Sie setzt sich immer wieder ins Unrecht, weil sie die berechtigte Verachtung für die metaphysische Insuffizienz der abgelehnten Ideologie vorschnell auch auf Bereiche ausdehnt, in denen diese möglicherweise von überlegenem Scharfblick ist.

Dieses Exklusionsverfahren hat noch einen anderen Aspekt. Wer als Glaubender den Glaubensraum manchmal als eine Art Gefängnis erlebt, aus dem er auszubrechen versucht, kennt die Erfahrung, daß ihm das mißlingt, solange er sich an das Kriterium der für ihn verbindlichen, weil jeweils größeren Wahrscheinlichkeit hält. Er müßte sonst über Realitäten wegsehen, die sich ihm zwingend aufdrängen. Er muß Fragen intellektuell wegschieben, die er doch existentiell zu beantworten nicht unterlassen kann. Schließlich liegt in der banalen Alltagserfahrung noch ein Moment, das den Glaubenden bestärkt. Es ist ihm einleuchtend, daß der Geist des Evangeliums ganz unabhängig von Person, Ursprung und Autorität des Jesus dem entspricht, was als Anspruch eines heiligen Gottes an Gesinnung und Verhalten des Menschen vermutet werden müßte, wenn es keine Offenbarung gäbe. Er spürt, daß das Beste in ihm, seine Wahrheitsliebe, sein Sinn für Gerechtigkeit, das ihm erreichbare Maß an Lauterkeit und Großmut, mit einem fordernden inneren Drängen dem Evangelium zustimmt, solange er nicht jener hoffnungslosen Traurigkeit nachgibt, die das Bejahte und Ersehnte als ein Unerreichbares verzweifelt fahren läßt. Das aber, was als vertretbare menschliche Verhaltensweise allenthalben von der Gesellschaft – vom »Spiegel« über den »Playboy« bis zum Partygerede – vorgelegt und unbefangen vorgelebt wird, muß mit Sicherheit zum großen Teil ganz falsch sein, wenn man auf die Grundintention sieht.

Der Begriff des Nonkonformismus ist ein biblischer Begriff: *Nolite conformari huic mundo.* Richtig existieren kann nur heißen, anders existieren, im Gegensatz stehen zu dem durchschnittlich akzeptierten und empfohlenen Leben, dessen Gesetz alles mögliche, zum Beispiel die Freudsche Trias Egoismus, Libido und Aggression, aber gewiß nicht das des Einverständnisses und der Übereinstimmung mit den wie immer zu denkenden Intentionen der Gottheit ist. Das Gesetz Jesu Christi hat für den Glaubenden eine autoritätsunabhängige innere Evidenz, die in dem Maß wächst und leuchtend wird, in dem er sich bemüht, es besser kennenzulernen, zu verstehen und zu verwirklichen.

Auf die Gefahr hin, Affekte zu provozieren, sei auf das Faktum hingewiesen, daß für viele kluge Menschen die schlichten Grundgedanken der traditionellen Gottesbeweise auch dann grundvernünftige, ihre Existenz tragende und moralische Gewißheit begründende Gedanken sind, wenn diese Menschen nicht imstande sind, die Argumente zu explizieren und die gegenstehenden Bedenken Kants oder Wittgensteins zu entkräften. Daß die Welt ihre Existenz, ihre Ordnungen, ihre Gesetze, ihr Leben und ihren Geist einem weltüberlegenen schöpferischen Prinzip verdankt, würde nicht unwahrscheinlich und unvernünftig, wenn es diskursiv nicht sicher beweisbar wäre. Der erste Satz der Bibel: »Im Anfang schuf Gott den Himmel und die Erde«, ist trotz aller Erkenntniskritik für viele Menschen einer der logischsten Sätze der menschlichen Sprache, auch wenn er nicht in Athen, noch weniger in Oxford oder Königsberg, sondern in einem semitischen Nomadenzelt zum erstenmal gedacht worden ist. Wer den göttlichen Ursprung der Weltevolution für eine gute Idee hält, wird die christliche Antwort auf die Fragen nach dem Sinn des Ganzen ernst nehmen können. Wenn unsere Erfahrung in der Totalsumme des uns erfahrbaren Seins offenbare, verständliche Sinn- und Ordnungsstrukturen neben unverständlichen, sinnlos scheinenden Phänomenen zeigt, dann ist die Annahme ungleich wahrscheinlicher, daß das Ganze selbst ein Sinngefüge sei, als ihr Gegenteil. Selbst die Behauptung der Absurdität des Ganzen verdankt sich dem Bedürfnis des Menschen, nicht absurde, sinnvolle Urteile zu fällen, und das heißt, sinnvoll denkend zu existieren. Wie sollte ein solches Bedürfnis aus einer absurden Grundverfassung des Daseins entstehen? Vor und in aller Reflexion ist es vielen Menschen »auf Anhieb« wahrscheinlicher, rationaler, daß die Wirklichkeit letztlich ein Sinngefüge ist, als daß sie ein irrer Witz ohne Pointe, eine *passion inutile* sein sollte. Der Mensch erfährt sich selbst als ein auf Glück und Erfüllung hingeordnetes Wesen. Er ist, wie Ernst Bloch sagt, ein »laboratorium beatitudinis possibilis«. Er weiß ebenso, daß er keine Chance hat, unter seinen gegenwärtigen Existenzbedingungen seine Erfüllung zu finden. Selbst das größte Glück der größten Zahl in der klassenlosen Gesellschaft, die Aufhebung aller Sexualtabus und Repressionen, könnte nur eine langweilige Parodie auf die Erfüllung eines unendlichen Glücksverlangens sein. Die empirische Welt, für sich allein genommen, ist eine absurde Welt. Warum sollte das Absurde das Wahrscheinlichste sein?

Offenbar wäre das menschliche Leben zwischen Geburt und Tod, in seiner Größe und seinem Elend, keine ausreichende Antwort. Was dabei herauskommt, scheint aus sich eines göttlichen Planes unwürdig. Es lohnt den Aufwand nicht. Es wäre eine fade Geschichte. Sinnvoll wird Welt erst als Vorspiel, als Vorgestalt. Wenn Christentum nicht göttliche Offenbarung, sondern menschliche Phantasie, ja, wenn es reines Wunschdenken wäre, selbst dann wäre es als Vermutung einer zukünftigen Erfüllung wahrscheinlicher als jeder Finitismus, weil eine Schöpfung, in der geistige Subjekte als Witz ohne Pointe enden, ein Fluch und Spott auf ihren Erfinder wäre. Wem solcher Probabilismus übermütig erscheint, mag sich wundern, daß sein Grundgedanke das fast verborgene Fundament ausmacht, welches manche skeptisch-kritische Positionen der heutigen Philosophie trägt. Max Horkheimer und Theodor W. Adorno bezeichneten sich zur Verblüffung mancher ihrer Famuli als theistische Philosophen. Ihre Begründung geht gerade den dargestellten Weg. Horkheimer schreibt und drückt damit seine eigene Überzeugung aus: »Wenn ich beschreiben sollte, warum Kant am Gottesglauben festgehalten hat, so wüßte ich keinen treffenderen Hinweis als den auf eine Stelle bei Viktor Hugo. Ich zitiere sie, wie sie mir in der Erinnerung haftet: Eine alte Frau geht über die Straße, sie hat Kinder erzogen und Undank geerntet, gearbeitet und lebt im Elend, geliebt und ist allein geblieben. Aber sie ist fern von allem Haß und hilft, wo sie kann. Jemand sieht sie ihren Weg gehen und sagt: ›Ça doit avoir un lendemain, das muß ein Morgen haben.‹« Mit anderen Worten: Die Lehre des Christentums, daß der vollkommene Gott eine Schöpfung geschaffen hat, die zur Vollendung bestimmt ist, daß er geistige Personen ins Leben gerufen hat, die zu vollkommenem Glück und vollkommener Liebe berufen sind, diese Lehre ist eigentlich angemessener und wahrscheinlicher, als daß er eine Welt geschaffen haben sollte, die auf der Strecke bleibt, in der Glück und Liebe nur als kurzfristige tragische Fopperei gewährt sind. Wofür sollte das gut sein, und wie könnte das gotteswürdig sein?

Auch die Umkehrung des Gedankens hat ihr Gewicht. Für viele Menschen sind Recht und Gerechtigkeit sozusagen der letzte metaphysische Stern am Horizont ihres Bewußtseins. In der Tat läßt sich das unausrottbare Wissen darum, daß man als Person Rechte hat, die kein anderer beeinträchtigen darf, in keiner Weise biologisch oder positivistisch begründen. Gerade für Menschen, die himmelschreiendes Unrecht erlitten oder direkt miterlebt haben, ist es unfaßbar, daß zynische Rechtsbrecher vom »Format« Hitlers mit Millionen kleiner, aber sehr böser Lumpen sich ungestraft ins Nichts zurückziehen könnten. Gewiß mag hier Rachsucht im Spiel sein – aber selbst sie hat außer ihrem privaten ein transzendentales Motiv. Wenn Heine schreibt, sein größtes Glück wäre der Besitz eines Hauses in einem französischen Garten mit herrlichen Bäumen – und an jedem Ast einer seiner Feinde aufgeknüpft –, dann ist auch für ihn erst eine Welt, in der das Recht durch Sühne wiederhergestellt ist, eine glückhafte Welt, ein Kosmos. Eine Welt ohne gerechte Vergeltung von Gut und Böse bliebe absurd.

Noch absurder aber wäre eine Gottheit, die dem Verhalten ihrer Geschöpfe völlig gleichgültig gegenüberstünde.

Wenn der Gott einmal als der erfaßt ist, der eine Welt begründet, nicht um sie dem Verfall zu überlassen, sondern um sie auf ein Ziel hinzuführen, dann wird wiederum wahrscheinlich, daß diese »Arbeit« des Gottes am Geschöpf nicht nur hinter dessen Rücken in aller Heimlichkeit geschieht, sondern auch in der Weise der offenen, geschichtlich greifbaren, dem Bewußtsein zugänglichen Anrede und Aufforderung. Geschichtlichkeit und Alltäglichkeit der Existenz wären als solche von der undurchdringlichen Sinnlosigkeit des metaphysisch Überflüssigen in Frage gestellt, wenn nicht *in* ihnen das Wesentliche zu finden wäre.

Wenn es also einen verborgenen Text gibt, der die Welt verständlich macht, dann könnte uns dieser Text auf drei Weisen zugesprochen sein: Einmal so, daß wir verwiesen sind auf die Treue gegenüber dem uns Einleuchtenden, heiße es Marxismus, Archetypenpflege, Existentialismus oder Gewissen. Oder so, daß wir verwiesen sind auf geschichtliche Erscheinungen, die als Boten des Gottes autorisiert sind, sich als solche ausweisen und darum unsere Aufmerksamkeit mit Recht in Anspruch nehmen. Oder auf mystische Weise: Der Gott spricht unverkennbar in unseren Herzen. Ist das Christentum unwahrscheinlich, wenn es alle diese Möglichkeiten anerkennt und der Option für das Sinnlose vorzieht?

Von einem solchen *existentiellen Kalkül globaler Wahrscheinlichkeiten* her, das gerade darum eine sanfte Gewalt ausübt, weil es nicht in und durch die Sicherheit von Beweisgründen ärgerlichen Zwang nach sich zieht, der Auflehnung provoziert, wird auch eine Konfrontation mit der geschichtlichen Herausforderung durch die Person Jesu notwendig. Die Vorformung des Glaubens geschieht nicht nur im Festhalten der entscheidenden Fragen: Was hältst du vom Ganzen? Sie geschieht auch im Nichtausweichen vor der Frage nach der Person Jesu Christi. Auch diese Frage kann ungestellt bleiben. Wo sie aber als Frage unerbittlich aufrechterhalten wird – und die Geschichte selbst stellt sie, auch wenn wir sie wegschieben –, da erweisen sich alle Antworten als unzureichend, die den Anspruch dieses Mannes zu ignorieren suchen. Seine Existenz ist ein Stück der Realität, das zur Stellungnahme nötigt. Wer aber überhaupt mit der Möglichkeit rechnet oder gar rechnen muß, Anrede Gottes könne sich nicht nur vieldeutig verstreut und vermischt mit menschlichen Ahnungen und Irrungen in allen Weisheitstraditionen aller Welt finden, sondern für den aufmerksam Suchenden auch in ausgezeichneter und auffindbarer Weise, für den wird die Gestalt des Jesus von Nazareth schon darum einzigartig, weil er als einziger den Anspruch gestellt hat, nach vielen Boten des Gottes als ein Unvergleichlicher gekommen zu sein: *das* Licht der Welt, *der* Weg, *die* Wahrheit, *das* Leben.

Damit wird aber die Anfangsfrage dringlich, ob nicht Glaube die Anerkennung des Rechtes einer Person sei, das ihr vorzuenthalten Unrecht oder gar – wenn sie wirklich ist, was sie zu sein beansprucht – Frevel wäre.

Beim Umgang mit dieser Person kommt nun zu allen Wahrscheinlichkeiten eine zwingende Erfahrung des eigenen Wesens. Der Glaubende erfährt, wie sehr und wie tief sein Herz den Gegenstand seiner Anbetung, seiner Hoffnung, seiner Liebe entbehrt, gesucht und gefunden hat; wie selbstentfremdet er bisher war und wie ganz anders er bei sich selbst zu sein vermag. Er fällt oder er rückt in seine eigene Mitte. Ob diese Erfahrung stetig wird und sein Leben trägt, hängt nun allerdings nicht allein vom Fragen, Denken und Wahrscheinlichhalten ab, sondern von jenem Grund des Glaubens, auf den das Johannesevangelium hinweist: »Wer den Willen dessen tun will, der mich gesandt hat, der wird erkennen, ob meine Lehre von Gott ist« (7,17). Es muß kaum mehr gesagt werden, daß vor dieser Bedingung alle bisher genannten degradiert werden. Vielleicht ist es dennoch nützlich, sie zu bedenken.

Der hier beschriebene Glaube ist zunächst das Vertrauen auf die zuverlässige Wahrhaftigkeit einer Person, der sich zum Beispiel auch in guten Ehen, unter Freunden oder in anderen erprobten mitmenschlichen Beziehungen findet. Außer acht gelassen ist hier zunächst der »dogmatische«

Glaube, der nicht nur der Person Jesus Christus gilt, sondern einer Kirche als der von ihrem Stifter autorisierten Botschafterin seiner Mitteilung und ihres in Glaubenssätzen entfalteten Inhalts. Auch bei der Anerkennung kirchlicher Autorität spielen globale Wahrscheinlichkeiten eine Rolle. Katholiken berufen sich darauf, daß die Annahme unwahrscheinlich sei, Jesus habe seine Botschaft ungeschützt und der subjektiven Auslegung durch den einzelnen anheimgestellt in die Geschichte geworfen, ohne irgendeine Vorsorge gegen wesentliche Entstellungen im Überlieferungsprozeß zu treffen. Der biblische Befund enthalte auch die Gründung und Autorisierung einer strukturierten Gemeinschaft, der Recht, Pflicht und Fähigkeit zur authentischen Deutung seines Wortes und seiner Taten mitgegeben sei. Sie berufen sich darauf, daß die Kirche durch ihre Geschichte ständig von jenen Zeichen des Ungewöhnlichen begleitet sei, über die Jesus selbst verfügte und die er seinen Jüngern verheißen hat. Sie stützen sich auf den Eindruck, jene ungewöhnliche und heroische, den Menschen schlechthin umwandelnde Radikalität des Lebens im Geiste des Evangeliums, wie sie sich bei den Heiligen findet, sei in einer auszeichnenden und ausweisenden Fülle in dieser Kirche antreffbar. Sie gründen ihre Anerkennung der Kirche auf die Überzeugung, auch in seiner Beziehung zu Gott sei der Mensch nicht nur als in seiner Einsamkeit angesprochen, sondern als soziales und gesellschaftliches Wesen, als neues Volk Gottes; auch hier stützen sie sich nicht nur auf eine anthropologische Annahme, sondern auf ein biblisches Grundmotiv. Ferner gibt es viele Menschen, die ein unmittelbares Bedürfnis empfinden, als Glaubende in einer Gemeinschaft des Gebetes, des Kultes, der weitesten Kommunikation zu leben.

Für Menschen, die von dieser Kirche belehrt und geführt den Kontakt mit Jesus Christus gefunden haben, kommt noch das Moment der Dankbarkeit dazu, von der Kirche das

Zentrum des eigenen Lebens und eine Fülle von Hilfen zu ihm hin empfangen zu haben. Im Medium dieser Dankbarkeit werden Gründe, mit denen die Kirche sich als Vermittlerin des Jesus Christus legitimiert, sorgfältiger erwogen. Auch dieser Vorgang kann zu einem verpflichtenden Netz konvergierender Wahrscheinlichkeiten führen.

Solche Menschen sagen von sich, daß im Wachsen der inneren Verbindung, des Verständnisses und der Einigung mit der Person Jesu die Kirche sich ihnen immer zwingender als das Medium seiner Gegenwart und Mitteilung zeige.

Die Frage nach den existentiellen Wahrscheinlichkeiten bleibt sinnvoll, auch wenn man anerkennt, daß der Glaube über allen Probabilismus hinaus erst als fester und sicherer Glaube zu sich selbst kommt. Denn hier wie in allen Entwicklungen des Menschen wird die Endgestalt über Vorgestalten erreicht. Oft verhindert gerade das vorzeitige Bestehen auf der Endgestalt die Entwicklung jener Vorformen, die dem Menschen als einem werdenden Wesen gemäß und notwendig sind. Vielen Menschen würde das Glauben »natürlicher« zugänglich werden und bleiben, wenn man sie nicht allzuschnell und energisch auf Glaubenssicherheit schlechthin und auf dogmatische Sicherheit im einzelnen vergattern würde. Dies alles hat eines Tages seinen guten Sinn und seine Notwendigkeit. Es ist aber sicher falsch, Akte erzwingen zu wollen, die auf bestimmten geistigen Entwicklungsstufen noch nicht möglich sind.

Die vorgelegten Erwägungen stützen sich insgesamt auf Gedanken, die in Analysen zutage treten und die Berichtenden in ihren Entscheidungen bestimmen. Keiner dieser Gedanken wurde in seiner objektiven Stichhaltigkeit diskutiert, weil eine solche Diskussion auch in dem Prozeß der persönlichen Überzeugungsbildung nur selten möglich ist und noch seltener beobachtet werden kann. Gegen viele der aufgeführten Wahrscheinlichkeiten und Unwahrscheinlichkeiten läßt sich darum manches Kluge und Unkluge einwenden. Das wissen auch viele, die sich auf solche globalen Wahrscheinlichkeiten stützen. Wesentlich ist dabei aber, daß von manchen dieser Wahrscheinlichkeiten und noch viel mehr von ihrer Gesamtheit eine eigentümliche verpflichtende Verbindlichkeit ausgeht, die größer ist als der Grad von Stringenz, die ein Logiker in der ihm allein zugänglichen und doch immer unzureichend verbalisierten Argumentation anerkennen könnte. Der junge Wittgenstein hat einmal Bertrand Russell gegenüber leidenschaftlich bestritten, daß die Nichtanwesenheit eines Nilpferdes im Hörsaal wissenschaftlich bewiesen werden könne. Aber ohne Zweifel hätte er diese Nichtanwesenheit vor jedem Richter guten Gewissens beschworen, wenn von seinem Schwur Leben oder Freiheit eines Angeklagten abhängig gewesen wäre. So haben wir alle die Möglichkeit, uns von Einsichten in spielerisch akademische Skepsis zu distanzieren, die wir, wenn es um Kopf und Kragen oder noch mehr ginge, ohne ernsthaften Zweifel gelten ließen. Diesen Wechsel des »Bezugssystems« kennt freilich nur, wer überhaupt je versucht hat, Lebensprobleme verantwortlich zu bedenken.

Die vorausgehenden Überlegungen provozieren gewiß den Einwand, der Glaube werde hier in einem Wahrscheinlichkeitskalkül aufgelöst. Das ist nicht die Absicht. Wohl aber meine ich, daß hier zwei verschiedene Dinge ineinander verwoben sind, von denen das, was Wahrscheinlichkeitskalkül genannt wurde, der psychologischen Analyse leichter zugänglich ist. Vielleicht kann man es als eine Substruktur des Glaubens ansehen.

Das Fragen nach dem Ganzen und die eigene »Funktion« in ihm steht in unserer geistesgeschichtlichen Stunde auch unter dem Vorzeichen einer positiven Verzweiflung, die nicht nur in Resignation münden, sondern sie auch überwinden kann. Viele sehen heute, daß weder Wissenschaft noch Philosophie existentielle Orientierung ermöglicht. Wenn sie trotzdem geschieht und verantwortet werden muß, drängt sich die vielleicht schon verworfene Frage erneut auf, ob wir uns nicht im Vertrauen auf unsere eigene Rationalität mit der Forderung der Selbstaufklärung unnötig, hochmütig und verzweifelt überfordern. Denn wie immer es mit der Erkenntnis der Existenz Gottes stehen mag, ganz sicher ist doch, daß wir von uns aus in die Gedanken des Gottes noch weniger eindringen können als in das Innere unserer Mitmenschen. Wenn aber prinzipiell die Gedanken anderer Personen aus dem verborgenen Innen des anderen frei mitgeteilt werden müssen, um erkannt werden zu können, dann ist die Frage vernünftig, ob eine solche Mitteilung nicht längst ergangen sei. Diese Möglichkeit versetzt in einen Suchhorizont, in dem neue Wahrscheinlichkeiten sich so konstellieren können, wie den drei Magiern des Orients sich das Sternbild konstelliert hat, das ihnen die für ihre Vorstellungen verbindliche Orientierungshilfe bot. Sie haben sich an ihr Licht gehalten. Soviel wir wissen, sind sie gut damit gefahren.

Sinn und Unsinn der Krankheit: Hiob und Freud

Ein Bild des alten Sigmund Freud, der so viel über den Sinn der Krankheit nachgedacht hat, könnte uns wahrlich an Hiob erinnern. Zwar hat Freud nie auf dem Abfallhaufen gesessen, um seinen Aussatz mit Scherben zu kratzen. Auch fand Frau Professor Freud es nicht richtig, wie Frau Hiob ihrem Mann zu sagen: »Das hast du nun von deiner Rechtschaffenheit, fluche Gott und stirb!« Doch hinter der gefaßten Geduld dieser alten Augen verbirgt sich ungewöhnliche Leiderfahrung. Freud hat fast zwanzig Jahre lang ein Maß von körperlicher Qual erduldet, das nur wenigen Menschen zuteil wird. Gaumen und Oberkiefer wurden langsam von einer bösartigen Geschwulst zerstört, 23 Operationen mußten vorgenommen werden. Eine wegen der ständigen Narbenveränderung immer schmerzende Prothese, die den Mundrachenraum nach oben abschließen sollte, wurde zum Instrument täglicher Marter, das zudem das Sprechen aufs ärgste behinderte. Einer der großen Leidenden. So wie Freud dem Leben jeden objektiven Sinn absprach, so auch seiner Krankheit. Der einzige Kommentar, den sie ihm von Zeit zu Zeit abnötigte, war die Bemerkung: »Höchst überflüssig.« Doch mag die Erfahrung dieses im eigenen Leibe sich unaufhaltsam ausbreitenden Todes seine Lehre vom Todestrieb als einem inneren Moment des Lebens befestigt haben. Den Kommentar »höchst überflüssig« hätte Freud für psychische Krankheiten von der Art der Neurosen nicht gelten lassen. Bei ihnen gibt es nach seiner Lehre einen »Sinn«, sie sind nicht einfach überflüssig.

Freud hat die Frage nach dem Sinn und der Sinnlosigkeit psychischer Krankheit in den vier wichtigsten Zusammenhängen gestellt und beantwortet: als naturphilosophische, als biologische, als psychologische und als metaphysisch-existentielle Frage. Frage und Antwort sind in seinem Werk so exemplarisch für unsere Zeit formuliert, daß wir gut tun, von ihm auszugehen. Ich beschränke mich vor allem auf die beiden letzten Fragen.

Das Wort Sinn hat bei Freud drei Bedeutungen: Symptome sind sinnvoll, wenn sie aus seelischen Ereignissen der Vergangenheit in einer verständlichen Weise hervorgehen. Sinnvoll heißt hier dasselbe wie »psychogen«.

Symptome sind sinnvoll, wenn sie eine dechiffrierbare Bedeutung haben.

Symptome sind sinnvoll, wenn sie Produkte einer bewußten oder unbewußten Absicht sind, das heißt, wenn sie entstehen oder festgehalten werden um eines Wertes willen. Krankheit ist in diesem Sinne sinnvoll, soweit sie im einzelnen Leben oder im Gesamtentwurf der Welt zu etwas gut ist. Von diesem finalen Sinn soll im folgenden vor allem die Rede sein.

Was also ist der finale psychologische Sinn und Zweck der Krankheit? In der psychoanalytischen Theorie steht das Seelische in zwei Sinnzusammenhängen. Einmal dient Seelisches, Bewußtes und Unbewußtes, also Erkenntnis, Triebe und Gefühle, der Erhaltung von Individuum und Art. Der »psychische Apparat« ist ein Regelmechanismus zur Steuerung des Stoffwechselgleichgewichtes. Ein zweiter Sinn des Seelischen wird sichtbar in Freuds These: »Die Hauptabsicht des seelischen Apparates geht auf Lustgewinn.« In diesem Satz sind einfache menschliche Erfahrungen zusammengefaßt. Der Mensch will nicht nur leben, sondern auch etwas vom Leben haben: Freude, Spaß, Spannung, Vergnügen, Sympathie und Anerkennung, Liebe, Glück und Erfüllung, kurz, alles was das Herz begehrt. In den Augenblicken und um der Augenblicke willen, zu denen er sagen kann: Verweilet doch, empfindet der Mensch sein Dasein als sinnvoll, als lebenswert. Der Glückliche fragt nicht nach dem Sinn des Glücklichseins. Die Hauptabsicht des seelischen Apparates ist der Lustgewinn, genauer gesagt das Glück. Krankheit ist also sinnvoll, soweit sie in diese beiden Zusammenhänge in irgendeiner positiven Weise hineinpaßt, soweit sie die Lebensfähigkeit und die Lust-Unlust-Bilanz der Person verbessert oder zumindest als das geringere Übel ein größeres erspart. Krankheit wäre sinnvoll, wenn sie sich als List der Psyche zur Erhaltung des Lebens und eines Befriedigungsoptimums auch unter ungünstigen Bedingungen erwiese. In der Tat ist das eine Pointe von Freuds Theorie der seelischen Krankheiten, der Neurosen und psychogenen Psychosen. Die neurotischen Symptome sind Ergebnisse unbewußter Absichten. Im Dienste von Absichten aber sind sie Mittel, Instrumente zur Verbesserung der eigenen Gesamtsituation, Instrumente zur Glücksvermehrung und Unheilsverminderung. So liegt der Sinn einer hysterischen Gedächtnisstörung in der Tendenz, sich demütigende, schmerzliche, beschämende Erinnerungen zu ersparen, unerträgliche Vorstellungen vom Bewußtsein abzuhalten und so als Mensch ohne Vergangenheit weniger unglücklich zu leben. Der Sinn der hysterischen Lähmung heißt: Besser nicht gehen können, als beständig der quälenden Versuchung zu verbotenen Wegen ausgesetzt sein. Der neurotische Schmerz sagt: Besser in Schmerzen die Würde des Büßers und Märtyrers gewinnen, als die schmerzbefreite Aufmerksamkeit der Gefahr verbotener, ja perverser Phantasien überliefern. Selbst die neurotische Depression, dieser

Abgrund des Unglücks, fügt sich solcher Deutung. Sie sagt: Besser die unheimliche Kraft der Aggression gegen sich selbst wenden, als an anderen zum virtuellen Mörder, Quäler und Sadisten werden. Besser sich selbst strafen und dadurch gerechtfertigt sein, als die Rache des Himmels abwarten. Der aggressive Impuls wird im Symptom in einem Atem in rätselhafter Weise sowohl befriedigt und »an den Mann gebracht« als auch abgewehrt, abgelenkt und gesühnt.

In solchen vereinfachenden Kurzformeln wird noch ein weiterer Vorteil sichtbar, den die Krankheit bietet. Sie erlaubt, wirklich oder vermeintlich unerlaubte Tendenzen so gut getarnt zu befriedigen, daß Selbstachtung möglich bleibt und das Gewissen beruhigt ist. Man steht fest im Guten, ohne die Befriedigungen des Bösen ganz entbehren zu müssen.

Freud hat entdeckt, daß der neurotisch Kranke dem Arzt, der Therapie und seiner Heilung einen unbewußten inneren Widerstand entgegensetzt, als wolle er um jeden Preis an seiner Krankheit festhalten. Der Kranke scheint also von seiner Krankheit etwas zu haben. Freud sprach vom inneren und äußeren Krankheitsgewinn, von der Flucht in die Krankheit und von der Ersatzbefriedigung durch die Neurose. Der äußere Krankheitsgewinn ist oft deutlich genug: In der Rentenneurose hält der Kranke an Symptomen fest, deren Fortbestand ihm ein arbeitsloses Einkommen sichert. Die Kriegsneurose schützt den Soldaten vor dem Fronteinsatz und rettet ihm vielleicht das Leben. Die Schulphobie erhält dem Kinde das Spielparadies, schützt vor strengen Lehrern und schlimmen Kameraden.

Wichtiger ist für Freud der innere Krankheitsgewinn. Freud sieht in neurotischen Symptomen die Auswirkung und den chiffrierten Ausdruck, die Symbolisierung von Wunschphantasien und deren Erfüllung. Der Sinn des Symptoms ist es, unter ungünstigen Lebensbedingungen noch ein mögliches Existenzoptimum an Lust und Glück herauszuschlagen. Neurotisches Elend ist oder erscheint dem Kranken immer noch lustvoller und befriedigender als das normale Unglück, die normale Versagung, die er ohne Neurose ertragen müßte. Freud räumt sogar ein, daß er in manchen Fällen die Neurose als die optimale Lösung der Lebensprobleme unter ungünstigen Bedingungen anerkennen mußte. Im einfachen Schulbeispiel der Hysterie liegen die Dinge häufig so, daß die schlichte Erfüllung erotisch sexueller Wünsche unmöglich ist, weil mit Reaktionen der Angst, des Ekels, der Scham und des schlechten Gewissens belastet. Auf der anderen Seite ist auch der nur zeitweise Verzicht auf sexuell-erotische Erfahrung ebenso unmöglich, weil für die hysterische Persönlichkeit Verzicht überhaupt und erotischer Verzicht im besonderen eine vernichtende Qual bedeutet. Wo in solcher Weise Erfüllung ebenso panisch gefürchtet wird wie Nicht-Erfüllung, da ist die neurotische Krankheit eine höchst sinnvolle Zwischenlösung, die das Leben vor Verzweiflung und Angstüberschwemmung schützt, weil sie ermöglicht, an Sexualität oder Aggression teilzuhaben, ohne von deren Abgründigkeit verschlungen zu werden, ohne aber auch auf ihren Reiz verzichten zu müssen.

Die Psychosomatische Medizin hat nun die Frage, ob Symptome sinnvolle Formen der Glücks- und Lustsuche und der Leidvermeidung unter ungünstigen Lebensbedingungen sein könnten, von der Neurose auf die Krankheit überhaupt übertragen. Krankheiten werden dann gedeutet als List der psychischen Natur, in der unbewußte Ziele verwirklicht, ungelebtes Leben verleiblicht, unerkannte Konflikte ausgetragen werden. Man »hat« seine Krankheit nicht, sondern man »macht« sie, und dies aus mehr oder weniger guten Gründen und zu wohl umschreibbaren Zwekken. Der Kranke selbst ist nicht nur der Leider, sondern auch der Täter, der geheime Hersteller seiner Krankheit.

Ein weiterer Ursprung der Psychosomatischen Medizin liegt in der Beobachtung, daß leibliche Krankheit auffällig oft wie gerufen kommt. Eine Patientin von Paul Vogel und Viktor von Weizsäcker, die, von ihrem Freund und den eigenen erotischen Wünschen heftig bedrängt, in der Bedrängnis eine hochfieberhafte *Angina tonsillaris* ausbrütete, rief bei der Untersuchung tief erleichtert aus: »Besser eine Angina als ein Kind.« Durch diese Bemerkung auf die Spur gebracht, meinten Vogel und Weizsäcker bei auffallend vielen Fällen von Angina eine Situation der erotischen Ablösung beobachten zu können. Andere stellten mit statistischen Untersuchungen fest, daß tuberkulöse Frühinfiltrate besonders häufig bei unentschlossenen Verlobten kurz vor der endlich festgesetzten Hochzeit und bei Ordensleuten vor den Gelübden aufträten. (Für die Korrektheit des statistischen Verfahrens mag ich mich nicht verbürgen.) Viele psychosomatische Krankheiten mögen kleine Verweigerungen vor einzelnen Forderungen des Lebens sein, und manche mögen das ausdrücken, was Herbert Marcuse die »große Verweigerung« nennt, nämlich einen Protest gegen die Welt, gegen die Anforderungen und Zumutungen der Gesellschaft, der Familie, des Berufes. Die Kranken treten in einen psychosomatischen Generalstreik gegen das Leben, seine Bedingungen, seine Determinanten und sein Unrecht.

Freud selbst stand der Psychosomatischen Medizin recht reserviert gegenüber. Gewiß hätte er sich geweigert, seinen eigenen Gaumenkrebs als Ergebnis unbewußter Tendenzen zu deuten. In der Stellungnahme »höchst überflüssig« kennzeichnet er seine eigene Krankheit als ein exquisit sinnloses Gebilde. Seine Haltung geduldigen Ertragens zeigt uns aber einen wichtigen Zusammenhang: Viele Kranke bewältigen äußerstes und Jahrzehnte währendes Krankheitsleid, ohne ihm irgendeinen Sinn abgewinnen zu können, doch. Sie leiden unter Protest gegen das sinnlose Leid, ohne zu verzweifeln. Vielleicht ist im Bewußtsein einer unbezwungenen trotzigen Kraft, Würde und Haltung eine eigentümliche, bittere Genugtuung und Selbstbestätigung zu finden. Auch der Stolz des Stoikers ist ein Glücksinstrument.

Anders steht es mit jener anderen Form des Stoischen, die nicht stolze Selbstbehauptung vor der Bodenlosigkeit des Sinnlosen, sondern eine philosophische Frömmigkeit ist. Für den Stoiker von der Art des Marc Aurel oder des englischen Dichters Charles Morgan genügt es, Natur, Welt und Geschichte im Ganzen als göttliche Ordnung zu sehen, in der es keine Bereiche der Sinnlosigkeit geben kann. Dann ist seine Antwort jene Zustimmung zur gesamten Wirklichkeit, die Charles Morgan »acceptance« und Marc Aurel »amor fati« nennt. Fatum aber ist für den Römer nicht blinder Zufall. Das Wort *fatum* kommt von *fari*, es heißt: das Gesprochene, der mir geltende Spruch und Anspruch, das mir gesagte Wort, dessen Sinnhaftigkeit ich auch dann bejahen und lieben kann, wenn sie von mir nicht durchschaut wird. Der alte Stoiker sah im Leid und in der Krankheit notwendige Mächte, die allein den Menschen zu dem zu bringen vermögen, was seine Bestimmung ist: ein Wesen gottähnlicher Freiheit, Unabhängigkeit, Weltüberlegenheit und Würde. Auch heute gibt es viele kranke Menschen, die zwar nicht erpicht sind auf gottähnliche Freiheit und Unabhängigkeit, wohl aber fromme Jünger des Marc Aurel, ohne es zu wissen, in einem »amor fati«, der die Wirklichkeit im ganzen als ein letztlich sinnvolles Gefüge annimmt, wie sie kommt. Oft formulieren einfache Leute ein solches Sinnverständnis der Krankheit in dem ebenso einfältigen wie weisen Satz: Es wird schon zu etwas gut sein. Ein eindrucksvolles Zeugnis solcher Haltung auf einem sublimen Niveau findet sich bei Rilke, der in einem Brief an die Gräfin Sizzo schreibt: »Wer nicht der Fürchterlichkeit des Lebens irgendwann, mit einem endgültigen Entschlusse, zustimmt, ja ihr zujubelt, der nimmt die unsäglichen Vollmächte unseres Daseins nie in Besitz, der geht am Rande hin, der wird, wenn einmal die Entscheidung fällt, weder ein Lebendiger noch ein Toter gewesen sein.«

Wie aber kann der Mensch der Fürchterlichkeit des Lebens zustimmen, wenn er nicht irgendwie den Sinn, das Recht oder die Notwendigkeit des Fürchterlichen ahnt?

Die negative Einstellung, der Krankheit als höchst überflüssig erscheint, ist die ursprünglichste und nächstliegende. Krankheit paßt nicht in das natürliche Lebensprogramm des Menschen. Die Medizin betrachtet sie als einen Feind, den es energisch zu bekämpfen und möglichst ganz und gar abzuschaffen gilt. Sie tut das mit Recht. Kein Mensch wird darüber trauern, daß wir Pest und Cholera einschränken können. Auch haben viele Krankheiten einen widerwärtigen Sinn, nämlich nicht für den Kranken, sondern für den Krankheitsproduzenten. Der Tollwuterreger mag es höchst sinnvoll finden, daß tollwütige Tiere und Menschen im Gegensatz zu ihrem Normalverhalten jedes andere Lebewesen mit Zähnen und Klauen angreifen. Es zeigt, daß der Tollwutbazillus im Kampf ums Dasein gelernt hat, das Gefühlsleben und Verhalten der ihm verfallenen Organismen in seinen Dienst umzufunktionieren und so für die Erweiterung seines Lebensraumes zu sorgen. Die Krankheit von Mensch und Tier ist zu einem Teil die Lebensbedingung des Tollwuterregers wie aller Infektionserreger und für ihre Zwecke ebenso sinnvoll wie der Tod des Lammes für den Wolf, der es frißt, und die Schlachthöfe für unser Mittagessen. Auch Freuds Krankheit war schließlich nur der Ausdruck eines rücksichtslosen Lebensdranges von Karzinomzellen, die ihren Gastgeber ebenso überflüssig fanden wie er sie. Krankheit ist also zunächst genauso sinnvoll oder unsinnig wie eine ganze Natur, in der es einen Kampf ums Dasein, ein rücksichtsloses Sich-Durchsetzen der Dinge und Kräfte gibt, das alle Formen der Störung und Zerstörung der jeweils entgegenstehenden mit sich bringt. Krankheit ist notwendige Folge einer fürchterlichen Natur, in der es nicht nur ein paradiesisches und biologisches Prinzip der Ordnung, der Harmonie und der gegenseitigen Hilfe, sondern auch ein Prinzip der Unordnung, des Unfriedens, des Hasses und der Zerstörung gibt; nicht nur einen Lebens-, sondern auch einen Todestrieb.

Man kann in Krankheit einen Ausdruck der brodelnden Absurdität des Daseins erblicken. Man kann in ihr mit Carl Gustav Jung das Antlitz einer in sich selbst zerrissenen Gottheit sehen, die, weil sie alle Seinsqualitäten umschließt, zugleich unendlich gut wie unendlich böse sein muß. Wer an dieses furchtbare Gottesmonstrum glauben kann, der mag es so verehren, wie die Babylonier ihren schauerlichen Baal verehrt haben. Dann gibt es Krankheit, weil die Gottheit leider, aber unvermeidlich nun einmal einen miserablen oder zumindest durchwachsenen Charakter hat, da sie gut und böse zugleich ist.

Die erste Reaktion des Kranken – »höchst überflüssig« – ist und bleibt oft die einzige. Wer nie einen Grund sah, nach dem Sinn seines Daseins zu fragen, kann zwar von der Krankheit auf diese Frage gestoßen werden, aber auch dann muß er sie nicht an sich heranlassen. Krankheit drängt dazu, sie zwingt nicht. Man kann sich immer damit begnügen, Krankheit als Lebenspanne zu verstehen, die so rasch wie möglich repariert werden sollte. Die Betroffenheit im Kern kann verdrängt werden. Wir sind imstande, nicht nur nach einer Grippe, sondern auch nach schwerer und leidvoller Krankheit als dieselben metaphysischen Playboys aufzustehen, als die wir uns hingelegt haben. Wir werden durch Krankheit dringlich eingeladen, Selbstentfremdung und

Daseinsverfehlung zu überwinden, aber wir werden keiner Gehirnwäsche unterzogen. Allerdings gibt es ein Sinnverständnis und eine Umstimmung in ihm, die der Kranke weder sich selbst noch dem Arzt oder Priester oder den Meinungsforschern gegenüber in Worte bringen kann. Ludwig Wittgenstein macht es uns wohl gleichzeitig zu leicht und zu schwer, wenn er uns rät, den Sinn des Lebens zu erfahren, ohne nach ihm zu fragen oder über ihn nachzudenken. Jedoch mag er darin recht haben, daß ausdrücklich reflektierendes »Nachdenken« weder jedermanns Sache noch, im üblichen Sinn verstanden, jedermanns Aufgabe ist. Auch für rationales, aber nicht nur für solches Nachdenken ist Krankheit ein Argument.

An dieser Stelle wird es Zeit, vom christlichen Sinnverständnis der Krankheit zu reden. Da es nicht für die Theologen erfunden wurde, sondern zunächst den Kranken, dann den Arzt, schließlich uns alle angeht und darum eine schlichte, einfältige Sache sein muß, kann es hier auch von einem Arzt besprochen werden. Überdies: Wo Psychotherapie nicht mehr der Versuch ist, den Zutritt des Menschen zu ihm verschlossenen, aber grundsätzlich zugänglichen Sinnbereichen zu finden, degeneriert sie zur Gesundheitsdressur. Darum bleibt der Psychotherapeut bei seinem Leisten, wenn er sich nach Sinngefügen umsieht, die ihm die Einzelwissenschaft nicht anbieten kann. Nun zur Sache: Zunächst erstaunt uns, daß in einer Religion, die sich so sehr als Analogon der Medizin versteht wie das Christentum, so relativ wenig vom Sinn der Krankheit die Rede ist. Die Bibel nennt Jahve den Arzt seines Volkes, Jesus Christus versteht sich selbst als Arzt, und er heilt Kranke. Die Väter sprechen von der »gratia sanans« und der »gratia medicinalis«. Das Brot des Abendmahles nennen sie das »pharmakon athanasias«, Arznei zur Unsterblichkeit. Augustin nennt das menschliche Leben »haec longa aegritudo«, diese lange Krankheit.

Was aber der Sinn von Krankheit, Leid und Schmerz sei, davon redet Jesus Christus selbst kaum. Die gängige Theologie seiner Zeit, die Krankheit als Strafe für persönliche Schuld deutete, weist er ab. Ebenso hatte Jahve schon im Buch Hiob dessen Freunde Flachköpfe gescholten, die als theologische Dilettanten gängiges Gerede mit heiliger Überlieferung schwatzhaft vermischt und verwechselt hatten.

Das, was man die überlieferte Theorie des Sinnes der Krankheit nennen könnte, zu dem die neuere Theologie wohl noch nichts entscheidend Neues zu ergänzen hat, läßt sich etwa so zusammenfassen:

Weltgeschichte ist nicht nur Geschichte der Natur. Sie ist als Geschichte von Personen Freiheitsgeschichte. In dieser Freiheitsgeschichte hat es nach der überlieferten, heute umstrittenen Auslegung biblischer Texte zwei Katastrophen gegeben, in denen die ursprüngliche Friedensordnung des Kosmos gesprengt und zerrissen wurde, eine vorweltliche, jedenfalls vormenschliche: den »Fall der Engel«; eine zweite, urgeschichtliche: den »Fall des Menschen«. Beide Katastrophen haben nach dem Zeugnis der Schrift nicht nur die sich gegen den Schöpfer entscheidenden Personen verwandelt – Engel in Dämonen, den integren Menschen des Urzustandes in den gefallenen Menschen –, sondern auch seine Natur und die Natur im ganzen. Ob es nun Krankheit, Schmerz und andere Übel schon infolge der ersten oder erst aufgrund der zweiten Katastrophe – oder im Hinblick auf sie – gibt, wissen wir nicht. Jedenfalls steht fest, daß Krankheit und Tod in der Tierwelt schon vor dem Auftreten des Menschen zur Natur gehörten. Skelettfunde aus Zeiten lange vor der Existenz des Menschen zeigen klare Krankheitszeichen. Doch sind Tod, Krankheit und Schmerz beim Tier, wenn wir auf Anthropomorphismen verzichten, für uns so undurchschaubare Erscheinungen, daß wir uns fragen müssen, ob sie als »Übel« im eigentlichen Sinn bezeichnet werden dürfen. Daß das Tier Schmerz empfindet, können wir mit Analogieschlüssen der Ausdrucksbeobachtung entnehmen. Daß es »fühlt wie du den Schmerz«, wissen wir keineswegs. Tierisches Bewußtsein ist anders; und auch in der menschlichen Erfahrung findet sich leidfreier Schmerz. In Tod, Krankheit und Leid des Menschen sieht die Offenbarung Folge und Strafe von Schuld. Nicht als sei die Krankheit des einzelnen einfach die präzise Quittung seiner persönlichen Sünden. Vielmehr sind Tod, Krankheit und Schmerz, »durch die Sünde in die Welt gekommen«, nicht als Symptom göttlicher Rachsucht, sondern als Zeichen jener unendlichen Festigkeit, in der ein Heiliger Gott, der seiner nicht spotten läßt, die Bosheit und den Ungehorsam verwirft. Die frohe Botschaft ist nicht so froh, wie wir sie uns wünschten. Wunschphantasien gerade des gläubigen Kranken spielen mit dem Gedanken, ob nicht eine großzügigere, perfektere Erlösung möglich gewesen wäre, die sofort nach der Schuld den Menschen gnadenhaft rückverwandelt, ihm verziehen und verdiente Strafen gänzlich erlassen hätte, so daß uns das ganze Elend der irdischen Geschichte in Blut und Tränen erspart worden wäre. Ein Gott, der auf blutiger Sühne nach wie vor Golgotha besteht, scheint uns kleinlich und geizig. Er packt uns, würgt uns und spricht schließlich doch: Bezahle, was du schuldig bist. Wenn wir schon nicht die ganze Suppe auslöffeln müssen, die wir uns eingebrockt haben, dann doch eine oft genug gewaltige und allzu bittere Portion. Viele Leidende denken frank und frei, was noch mehr fühlen: Wenn ich der liebe Gott wäre, hätte ich die Menschen nicht so entsetzlich geschunden und »fertiggemacht«, wie es auch nach der vollkommenen Sühne Jesu Christi täglich geschieht. Zudem empfinden wir meist die auferlegte Buße als so außer jedem

Verhältnis zu dem Maß unserer Schuld, daß wir uns keineswegs als Begnadigte, sondern im Gegenteil als allzu streng Verurteilte vorkommen. In diesem Zusammenhang enthält das Leid der Welt die Information, daß der Herr der Welt darüber anders denkt als wir, also eine Information über uns selbst und unser falsches Bewußtsein. Sie ist nicht erfreulich.

Dieser Sinn der Krankheit, ihre Notwendigkeit und Richtigkeit als Sühne, geht in der Regel über unseren Horizont. Er ist der Einsicht nicht mehr zugänglich. Die Anerkennung dieses Sachverhaltes ist nur möglich, wenn wir dem einzigen Kenner des Menschen sein Wissen glaubend abnehmen oder wenn wir von seinem Geist eine Erleuchtung erfahren, die uns bis in unser Gefühl hinein an seiner Einsicht teilhaben läßt. Gerade das letzte pflegt aber nur in der Leidenserfahrung aus der intellektuellen Sphäre in die reelle Herzensanerkennung einzudringen. Für den Christen ist die Natur weder reine, sinnlose Faktizität noch eine Materialisation eines in Natur wabernden Göttlichen, sondern: Schöpfung. Der Begriff ist hier natürlich nicht polemisch gemeint, etwa in Absetzung von Evolution, sondern will nur sagen, daß alles endliche Seiende den letzten Grund seiner Entwicklung in einer Setzung durch das unendliche Sein hat. So ist uns die gesammelte Anstrengung eines Mutes abverlangt, gegen allen Augenschein den Unfrieden, das Leid und alle Übel der Welterfahrung, einschließlich so lächerlicher Übel wie Wanzen, Heuschnupfen und Warten an verspäteten Straßenbahnen, als letztlich sinnvolle Anordnungen und Zulassungen der reinen Güte und der vollkommenen Macht zu verstehen, wenn anders wir nicht an jenem mit Recht so verstorbenen »lieben Gott« festhalten wollen, der ratlos die Hände über der Bescherung zusammenschlägt, die er angerichtet hat, und ohnmächtig die Überschwemmung seines Werkes durch Flutwellen des Sinnwidrigen erdulden muß.

Der Mut des Vertrauens, um das uns Gott in dieser Sache bittet, scheint ihm so wichtig zu sein für das Gelingen unseres Menschseins, daß er ihn uns intellektuell nicht eben sehr erleichtert. Die Offenbarung belehrt uns über vieles, aber sie gibt uns auf die Frage nach dem Sinn des Bösen, des Übels und der Krankheit keine Aufklärung, die unser Wissenwollen voll befriedigt. Sie sagt uns nur, daß dieses alles kein Unsinn sein kann, aber sie enthüllt uns den Sinn nicht; womit diesem Aufsatz eine im Grunde unlösbare Aufgabe gestellt ist. In dem Prozeß, den Hiob gegen Jahve führen darf, sagt Hiob dem Jahve alle Gottesschande ins Gesicht. Jahve ist sich nicht zu gut für eine Verteidigungsrede, aber sein Argument ist nicht die Aufklärung über das Übel, sondern die Aufklärung über sich selbst. Meine Weisheit und Kraft sind deinem Geist und deiner Vernunft so deutlich erwiesen, daß ich von dir vernünftigerweise einen Vorschuß an Vertrauen auch da erwarten kann, wo dir Einzelheiten des Sinnes meiner Verfügungen noch verhüllt bleiben. Du sollst mir nicht nur im Lichte meiner Anwesenheit, sondern auch im Dunkel meiner Verborgenheit, die keine Abwesenheit ist, folgen.

Es ist nützlich, die christliche Lehre vom Sinn der Krankheit auch im Vergleich mit der Lehre Freuds zu betrachten, weil die Psychoanalyse selbst eine recht zutreffende Erläuterung einiger Grundbegriffe des Neuen Testaments darstellt: Sie entfaltet empirisch einmal den Johanneischen Satz: »Alles, was in der Welt ist, ist Augenlust, Fleischeslust und Hoffart des Lebens.« Weiter ist die Psychoanalyse ein einziger großer Kommentar zu einer der wesentlichen Bedeutungen des biblischen Begriffes »sarx«, Fleisch. Wenn Freud sagt: Die Hauptabsicht des seelischen Apparates geht auf Lustgewinn, dann würden ihm die biblischen Schriftsteller nur in dem Maß widersprechen, in dem Freud selbst diese seine Aussage ergänzt und korrigiert. Dieses Naturgesetz

Freuds ist *grosso modo* dem »Gesetz des Fleisches« recht ähnlich, das Paulus formuliert. Es beschreibt, wie der Mensch faktisch von sich aus und auf sich hin um das Zentrum seiner selbst existiert. Dieses Gesetz ist gleichsam das Newtonsche Fallgesetz der Physik des menschlichen Herzens. Nun ist ja ein oder das Grundwort des Evangeliums das Wort Metanoia, Umkehr, Umsinnen, Bekehrung. Die Bekehrung, die das Evangelium verlangt und ermöglicht, besteht darin, daß die Hauptabsicht des seelischen Apparates nicht mehr der Lustgewinn sei, sondern die Sache Gottes, die Ehre, der Wille, der Dienst, die Liebe Gottes und des Nächsten oder wie man dieses neue zentrale Motiv umschreiben will.

Nun kommt ein simpler anthropologischer Sachverhalt ins Spiel. Der Mensch kann über sich selbst nicht in einem Akt so total verfügen, daß er durch diesen Akt schon ganz und gar ist, was er sein möchte. Er kann nicht sagen: Ab heute beschließe ich ein schlechthin Bekehrter zu sein, obwohl er das auch immer tun soll. Er kann die Hauptabsicht des seelischen Apparates nicht wie mit einem Hebeldruck umfunktionieren. Und doch muß er eines Tages, wenn schon nicht ein total, so doch ein radikal Bekehrter werden. Der Lust- und Glücksgewinn darf und soll auch dann durchaus eine Absicht des seelischen Apparates bleiben, aber eben nicht die herrschende Hauptabsicht. Diese Änderung des seelischen Apparates, die Losreißung von der Herrschaft des Lustprinzips ist nun, wie der Mensch gebaut ist oder sich verbaut hat, notwendig und immer eine das Herz im Leibe herumdrehende Operation, ein herzzerreißender Vorgang – jenseits des Lustprinzips. Denn er vollzieht sich mit Hilfe und am Material des Schmerzes, der Versagung, des Scheiterns, des Verzichts, des erlittenen Übels und Unrechts, letztlich im Annehmen des Todes und jener täglichen Todeserfahrung in kleinen Dosen, die in der Sprache des

Neuen Testaments Abtötung heißt. Freud hat für ähnliche Vorgänge den Ausdruck »Trauerarbeit« geprägt. Bekehrung ist Trauerarbeit.

Der gesunde Mensch hat so etwas wie Geschmack am Leben, »goût de vivre«. Er stützt sich, wenn er sein Dasein annimmt, auf Bedingungen. Es schmeckt ihm, solange er guten Schlaf, gesundes Wohlbefinden, einiges Geld, Anerkennung und Liebe als Bedingung seiner Dankbarkeit und Annahme vorfindet. Er stützt sich auf das Bewußtsein, für die anderen wichtig zu sein, etwas zu leisten als nützliches Glied der Gesellschaft. Er stimmt dem Dasein zu, solange er etwas vom Leben hat. Die Bekehrung besteht aber in einer bedingungslosen Annahme des verfügten Daseins. Sie verlangt ein unbedingtes Einverständnis mit dem Lenker aller Dinge, der alles, was ist, gibt und zuweist. Zu einer solchen bedingungslosen Zustimmung zum Gegebenen kommt der Mensch aber meist nur, soweit er der stützenden Bedingungen beraubt ist. Erst der Hiob der Armut und Krankheit, der Einsamkeit und der gesellschaftlichen Nutzlosigkeit ist jener Zeuge Jahves, der seinem Herrn »um nichts«, das heißt unbedingt, dient. Krankheit ist eine Form jenes Druckes, ohne den kein Mensch der radikalen Wandlung fähig wäre, die ihn läutern muß wie Feuer das Gold, bevor er fähig ist, Gott von Angesicht zu Angesicht zu schauen.

Das Buch Hiob beginnt sehr psychoanalytisch mit einer Motivanalyse des Gerechten. Satan analysiert den Menschen. Während Jahve dem Hiob ein Zeugnis ausstellt, wie es die Bibel von wenigen gelten läßt – »Hiob ist recht und grade, Gott fürchtend und fern dem Bösen, keinen gibt es auf Erden gleich ihm« –, stellt Satan die Frage nach der Lauterkeit des Motivs. Hiob wird verdächtigt, am Gottesdienst allzu gut zu verdienen. Laß seine Tugend sich weniger gut auszahlen, und vorbei wird es mit ihr sein. Hiob wird der

Vorwurf einer höchst einträglichen Spesenfrömmigkeit gemacht.

»Satan erwiderte Jahve und sprach: Ist es um Nichts, daß Hiob Gott fürchtet? Umhegst du nicht ihn und sein Haus und alles, was sein ist, rundum? Segnest das Werk seiner Hände du nicht? Breitet nicht weit sich ins Land sein Besitz? Aber – streck aus deine Hand, rühre an alles, was sein, ob dann er dir nicht ins Angesicht flucht?«

Jahve läßt die Frage zu. Er erwartet, daß Hiob ihm um nichts, für nichts und wieder nichts diene, es sei denn um Seiner selbst willen. Die Prüfung, die dies erweisen soll, ist nicht eine grausame archaische Form des psychologischen Tests. Der göttliche Diagnostiker, vor dem jedes Menschenherz offen liegt, bedarf solcher Mittel nicht. Die Prüfung bringt vielmehr selbst das erst hervor, was sie prüft.

Krankheit macht Wahrheit offenbar. Sie ist eines jener Signale der Wirklichkeit, die uns drängen, unsere spontanen und naiven Hypothesen des Daseinsverständnisses zu korrigieren. Sie widerlegt zwingend jene schier angeborene egozentrische Lebenstheorie des Menschen, in der er sagt: Gott und Welt sind dazu da, mir zu gefallen, und ich bin dazu da, sie zu genießen. Meine Hauptaufgabe und Berufung ist, mir Welt genießbar und genüßlich zu bereiten (»c'est mon métier«). Mein Beruf und Ziel ist es, ein kleiner Sonnenkönig meines Duodezfürstentums zu werden. Freud spricht spöttisch und weise von dem unbezwinglichen Bedürfnis des Menschen, sich selbst zu einem Prothesengott auf Zeit zu ernennen. Tod, Krankheit und alles Widerwärtige des Lebens können den, der noch auf Argumente hören und fühlen will, überzeugen, daß dieses naive Daseinsverständnis falsch sein muß. Sie sind jene energische Erweckung und Aufklärung, deren der Träumer Mensch bedarf, um die Stimme des Geistes vernehmen zu können, der allein uns über uns selbst und die Gesamtwirklichkeit aufzuklären vermag. »Das

Glück lügt, das Unglück ist immer wahr«, schreibt Boethius, der letzte Laie und Weltmann einer für Jahrhunderte dem Klerus anheimgegebenen Philosophie und Theologie, und er schreibt es nicht in der Krankenstube, aber in der Todeszelle des Gefängnisses. Krankheit, wie jedes Unglück, decouvriert uns vor uns selbst. Viele Christen merken erst in solchen Grenzsituationen, daß sie sich ein Christentum ohne Kreuz konstruiert hatten, einen privaten Sonderbund mit einer Gottheit, der sie ihre Bedingungen der Anerkennung und des Dienstes diktieren wollten. Lange Krankheit drängt wie jede schwere Lebenslast zu einer Existenzanalyse, in der das Krankenbett jeder psychoanalytischen Couch überlegen ist, weil diese Analyse nicht auf vorläufige und vorletzte Gründe von Fehlhaltungen, sondern auf den tiefsten Grund des falschen menschlichen Bewußtseins führt. Tod, Krankheit und Leid erzwingen kein richtiges Bewußtsein, denn der Mensch ist in seiner innersten Freiheit unbezwinglich. Nichts kann ihn hindern, mit dem Kopf durch die Wand zu wollen, wenn seine Rechthaberei dazu entschlossen ist. Wohl aber bieten Tod, Krankheit und Unglück mit dringender Nötigung die Chance und die innere Möglichkeit an, falsches Bewußtsein in Verstehen und Einverständnis mit dem Sinn der Welt zu verwandeln. Einverständnis mit der Tatsache, daß wir Verfügte sind, bevor wir über uns selbst verfügen können. Vertrauendes Einverständnis aus Einsicht und Glauben, daß der letztlich über uns Verfügende mit uns keinen sinnlosen Unfug treiben kann. Einverständnis mit dem Unabänderlichen im Krankheitsschicksal ist die großmütige Übergabe an die Unbegreiflichkeit des fremden, verfügenden, unendlichen Willens.

Christentum ist und bleibt auch heute eine autoritäre Religion. Sie besteht darauf, daß der Autor des Weltdramas das Recht auf seinen Text behalte und das letzte Wort habe, auch wo wir ihm nicht ins Konzept schauen können.

Die christliche Lebensphilosophie kann kaum einfacher und genauer formuliert werden als in dem Satz des Ignatius von Loyola: Gott finden in allen Dingen. Wie jede Situation und jedes Gegebene, das tägliche Brot wie die inneren Wirklichkeiten der Gedanken und Impulse, die in jeder Sekunde die Seele bewegen, wie also schlechthin alle Dinge als Mitteilung des schenkenden, rufenden, führenden, helfenden, tröstenden und belebenden Gottes, des immer und in allem verborgen Anwesenden gesehen werden, so bringen auch Krankheit und jede einzelne Frustration jedes Tages mit sich den Gott unseres Todes, der das menschliche Leben durch Tränen, Schweiß und Blut hindurch in allen Dingen von seiner Selbstverfallenheit losschält. Auch dieser Gott will sich in allem, vorzüglich in der Krankheit, finden lassen.

Die Evangelien berichten nichts von einer Krankheit Jesu Christi. Sie schildern ihn als Mann von kräftiger physischer Leistungsfähigkeit, die kräftig strapaziert wird, also als gesunden Menschen. Aber sie sagen, daß er sich so mit dem Kranken identifiziert habe, daß der kranke Mensch ein herausgehobener Ort der Anwesenheit und Auffindbarkeit des Gottes in der Welt und in der Gesellschaft wird. »Ich war krank, und ihr habt mich besucht. Ich war krank, und ihr habt mich nicht besucht.« Auch eine Vorschrift des Talmud gebietet leises Verhalten im Krankenzimmer, nicht, um den Kranken zu schonen, sondern weil über dem Kranken die Schechina Jahves, der Glanz Gottes, anwesend ist. Das Verhalten des Christen zum Kranken, seine Bereitschaft, dem Kranken nahe zu sein, ist eines der wesentlichen Kriterien, nach denen er endgültig sein Urteil empfängt. Wo eine Christenheit nicht mehr den Geist hat, den nächsten Arbeitsgefährten ihres Herrn, die im Todesschatten wohnen, den Kranken, den Unterdrückten, Ausgebeuteten, den Beladenen nahe sein zu wollen und mit ihnen Solidarität zu üben, wo sie diese Menschen im Stich läßt, da läßt sie den im

Stich, mit dessen Namen sie sich zu Unrecht schmückt. Der kranke Mitmensch ist eine hervorragende unter den uns angebotenen Chancen, eine selbstlose und geradezu übermenschliche Reife der Liebe zu lernen. Unter anderem darum schaffen wir ihn aus dem Hause, aber wir versäumen so uns selbst.

Weil Jesus Christus die Nachtseite des Daseins, dessen finstersten Todesschatten als sinnvollen und notwendigen Ort der Rettung nicht nur erduldet, sondern freiwillig aufgesucht hat, muß sein Nachfolger ihn bereitwillig begleiten, wenn er dazu gerufen wird. Die Nähe im Todesschatten ist Bewährung und Vertiefung der Freundschaft mit dem Retter und mit den zu Rettenden. Wo das Verständnis für den Sinn der Nacht durch ihre Annahme wächst, stellen sich nicht selten Mut und Wille zu freiwilliger Nähe in dieser Nacht ein, über das Verfügte hinaus. Es gibt die Begierde, arm zu sein mit dem und den Armen, Schmerz, Trauer, Demütigung und Haß zu erleiden mit dem Mann der Schmerzen und seinen Leidensgenossen, weil Er das Mittel des Leidens und der Trauerarbeit als das hilfreichste und würdigste zum Heil der Welt gewählt hat. Es ist dem Christen nicht erlaubt, Krankheit so zu wählen, wie er Armut, Hunger des Fastens und die demütigende Abhängigkeit freiwilligen Gehorsams wählen darf. Aber es gibt Menschen, die sich aufgefordert fühlen, aus ähnlichen Gründen des überströmenden Sinnverständnisses auch Krankheit zu lieben, weil sie fühlen, so zur Entlastung der Schwächeren die Schulter am besten unter das Kreuz unserer Welt stemmen zu können, das gemeinsam getragen werden muß.

Auch für die Gesellschaft ist das Abschieben oder Annehmen und Verstehen der Krankheit und des Kranken ein Kriterium ihrer eigenen Gesundheit wie ihres Verfalls, das Kriterium des in ihr anwesenden Maßes an richtigem Bewußtsein für die Wirklichkeit. Ob sie Gerechtigkeit und

Liebe, Sorgfalt, Arbeit und Geld ihren Kranken, vor allem ihren Unheilbaren, Behinderten und »Nutzlosen«, zuwendet oder ob sie den Kranken aus den Augen und aus dem Sinn verdrängt, um nur dem Starken Recht und Wohlstand zu gönnen, das entscheidet auch über ihren Rang und über ihre Zukunft.

Das Böse und die Bewältigung des Bösen in der Psychotherapie

Was ist gemeint, wenn wir vom Bösen und seiner Bewältigung sprechen. Was ist das sogenannte, was ist das eigentliche Böse?

Freud definiert das Böse nicht von seinem Wesen, sondern von seinen Folgen her: »Das Böse ist also anfänglich dasjenige, wofür man mit Liebesverlust bedroht wird.« [1] Das Böse ist ein Sammelbegriff für die Störung des Zusammenlebens durch den menschlichen Aggressions- und Selbstvernichtungstrieb: »Denn die Kindlein, sie hören es nicht gerne, wenn die angeborene Neigung des Menschen zum ›Bösen‹, zur Aggression, Destruktion und damit zur Grausamkeit erwähnt wird.«[2] Nach Freud »besteht das tiefste Wesen des Menschen in Triebregungen, die elementarer Natur, bei allen Menschen gleichartig sind, und auf die Befriedigung gewisser ursprünglicher Bedürfnisse zielen. Diese Triebregungen sind an sich weder gut noch böse. Wir klassifizieren sie und ihre Äußerungen in solcher Weise, je nach ihrer Beziehung zu den Bedürfnissen und Anforderungen der menschlichen Gesellschaft«.[3] Vor allem eigensüchtige und grausame Regungen werden von der Gesellschaft als böse verpönt. Ich will hier nicht begründen, warum ich mit der Definition Freuds nicht ganz auskomme; sie umfaßt mir zu viel vom nur sogenannten Bösen und zu wenig vom eigentlichen. Ich nenne böse jede Handlung und jede Bereitschaft des Menschen, die Rechte von Personen oder das eigene Wohl zu verletzen. Ich hoffe, mit diesem Wortgebrauch auch Theologen zufriedenzustellen, weil in ihm auch eine klassische Definition der Sünde enthalten ist: Bei Thomas von Aquin finden wir den verblüffenden Grundsatz einer menschenfreundlichen Moraltheologie: »Gott wird nämlich durch nichts beleidigt als durch das, was wir gegen unser eigenes Wohl tun.«[4] Diese Definition des Bösen entspricht auch dem alltäglichen Bewußtsein. Jeder Mensch weiß oder ahnt mindestens, daß er selbst ein Wesen ist, mit dem nicht jedermann nach Lust, Laune und willkürlichem Belieben verfahren darf. Selbst ein Mensch, der jederzeit bereit ist, über Leichen zu gehen, ist keineswegs bereit, irgendeinem anderen das Recht einzuräumen, ebenso mit ihm zu verfahren.

In unserer alltäglichen Erwartung den Mitmenschen gegenüber rechnen wir weder damit, daß unsere Rechte zuverlässig anerkannt werden, noch mit dem Gegenteil. Wir erwarten vielmehr vom anderen eine gewisse Bereitschaft, unsere Rechte zu respektieren unter zwei Bedingungen: wenn diese Rechte durch Macht geschützt sind und wenn ihre Beachtung den anderen nicht zu viel kostet. Die Bilanz der absehbaren Vor- und Nachteile sollte für ihn einigermaßen günstig ausfallen. Oft rechnen wir damit, daß unser Recht als solches eine gewisse Motivkraft für das Verhalten anderer hat, die im Fall des Konflikts nicht immer den Vorrang erhält, der diesem Motiv an sich von Rechts wegen zusteht.

Wir rechnen also mit einer mehr oder weniger begrenzten Bereitschaft zum Unrechttun. Wir halten den mittleren Mitmenschen für einen unzuverlässigen Pendler zwischen Gut und Böse. Wir rechnen ferner bei uns und anderen mit einer begrenzten Kraft, das Böse zu vermeiden. Menschen, für die wir die Hand ins Feuer legen, weil wir ihnen unter keinen

Umständen ein Unrecht zutrauen, halten wir für sehr seltene Exemplare. Wir nehmen an und fühlen uns in der Annahme durch geschichtliche Erfahrung und sozialpsychologische Experimente[5] bestätigt, daß die Mehrheit der Menschen unter physischem oder psychischem Druck und entsprechender Versuchung auch zu schweren und schwersten Rechtsverletzungen bereit ist.

Ich möchte noch auf eine besondere Art des Bösen aufmerksam machen, nennen wir sie »das Ungute«. Es gibt eine träge Verdrossenheit, die sagt, ich gehöre mir, ich will niemand lieben, niemand helfen, niemand dienen, für niemand Zeit haben und dasein. Laßt mich in Ruh', pflegt mich, dient mir, aber wollt nichts von mir. Ich vermute, daß diese verdrossene Verweigerung, die eine vergiftende, untergründige Feindseligkeit mit sich bringt, eine hohe Wachstumsrate hat.

Freud hat einmal von den drei Kränkungen gesprochen, die dem Menschen der Neuzeit zugefügt worden sind[6]: Die erste dieser Demütigungen sei die des Kopernikus gewesen, in der der Mensch aus dem Mittelpunkt des Kosmos an dessen Rand versetzt worden sei. In der Demütigung Darwins sei erwiesen worden, daß der Mensch nicht die Krone der Schöpfung und das einzigartige Ebenbild Gottes, sondern ein Tier unter Tieren sei. Die dritte Demütigung habe er, Sigmund Freud, selbst dem Menschen zugefügt, indem er ihm gezeigt habe, daß sein Ich nicht als Vernunft Herr im Haushalt des Lebens und der Person sei, sondern daß dieses Ich, von den Wogen der allmächtigen oder übermächtigen Triebe hin und her geschleudert, verschiedensten Bestimmungen unterliege. – Freud hat in diesem Zusammenhang eine schwerere und tiefere Demütigung übersehen, die dem Menschen vor der Neuzeit zugefügt worden ist und die dieser Mensch und auch Sigmund Freud selbst weder zu vergessen noch zu vergeben bereit waren: die Demütigung, die das Evangelium dem Menschen zugefügt hat und die ihn tiefer getroffen zu haben scheint als jene drei.

Auf die drei Krankheiten, von denen Freud redet, führt er unter anderem den Widerspruch und Widerstand zurück, der sich seiner Psychoanalyse entgegenstellte. Neben einem solchen Widerspruch gegen die Psychoanalyse gibt es aber auch das Gegenteil: einen leisen, unauffälligen Triumphzug der Psychoanalyse durch das Bewußtsein der westlichen Welt, deren Selbstverständnis von wenigen Denkern so geprägt worden ist wie eben von Freud. Es gibt neben dem Widerstand eine überwältigende Dankbarkeit gegenüber ihrem Erfinder, weil er ermöglicht hat, die tiefste und härteste Demütigung der Geschichte zu vergessen und zu verdrängen: die Demütigung durch Moses und die Propheten, die Demütigung durch Jesus Christus und sein Evangelium, die Demütigung durch das vernichtende Urteil des Schöpfers über sein Geschöpf. Denn das Evengelium erklärt den Sünder als nichts-würdig, als reine Umweltverschmutzung, »nicht wert« – wie Gerhart Hauptmann den alten Weber in einem Gebet sagen läßt –, »von Deiner Schuhsohle zertreten zu werden«. Der unerlöste Mensch ist demnach nicht einmal eine erbarmungswürdige, sondern eine durchaus erbarmungsunwürdige, eine schlechthin verächtliche Kreatur. Freud hebt diese tiefste Demütigung des Menschen mit der Psychoanalyse auf. Sie fällt gleichsam auf den Schöpfer zurück und vernichtet ihn. Es wird ihr nämlich in dem Augenblick jede Grundlage entzogen, in dem der Mensch von der Schuld radikal befreit wird. Das geschieht durch die Psychoanalyse nicht durch Vergebung, sondern durch Nichtigkeitserklärung. Jesus konnte Schuld nur vergeben, Freud, der Moses und die Propheten überbietende Messias aus Wien, hat sie radikal gelöscht, indem er sie zur Illusion erklärte. Wo keine Freiheit – die Psychoanalyse ist eine deterministische Psychologie[8] –, da keine Schuld; wo kein Gott, da keine

Sünde; wo kein unendlicher Geist, da kein frevelnder Hochmut des endlichen Geistes, sondern dessen berechtigte Selbstachtung und Selbsteinschätzung als höchste, unüberbietbare Intelligenz im Kosmos. Wenn Freud dann doch aus einer lebensweltlichen Vernunft heraus, im Widerspruch zur eigenen Theorie, eine Spur von Freiheit läßt, dann um so heldenhafter, um so großartiger jener, der sich auch nur das Geringste an Beherrschung des an sich übermächtigen Triebes herausnimmt. Sigmund Freud würde von den Menschen nicht so geehrt, wenn er die Menschheit nur gedemütigt hätte. So aber hat er dem jämmerlichen Ich die Möglichkeit gegeben, sich selbst großartig zu finden; er hat einen metaphysischen Narzißmus ermöglicht, der in dieser Form ohne ihn nicht möglich war.

Die Studentenrevolte ist mit Marcuse konsequent über Freud hinausgegangen und fordert: Lebe deine Aggressivität aus, so haßerfüllt, rachsüchtig, brutal, wie du kannst: Macht kaputt, was euch kaputt macht! Lebe deine Sexualität in vollem, libidinösem Genuß aus, dann wird dein Über-Ich dir als dem Förderer einer neuen Menschheit, einer neuen Revolution Lob spenden. Alle abendländische Geschichte hat es mit Mühe fertiggebracht, daß der Mensch zwei der drei widerstreitenden Instanzen unter einen Hut bringen konnte: Libido und Aggression, Gewissen und Aggression, Gewissen und Libido. Aber alle drei Instanzen auf einen Nenner zu bringen und auf diese Weise auch noch die Billigung als Held und als harmonische, integrierte Persönlichkeit zu finden, das ist seit der Sophistik noch keiner Generation angeboten worden. Eine der Funktionen der Psychoanalyse besteht darin, als Persilscheinpsychologie das »strahlendste Weiß meines Lebens« herzustellen, jedes Schuldbewußtsein als überflüssig zu erweisen und aufzulösen, weil es jene Freiheit nicht gibt, die erst Schuldverantwortung und Schuldgefühl begründet. In solchem

Mißbrauch liegt eine große Faszination der Psychoanalyse.

Nun ist die Psychoanalyse nicht nur eine der großen geistigen Bewegungen, in denen der Mensch der Neuzeit an seiner Rehabilitation gegenüber der Schmähung, die ihm die jüdisch-christliche Offenbarung zugefügt hat, an der Heilung seines tief verwundeten Selbst- und Ehrgefühls kuriert, indem er Freiheit aufhebt und damit den Schuldvorwurf von sich wegschiebt. Sondern die Psychoanalyse ist zugleich die empirische Illustration einer biblischen Theologie. Die Parallele zwischen der biblischen und der psychoanalytischen Beschreibung des Menschen äußert sich auch darin, daß der Heilungsweg des Patienten in der psychoanalytischen Behandlung Zug um Zug eine Analogie der Vorgänge, Hindernisse und Bewegungen ist, die sich auf dem Heilsweg, auf dem Bekehrungsweg des Menschen ereignen. Viele Phänomene – zum Beispiel des Widerstandes, der Verdrängung – wurden seit langem von den Lehrern des geistlichen Lebens beschrieben. Selbst der Grundbegriff der Psychoanalyse, Verdrängung, ist ein biblischer Begriff, der dem von Paulus im Römerbrief (1,18) verwendeten Begriff vom »Niederhalten der Wahrheit« entspricht.

Wenn es eine solche Parallele zwischen dem psychoanalytischen Heilungsweg und dem christlichen Läuterungs-, Reinigungs-, Bekehrungsweg gibt – und sei es auch nur eine Analogie –, dann kann auch der Psychoanalytiker, der an und für sich mit der Lösung von Schuld nichts zu tun hat, darüber nachdenken, ob die Lösung von neurotischen Fixierungen, die Auflösung von Fehlleistungen, die Korrektur von Fehlhaltungen und Fehleinstellungen des Neurotikers nicht in ähnlicher Weise auch bei dem zu finden sind, der versucht, sich vom Bösen zu lösen. Dabei ist zu betonen, daß eine Analogie etwas Fließendes ist; eine Ähnlichkeit kann groß, und sie kann entfernt sein. Diese Analogizität wird von jenen übersehen, die die These vertreten, daß der Neurotiker eigentlich der Sünder sei, daß Neurose in der Verabsolutierung des Relativen bestehe. Eine solche Gleichsetzung von Schuld und Sünde mit Neurose tut dem Neurotiker unrecht und läßt die wesentlichen Unterschiede zwischen beiden vergessen. Diese Unterschiede zeigen sich zum Beispiel darin, daß es Tierneurosen und Kleinstkindneurosen gibt. Ein neurotischer Dackel kann aber nicht das Relative verabsolutieren, und auch bei einem ein- bis zweijährigen Kleinkind ist Freiheit noch nicht so gereift, daß ein schuldhafter Akt der Verabsolutierung des Relativen möglich wäre. So ist eine Gleichsetzung von Neurose und Schuld abzulehnen, wohl aber kann eine Beachtung der Ähnlichkeit von Gewinn sein.

Heilungsweg des Neurotikers und Lösung von Schuld

Die erste und zugleich wichtigste Parallele liegt darin, daß Neurose nicht als eine Tat verstanden wird, sondern als ein Zustand, eine Fehlhaltung. Ähnlich hat auch die Schuld – wenngleich sie in der Weise der Tat begründet wird – einen Zustand zur Folge: eben jenes dauerhafte »Niederhalten der Wahrheit«, jenes herrische Festhalten an einem selbstgesetzten Wertsystem und die Identifizierung mit dieser Wertordnung von eigener Bestimmung und eigener Gnade; die nicht aufhört, wenn die Tat vorüber ist, sondern im Täter zurückbleibt als Bestimmtheit seines ganzen Seins, die ihn zum Schuldigen, zum Sünder macht. Für Freud, die Psychoanalytiker und auch für viele Normalverbraucher besteht das Unerträgliche der christlichen Schuldlehre gerade in der Behauptung, der Vorgang der Schuld sei von sich aus irreversibel, Schuldigwerden sei so etwas wie Totwerden, man könne sich aus eigener Kraft durch keine Reue, durch keine

Umkehr aus der Schuld befreien. Eine Wiedergeburt durch Reue finde nicht statt; so wie man sich in der Schuld bestimmt habe, bleibe man in ihr bestimmt: einmal Schuldiger, immer Schuldiger.

Worin besteht, vom psychoanalytischen Heilungsvorgang her betrachtet, die Analogie zur Bekehrung? Freud hat lange darauf bestanden, daß der Heilungsvorgang in der Psychoanalyse mit der Formel ausreichend beschrieben sei: Heilung geschehe durch Bewußtwerdung des Unbewußten. Wir wissen nicht, warum Freud so polemisch darauf bestanden hat, an dieser Formel festzuhalten, warum er sich Versuchen, sie zu erweitern und zu ergänzen, so energisch widersetzt hat, da doch er selbst den Heilungsvorgang auch reichhaltiger, umfassender beschreibt als mit dieser etwas intellektualistischen Formel: so zum Beispiel in seiner Lehre von jener Veränderung, die den Kranken erst durch mühevolles »Durcharbeiten« affektiver Widerstände zu einem Menschen »richtigen Bewußtseins« macht – hier ist der marxistische Begriff am Platz. Der Heilungsvorgang der Psychoanalyse wie auch der Bekehrungsvorgang der Metanoia wollen unter anderem aus Menschen falschen Bewußtseins Menschen richtigen Bewußtseins machen, bei Freud durch Zufügung der bisher unbewußten Momente in das schon bestehende Bewußtsein.

Es darf hier daran erinnert werden, daß dieser Bewußtseinswandel die ganze Geschichte der abendländischen Psychagogik umfaßt. Auch bei Platon – im Höhlengleichnis – ist ein Begriff zentral, der dem christlichen Begriff der Metanoia entspricht: *periagoge holes tes psyches*, die Herumdrehung, Herumführung, Herumwendung der ganzen Seele. Im Höhlengleichnis ist der Mensch angekettet und blickt in das Dunkel der Höhle hinein; er muß von den Ketten befreit, herumgewendet, an das Licht der Welt, an das Licht der Sonne, an das Licht der Wahrheit gebracht werden. Diese

Periagoge macht sein Bewußtsein zum richtigen Bewußtsein.

In der Bekehrung des Evangeliums wie in der Heilung des Neurotikers geht es also unter anderem um richtiges Bewußtsein. Die Heilung des Neurotikers hat drei wesentliche Phasen, die Freud mit dem Begriff »Arbeit« zusammenfaßt. Bei Freud ist der Heilungsweg gekennzeichnet durch »Denkarbeit«, »Traumarbeit« und »Trauerarbeit«. Auch das Wort »Durcharbeiten«, das alle drei Begriffe umfaßt, enthält in der Regel ein mühevolles, planmäßiges, auf Leistung bezogenes Tun – und eben darum handelt es sich beim Heilungsprozeß.

Die Denkarbeit:

Die Denkarbeit, in den ersten Schriften Freuds »assoziative Denkarbeit« genannt, besteht darin, daß von der Vernunft her versucht wird, bessere Lösungen für Konflikte zu finden, als es jene kopflosen Verdrängungen und Abwehrreaktionen sind, die in die Neurose führten. Die Denkarbeit, um die es sich dabei handelt, besteht darin, daß der Mensch auf der Suche nach einem vernünftig begründeten Wohlbefinden in einer Realität, die so ist, wie sie ist, die angemessenen Strategien und Taktiken ausarbeitet, die ihn zu einem annehmbaren Zustand führen. Er muß durch »Denkarbeit« lernen, zwischen den Bedürfnissen des anderen, der Gesellschaft, der Familie, den Forderungen der Realität und den eigenen Wünschen und Triebbedürfnissen einen tragbaren Kompromiß auszuarbeiten. Wenn Humanität nach Kant die Vereinigung von Tugend und Wohlleben ist, so kommt es gerade auf dieses Ziel an: den Anforderungen des Gewissens und der Vernunft gerecht zu werden und doch die Triebbedürfnisse nach Möglichkeit zu befriedigen.

Bei einem Heilungsvorgang führt diese Denkarbeit zu vielen inneren Vorgängen, die der Bekehrung und der Bewältigung des Bösen ähnlich sind. In der psychoanalytischen »Durcharbeitung« wird auch das Böse im Leben eines Menschen erinnert, bedacht. Der Kranke wird zwar, wenn er nicht selbst darauf stößt, vom Analytiker nicht darauf aufmerksam gemacht, daß es sich vielleicht um Bosheit handelt, wohl aber wird das Böse in seiner instrumentalen Unzweckmäßigkeit erkannt als Unvernünftiges, als Unkluges, das nicht geeignet ist, Wohlbefinden, Zufriedenheit, Glück herzustellen. Freud meint mit dem »Lustprinzip« nicht nur die Tendenz zur Lust, sondern das Bedürfnis nach Wohlbefinden und Glück. Das Lustprinzip Freuds beschreibt den Menschen als einen unermüdlichen Glücksbastler. In der Analyse werden die Hauptsünden Neid, Geiz, Zorn, Gier als unzweckmäßig und ungeeignet für den Lebenszweck des Wohlbefindens erkannt. Sie werden angegangen, indem die Leidenschaften kathartisch »ermäßigt« werden, wie Freud das ausdrückt. Hier ist anzumerken, daß die vulgärpsychoanalytische Auffassung, Abreaktion bringe das Heil, der Breuerschen Periode, der allerersten Zeit der Psychoanalyse, zugehört. Freud hat schon in seinen ersten Arbeiten erkannt, daß die Abreaktion nicht weit führt, sondern ergänzt werden muß durch die assoziative Denkarbeit, die einem anderen Prinzip als dem der Abreaktion folgt: oft gegenteiligen Prinzipien, insofern in ihr erkannt wird, daß der Mensch sich nicht alle Wünsche erfüllen kann, wann und wo er möchte, sondern daß er Wünsche abtrauern, auf Wünsche verzichten, Leidenschaften ermäßigen muß.

Es ist im Rahmen einer deterministischen Psychologie kein Raum für Schuld. Ein böser Hund, ein bissiger, ungehorsamer Hund, ist nicht ein schuldiger Hund. Er ist kein Sünder, sondern er ist ein schlecht dressierter Hund, der in seiner Umdressur erfahren muß, daß wunschgemäßes Verhalten sich für Hunde besser lohnt. Ähnlich geht es in der Analyse. Der Mensch macht als Vitalwesen, als animal, die

Erfahrung, daß bestimmte Verhaltensweisen sich nicht lohnen, daß sie nicht zum Wohlbefinden führen und deswegen modifiziert werden müssen.

Nun ist aber der Mensch kein Hund, und die Auseinandersetzung in der Analyse mit sich selbst ist nicht die Auseinandersetzung eines dressiertwerdenden Hundes mit sich selbst oder mit dem Dressierenden, sondern eine menschliche Auseinandersetzung. Das heißt auch immer, eine Auseinandersetzung mit gut und böse, Recht und Unrecht, weil der Mensch vernünftig, wach, bewußt nicht existieren kann, ohne diese Kategorie zu kennen und irgendwo auch anzuerkennen. Er kann sie verdrängen. Er kann sie aber nicht aus der Welt schaffen. Wenn er sich mit unvernünftigen Fehlhaltungen, also Unzweckmäßigem, auseinandersetzt, dann geschieht das immer und notwendig auch mindestens mit einem Seitenblick auf ein Unrecht im Unzweckmäßigen, soweit vorhanden, und kann auch, ohne thematisiert zu werden, zu einer inneren Abwendung von der Bosheit des Unzweckmäßigen und Unvernünftigen führen, ohne daß ein Wort darüber fällt. In der Psychoanalyse kann es zu ethisch und religiös höchst bedeutsamen Reinigungs-, Läuterungs- und Bekehrungsprozessen kommen, ohne daß ein in dieser Sphäre gewohntes Wort fällt, ohne daß es verbalisiert und thematisiert wird. Wenn in einer Psychoanalyse Vaterhaß oder Geschwisterneid durchgearbeitet werden, dann kann daraus durchaus ein sittlicher Fortschritt in Fairneß, Gerechtigkeit, Nachsicht, im Erbarmen, im nachsichtigen Urteil über andere Menschen, in Friedensbereitschaft die Folge sein; es können ein neues Verstehen, Toleranz und Güte den Mitmenschen gegenüber entstehen, ohne daß die Aufgabe und ohne daß der ethische Vorgang als solcher beim Namen genannt werden. Das wachsende Verständnis für den gehaßten Vater, für den verfolgten Rivalen, die wachsende Anerkennung der Rechte anderer Personen, die sich in einem solchen Prozeß begeben, führen aber nicht selten dazu, daß zum erstenmal das von Eltern und Erziehern positiv Überlieferte, ihr ethisches und religiöses Angebot, unverzerrt von Haß, Trotz und Mißtrauen erblickt und in neuer Unbefangenheit gehört und gewogen wird.

Im psychoanalytischen Prozeß der Denkarbeit sucht ein Mensch statt falscher Lösungen richtige. Das geschieht auch im Licht jener Vernunft, die wir Gewissen nennen. In diesem Licht steht auch das grundsätzliche, demütige Anerkennen – ohne das sich kein Mensch in eine Analyse begibt –, daß mit ihm etwas nicht in Ordnung ist, daß er sein falsches Bewußtsein korrigieren muß.

Menschen, die ihre Kindheit im Raum der christlichen Überlieferung verbracht haben, verbinden die Bereitschaft, falsches Bewußtsein zu korrigieren und die eigene Haltung als Fehlhaltung anzuerkennen, schon assoziativ mit Tönungen von Metanoia, von Umkehr, mit Erinnerungen an die Aufforderung zur Bekehrung und zum Richtigsein im wesentlichen Sinn. Das neurotische Scheitern überführt uns, daß wir nicht in Ordnung sind, daß Neuorientierung notwendig ist. Ein solches Scheitern und die Bereitschaft, es zu korrigieren, enthält in der Regel auch ganz leise, vielleicht nebenbei und unhörbar zu sich selbst gesprochen, das Eingeständnis: Da, wo ich verantwortlich bin, wo ich die Dinge in der Hand hatte, da habe ich Wesentliches ganz falsch gemacht, das war böse, und davon will ich auf irgendeine Weise loskommen. Neurotiker sind nun aber in gewisser Beziehung bessere Menschen. Die Neurose ist eine Krankheit des Über-Ichs oder des bösen Gewissens. Der Neurotiker ist daher nie der Mensch, der strahlend und voll guter Laune, einig mit sich selbst, das Böse tun kann und will, sondern einer, der das Böse immer schon mit halber Kraft und gleichsam auf der Flucht tut. Der Neurotiker kennt nicht den Zustand, den das Alte Testament als den »Frieden der Sünder« bezeichnet. Neurose ist immer schon Pfahl im Fleische. Insofern geht in einer psychoanalytischen Behandlung ähnliches vor sich wie das, was wir häufig auf langem, schmerzhaftem Krankenlager beobachten, nämlich die Relativierung aller bisherigen Ziele, die Umwertung aller Werte durch die Fermente von Leid und Besinnung auf Leid. Weil der Mensch, der nicht krank im Bett liegt, nicht in dieser Weise Langeweile, Schmerz, Einsamkeit und Besinnung ertragen muß, übernimmt die analytische Stunde gewissermaßen die Funktion dieser protrahierten Besinnung. So geht in der Analyse nicht eine Saat auf, die der Analytiker sät – der Analytiker enthält sich aus gutem Grund aller »seelsorglichen« Akte –, wohl aber ist die Haltung des Analytikers in ihrer ruhigen Freundlichkeit, Sachlichkeit, in ihrer Bemühung um Gerechtigkeit eine katalytische Situation, die die Wahrscheinlichkeit erhöht, daß menschliche Begegnung von ähnlicher Art, Erinnerungen an Mitmenschen, die wohlwollend, sachlich, freundlich mit dem Kind, mit dem jungen Menschen umgegangen sind, und an Worte, die in solchen Situationen gesprochen worden sind, als Saat aufgehen. Zur Kindheitserfahrung vieler Menschen gehört aber, daß Vater und Mutter, Lehrer und Geistlicher von Gott, vom Guten und vom Bösen, von Reue und Vergebung auch in dieser Weise, nämlich ruhig, freundlich, liebevoll gesprochen haben. Diese Situationen haben eine erhöhte Wahrscheinlichkeit, als glückhafte Erfüllung von Kinderwünschen und Kindererfahrungen wiederholt zu werden. Glück, sagt Freud, ist immer Erfüllung eines Kinderwunsches[7], und einer der wichtigsten Kinderwünsche ist der nach einer sinnvollen, im guten Sinne heilen Welt und Wirklichkeit, oder wenigstens nach einer heilbaren.

Das häufige Mißverständnis der Psychoanalyse als einer Art säkularisierter Seelsorge beruht wahrscheinlich auf Ähnlichkeiten, die Unterschiede übersehen lassen. In beiden Fällen handelt es sich um die Begegnung mit erfahreneren Menschen, denen gegenüber der Patient oder der Gläubige in der Rolle des Kindes und des Lernenden steht, in der er den anderen, den »Erwachsenen«, als wohlwollend empfindet, als einen, der ihm zu einer Veränderung seiner Person verhelfen will, ohne ihn mit Zwang und Gewalt in eine Parteilinie pressen zu wollen. In diesem Sinne, durch diese sanfte Weise des Umgangs, wird der Psychoanalytiker als Bote, als Vermittler einer Wahrheit, also als eine Art *angelus veritatis*, empfunden. Tatsächlich wirkt die Haltung, in der einer versucht, das eigene Niederhalten von Wahrheit zu überwinden, die Verdrängung aufzugeben, das Aufziehen von Verdrängungsschleusen, in etwa nach dem Prinzip »alles oder nichts«. Das bedeutet, daß wie von selbst bei jedem Versuch, das Niederhalten von Wahrheit aufzugeben, mit der profanen, psychologischen Wahrheit auch Heilswahrheit einströmt, wiedererneuert und erweckt wird, oder daß so etwas wenigstens geschehen kann, wenn jemand sich nicht dagegen sträubt oder daran gehindert wird.

Die Trauerarbeit:
Nach den Ausführungen über die Denkarbeit ist nun von der Trauerarbeit zu reden. Freud hat dieses Wort in seinem Werk »Trauer und Melancholie« geprägt und darin gezeigt, wie der Trauernde in der Trauerarbeit Punkt um Punkt seine innere Bindung – soweit sie das Negativum einer unfreien Abhängigkeit enthält – an einen geliebten Menschen oder an einen geliebten Wert, der ihm unwiederbringlich entzogen worden ist, lösen muß, bis er seine seelische Kraft wieder bei sich hat und investieren kann. Es scheint mir durchaus angemessen, die innere Lösung, in der ein Mensch sich nicht von bestimmten Taten und Verhaltensweisen, sondern von ungeordneten Anhänglichkeiten und von einer falschen, zäh festgehaltenen Verfaßtheit seiner selbst löst,

mit diesem Wort Trauerarbeit zu kennzeichnen. *Bekehrung ist Trauerarbeit.* Das, was Metanoia meint, geht psychologisch in einer ähnlichen Form vor sich wie das, was Freud Trauerarbeit nennt.

Diese sehr allgemeine Begrifflichkeit der Denkarbeit und der Trauerarbeit deckt eine Vielzahl von inneren Vorgängen und Akten, teils solche, die den Charakter des Mühevollen und Anstrengenden haben, teils aber auch solche, die reinen Geschenkcharakter haben, weil sie sich ereignen, wenn ein Mensch sich auch nur im Sinne eines ersten Schrittes auf den Weg macht, um ein solches Ziel zu erreichen.

Was auf dem Heilungsweg vor sich geht, hat Freud im Begriff des Durcharbeitens zusammengefaßt. Er hat diese Vorgänge aber auch noch mit anderen Vokabeln ausgedrückt, die uns verständlicher machen, warum es berechtigt ist, eine Analogie zu ziehen zwischen der inneren Lösung von Fehlhaltungen neurotischer Art und der inneren Lösung von Fehlhaltungen religiös-sittlicher Art. In dem Aufsatz »Trauer und Melancholie« hat Freud den Heilungsprozeß unter dem Begriff »Korrektur eines Irrtums«, also der Denkarbeit, thematisiert. Weiter nennt er den »Abschied von einer Illusion, das Loslassen eines liebgewordenen, aber unerreichbaren Ideals, das Aufgeben oder Sublimieren eines Triebanspruchs«. Es wird also deutlich, daß zum instrumentellen Repertoire, das die Psychoanalyse zur Lösung von Fehlleistungen anbietet, nicht etwa nur das Abreagieren des Triebes, sondern das Aufgeben oder Sublimieren von Triebansprüchen gehört. Der von Freud an sich bevorzugte mildere Ausdruck des Ermäßigens fehlt hier ganz, er verwendet den härtesten Ausdruck und spricht vom Aufgeben des Triebanspruchs, also vom Verzicht. Lösung von Fehleinstellungen gibt es ferner als »Ausbrennen einer Leidenschaft bzw. als Auswüten eines Hasses und als Abtrauern eines Verlustes« – das ist die Trauerarbeit.

Die religiöse Situation der Gegenwart ist bis in die psychiatrische Klinik hinein gekennzeichnet durch ein Erlöschen des Wissens um Schuld. Kurt Schneider hat vor etwa vierzig Jahren die großen Themen im Wahn des Depressiven klassisch beschrieben, und er hat darunter den Versündigungswahn dargestellt, den Wahngedanken, die Sünde gegen den Heiligen Geist begangen zu haben, aus Gottes Huld gefallen zu sein. Dieser Wahn taucht heute viel seltener auf als vor vierzig Jahren. Er hat nicht mehr die religiöse Form des wahnhaften Schulderlebnisses, sondern nur noch die des Versagenserlebnisses, des wahnhaft vergrößerten Minderwertigkeitskomplexes im profanen Sinn: ich leiste nicht, was ich leisten sollte; ich bin ein Versager. Das könnte ein Gleichnis sein für das Erlöschen des Schuldbewußtseins im menschlichen Selbstverständnis. Das hat eine teils gute, teils schlimme Seite. Eine gute Seite, insofern sich durch psychologische Erkenntnis und durch Fortschritte der Theologie gezeigt hat, daß der Mensch sich früher viele Dinge als schwere Schuld angerechnet hat, die nicht so bezeichnet werden können. In diesem Falle ist es für den Menschen gut, wenn er sein Schuldgefühl ermäßigt, wenn er es abzieht von Dingen, die ihm früher viel Sorgen gemacht haben. In einem anderen Zusammenhang ist es aber schlecht, ja katastrophal. Es bedeutet Verlust des Menschseins selber: Wenn der Mensch die Möglichkeit, Schuldiger zu sein, nicht mehr wahrnimmt, dann nimmt er seine wesentliche Existenztiefe, das Eigentlichste und ihn Auszeichnende, seine Freiheit und Verantwortung nicht mehr wahr. Er nimmt nicht mehr wahr, daß er – und zwar der durchschnittliche, jeder Mensch – Person im eigentlichen Sinne, verantwortliche Person ist.

An diesem Verlust des Schuldbewußtseins ist das Verlöschen des Freiheitsbewußtseins aus einer unzureichenden Selbstdeutung des Menschen beteiligt; ferner eine Tendenz, den Unterschied zwischen gut und böse zu nivellieren. Schuld gilt in dieser Tendenz als ein belebendes Moment des menschlichen Lebens oder wenigstens als unvermeidliches, notwendiges Moment; wer Schuld zu vermeiden trachtet, bringt sich um seine wesentlichen Menschheitserfahrungen. Gutsein ist unmöglich oder nicht empfehlenswert; wer gut zu sein sucht, wird nur fad, neurotisch und psychosklerotisch; das Gute gibt es nur in der Form des sogenannten Guten, das Gute ist in Wirklichkeit das Heuchlerische, das Törichte, das Lebensfeige, das Bigotte; wer leben will, muß Mut zum Bösen haben. Gut und bös sind beliebige Wahlmöglichkeiten, und die Konsequenz ist die Auslöschung von absolut verbindlichen Pflichten, die Auslöschung von verbindlich dem Menschen auferlegten Rechten anderer Personen.

Wenn man diese Klaviatur der Nivellierung oder Löschung des Bewußtseins für das Böse, für die Schuld, durchgespielt hat, dann kommt es psychologisch dazu, daß das Böse nicht mehr als Schuldbewußtsein, als schlechtes Gewissen, sondern nur noch als diffuse Angst oder Depression, als vegetative Dystonie, also völlig verfremdet, zum Vorschein kommt. Das ist ein geschichtlicher Prozeß, der sich daraus ergibt, daß die mildernden Umstände, die die Psychologie erfunden hat, gern in ein Alibi umgefälscht werden, um damit das Quälende des eigenen Schuldbewußtseins aus der Welt zu schaffen.

Die weltweite Anstrengung, Schuldbewußtsein zu löschen, scheint nun dazu geführt zu haben, daß vielen Menschen, die Freiheit anerkennen und wissen, daß sie Schuld auf sich geladen haben, die Fähigkeit abhanden gekommen ist, Schuldschmerz und Reue zu empfinden. Möglicherweise gelingt ihnen noch der innerste geistige Akt der Mißbilligung ihres eigenen Unrechts; wenn aber diese geistige Mitte so gar nicht in Seele und Leib durchdringt, besteht die

Gefahr, daß die Änderungskraft solcher Reue dürftig bleibt. Kann mir etwas wirklich leid tun, was mir nicht wirklich Leid bringt? Alexander Mitscherlich hat über dieses Thema ein wichtiges Buch geschrieben: »Die Unfähigkeit zu trauern«. Wovon es aber handelt, ist die Unfähigkeit zu bereuen.

Die Bewältigung des Bösen ist im Atomzeitalter zur Überlebensfrage der Menschheit geworden. Zur Zeit finden wir fünf große Hoffnungen und utopische Programme vor:

Die biologische Bewältigung durch Großmutationen, möglicherweise biotechnisch hervorgerufen, kraft deren der böse Mensch chromosomal so vergütet und begütigt wird, daß er sich leicht und gern am Recht orientiert. Im Prinzip gehen die Hoffnungen auf eine rettende Psychopharmakologie in ähnliche Richtung. Man erwartet, durch geeignete Medikation den Menschen sanftmütig, friedfertig stimmen und von übermächtigen Bedürfnissen befreien zu können.

Eine andere große Hoffnung erwartet die politische Bewältigung des Bösen durch Änderung gesellschaftlicher Verhältnisse, denen in der klassenlosen Gesellschaft eine Änderung der menschlichen Grundeinstellungen auf dem Fuße folgt. Es ist ein Hauptmangel der marxistischen Theorie, daß sie eine solche Veränderung der menschlichen Natur als zwingende Folge der gesellschaftlichen Veränderungen voraussagt, ohne auch nur plausibel machen zu können, wie das zugehen soll.

Die dritte Hoffnung ist das von B. Skinner in seinem Buch »Jenseits von Freiheit und Würde« vertretene lernpsychologische Rezept der Bewältigung des Bösen. Skinner hält einen Umbau der Gesellschaft und des Menschen nach Prinzipien der Verhaltenstherapie für möglich; positives mitmenschliches Verhalten wird so geschickt belohnt, daß dieses Verhalten sich auf die neuen Verstärkungsverhältnisse zwangsläufig einstellen muß. Der Mensch wird rechtsbereit und gut, ohne sich den Strapazen einer moralischen Sinnesänderung unterziehen zu müssen. Wie das zugeht, hat Skinner in einem Zukunftsroman mit dem Titel »Walden II«, deutsch: »Futurum II«, beschrieben.

Die vierte Hoffnung ist die von Arthur Janov verkündete »Primal Revolution«. Sie erwartet von einer methodischen sowohl therapeutischen als auch pädagogisch-psychohygienischen Belebung verdorrter Gefühlsbereiche, wie sie die Primärtherapie anbietet, jene radikale Neuorientierung, die den Menschen bereit macht, ohne die Krücken von Gesetz und Moral mit dem Nächsten fühlend, und das heißt gütig und rücksichtsvoll, umzugehen. Das wahre, tiefe Fühlen und Mitfühlen macht das Böse unmöglich.

Die fünfte Hoffnung erwartet von bestimmten Meditationsmethoden eine Umstimmung des Menschen im Sinne friedlicher Gelassenheit und Weisheit. Sie baut sowohl quälende Bedürfnisspannungen als auch Aggressionen so weit ab, daß Unrecht nicht mehr notwendig ist.

Außerhalb solcher Planungen steht Freuds Hoffnung, die leise Stimme des Intellekts werde sich endlich durchsetzen, und der Eros könne eine neue große Anstrengung machen, den Destruktionstrieb in Schach zu halten. Außerhalb der Planung stehen romantische Hoffnungen, das Rettende wachse durch die Größe der Gefahr, oder der Mensch werde durch extreme Erfahrungen zur Vernunft kommen.

Die fünf Programme rechnen im Prinzip mit der Möglichkeit, das Böse in der Welt durch eine moderne wissenschaftliche Technologie und Strategie entweder radikal auszurotten oder doch entscheidend zu schwächen. Für den Christen ist die Bewältigung des Bösen dann – und nur dann – geleistet, wenn eine Sinnesänderung zu der Einstellung führt, die Rechte aller Personen zu respektieren; dem Nächsten, dem Kaiser und Gott zu geben, was des Nächsten, des Kaisers und was Gottes ist. Auch in der sozialen Bewältigung des Bösen führt an dieser Bereitschaft möglichst vieler einzelner, den Sinn zu ändern und jedem das Seine *gern* zu geben – dies ist der Nerv der Liebe – kein Weg vorbei.

Verdirbt das Christentum den Charakter?

Wenn frühere Generationen sich mit der Feststellung begnügten, dem Christentum sei es, von Ausnahmen abgesehen, nicht gelungen, den Menschen merklich zum Besseren zu verändern, müssen wir heute von der Frage ausgehen, ob es nicht im Gegenteil dem menschlichen Charakter eher Schaden zugefügt habe. Die psychoanalytische Forschung scheint zu zeigen, daß mannigfache Formen der Charakterfehlentwicklung, der Neurose und psychosomatischen Krankheit, der Liebesunfähigkeit und der Kontaktstörung auf christliche Störquellen zurückzuführen sind: ekklesiogene Neurosen. Weiter noch trägt die Vermutung, daß unter dem Einfluß christlicher Erziehung Menschen nicht nur neurotischer aufwachsen als nötig, sondern auch böser, aggressiver und in vieler Hinsicht unangenehmer als ohne die schädlichen Verformungskräfte des Evangeliums und der Kirchen.

In einem Punkt jedenfalls ist kaum ein Zweifel angebracht: Viele Menschen, die sich als gläubige Christen verstehen, sind nicht nur hervorragend in alltäglicher Unerfreulichkeit, sondern auch in dem, was das Neue Testament »himmelschreiende Sünden« nennt, zum Beispiel Arbeitern den gerechten Lohn vorenthalten, und in allen sieben Hauptsünden rascher zur Hand als in Gerechtigkeit, Liebe und anderen Tugenden. Auch wenn man sich vor Übertreibungen sorgfältig hütet und anerkennen muß, daß bei einzelnen, in Familien, in religiösen Gemeinschaften auch ein anziehendes Klima der Güte, des Friedens und der Freude zu finden ist, so weiß man doch auch, daß fromme Häuser Brutstätten der Lieblosigkeit, der seelischen Grausamkeit, des Klatsches, der Intrigen oder der uninteressierten Kälte sein können. Solche und ähnliche Erfahrungsbefunde mit dem schlechten Charakter von Christen können auf verschiedene Weise erklärt werden.

Die erste Erklärung: Christen zeigen einen schlechten Charakter, weil sie in der Tiefe des Herzens gar nicht sind, was sie zu sein vorgeben, sie sind also Heuchler und Scheinheilige. Sie sind von miserablem Chrakter, weil sie geschickte Spesenempfänger einer religiösen Konsumideologie sind; Spesenchristen gibt es, das ist selbstverständlich. Und niemand kann sie hindern, so zu sein.

Die zweite Möglichkeit der Deutung des unbestrittenen Erfahrungsbefundes wäre die These: Sie sind miserabel, obwohl sie Christen sind. Ihr Glaube verdirbt nicht ihren Charakter, aber er verhindert das Verderben auch nicht. Die dritte These wäre: Sie sind unerfreulich, eben weil sie Christen sind. Ihr schlechter Charakter ist Folge ihres Glaubens. So etwa drücken es kluge Leute aus, die einig sind mit Bertrand Russell, dem englischen Philosophen, in seiner These: »Ich sage mit vollster Überzeugung, daß die in ihren Kirchen organisierte christliche Religion der Hauptfeind des moralischen Fortschritts in der Welt war und ist«, und in demselben Buch, mit dem Titel »Warum ich kein Christ bin«[1]: »Mir scheint, daß der größte Teil der Menschen, die sich an die christliche Religion gehalten haben, außerordentlich schlecht war.« Russell ist der Meinung, daß sie schlecht waren, weil sie sich an die christliche Religion gehalten haben. Die vierte Hypothese, mit der man den Befund interpretieren könnte, heißt: Sie sind Christen, weil sie einen schlechten Charakter haben. Nicht ihr schlechter Charakter ist Folge ihres Glaubens, sondern der Glaube ist eine Folge ihres schlechten Charakters. Das ist die bekannte These Nietzsches. Eine weitere Vermutung würde sagen: Die Christen sind mehr oder weniger unerfreulich, weil sie Menschen sind und weil der Mensch nun einmal miserabel ist. So sagt es Kant: »Der Mensch ist aus so krummem Holze, daß er nimmermehr kann gerade werden.« Dieser miserable Zustand des Menschen als Menschen wird durch den Glauben weder gebessert noch verschlimmert, sondern als Tatsache anerkannt, ja vorausgesetzt. Gerade das sei der Inhalt des Evangeliums, daß Gott in seiner souveränen Bejahung des Menschen dessen schlimmes Wesen für uninteressant erklärt, ohne ihn in dieser Welt zu ändern oder eine Änderung von ihm zu erwarten.

Der Charakter der Christen sei dem lieben Gott genauso gleichgültig wie ihr Intelligenzquotient und ihre Augenfarbe. Nicht ethisch-religiöse Leistungen, nicht Werke, nicht Tugend rechtfertigen den Gerechten, sondern allein Glaube und allein Gnade.

Wir können hier nicht alle Möglichkeiten prüfen. Zunächst aber glaube ich, daß wir alle einig sind in einem ersten Punkt. Es ist einleuchtend, daß keine Macht des Himmels und der Erde den Menschen daran hindert, von seinem christlichen Glauben wie von jedem anderen Glauben und von jeder anderen möglichen Überzeugung auch einen für den Charakter äußerst schädlichen Gebrauch zu machen, so daß wenigstens scin Christentum seinen Charakter verdirbt. Glaubensüberzeugungen bringen nicht automatisch ein christliches Verhalten hervor, wie oft naiv erwartet wird, so wenig wie die Kenntnis von Pflichten ihre Erfüllung automatisch nach sich zieht. Wissen ist nicht Tugend, Glauben noch nicht Leben. Umgekehrt ist es einleuchtend, daß die ständige Mißachtung von im Glauben erkannten und anerkannten Pflichten für den Charakter schädlicher ist als die Unkenntnis oder auch Ablehnung der im Glauben enthaltenen Aufforderungen durch den Nichtgläubigen.

Wenn man der Frage, ob sich Christen von Nichtchristen nicht doch positiv unterscheiden, mit den Mitteln der Statistik nachgeht, kommt man anscheinend in der ganzen Welt zu ziemlich nichtssagenden Plus-Minus-Befunden. Christen sind nicht schlechter, aber statistisch gerechnet und statistisch nivelliert auch nicht aufregend viel besser als andere Leute. Gewiß wird man vermuten, daß die glaubenden und betenden Christen unter den Kapitalverbrechern nicht besonders zahlreich vertreten sind. Aber das würde nur dafür sprechen, daß es dem Christentum gelingt, so etwas wie eine sozial angepaßte und gezähmte Bürgerlichkeit zu züchten; was unter dieser Bürgerlichkeit an Bösem möglich ist, wissen wir. Die statistischen Vorrechte der Christenheit sind nicht sehr eindrucksvoll. Gerade der negative Ausfall des statistischen Befundes ist ein Problem.

Der Christ scheint etwa so zu leben wie sein nichtchristlicher Nachbar und sich von diesem weder in der Tugend noch in irgendeinem anderen Punkt deutlich zu unterscheiden. Könnte es sich nicht so verhalten, daß der Mensch seinen Charakter hat, seinen guten oder seinen schlechten, und daß an diesem Charakter sein Christsein oder Nichtchristsein gar nichts ändert; daß es ethisch Begabte und ethisch Unbegabte gibt, ethisch gut Dressierte und ethisch schlecht Dressierte? Das wäre nun freilich ein etwas deprimierendes Ergebnis. Wir werden zunächst einmal mindestens das eine einräumen müssen, daß etwaige positive Unterschiede, die da sein mögen, nicht leicht wahrzunehmen sind, und schon das ist sehr merkwürdig.

Auch für den Psychoanalytiker zeigt sich das folgende Bild: Der Verdacht, der den Zeitgenossen der Kirche und den Christen gegenüber beunruhigt, läßt sich auf eine kurze Formel bringen: Das Christentum bedroht die Menschlichkeit des Menschen. Christliche Lebenslehren und Erziehung machen den Menschen untüchtig, unfroh, dumm und böse oder doch unglücklicher, unintelligenter und kränker als notwendig. Das Verhalten der Christen wird, so scheint es, im großen und ganzen von den gleichen Triebkräften und Motiven bestimmt, die alle Welt bestimmen und die Freud richtig beschrieben hat, nämlich von Libido, Aggression und Egoismus; dieses Sosein ist freilich für den Christen unbekömmlicher als für Hinz und Kunz, weil es für ihn vermehrte Schuldgefühle, vermehrte Gewissensangst, Selbstbetrug und infolge aller dieser Dinge mehr Aggressivität, Gehässigkeit, Depression, neurotische Symptombildung, Unehrlichkeit, Verdrängung und Heuchelei mit sich bringt und mit sich bringen muß. Der Christ hat seinen durchschnittlich schlechten Charakter wie jeder andere, aber er hat ihn mit schlechterem Gewissen und mit schlimmeren psychosomatischen Folgen als der Nichtchrist. Das ist nun aber auch der einzige Unterschied, und dieser Unterschied macht ihn noch jammervoller, als er von sich aus schon ist. So beziehen sich Mißtrauen und Skepsis des Zeitgenossen vor allem auf die Kraft des Christentums, den Menschen zu verwandeln.

Ein Hinweiswort, das eine Grundstimmung dieser Art wiedergibt, ist der Satz: Das Christentum hat versagt und versagt noch immer. Der Christ unterscheidet sich vom Nichtchristen nicht durch Liebe und Güte noch durch geringere Bereitschaft zur Sünde, sondern allenfalls dadurch, daß er eine größere Vorliebe für andere Kategorien von Sünden hat als der Nichtchrist. Wenn man sich das in einem einfachen Bilde klarzumachen sucht, dann könnte man sagen, er verbraucht bei dem anstrengenden Bemühen, die Gipfel des vierten und des sechsten Gebotes zu erklimmen, so viel Energie, daß er sich im Bereich des fünften, siebten und achten wieder erholen muß. Das tut er denn auch mit Ausdauer. Es scheint also, daß der Glaube des Christen ihm wenig helfe, das Leben zu entgiften und lebendiger zu leben, weniger verlogen, weniger gierig, weniger verdrossen, weniger gehässig und weniger übellaunig zu existieren, als alle Welt nun einmal so dahin existiert.

Auch wenn wir die gar nicht so seltenen überzeugenden und geglückten Christen nicht vergessen, wäre doch die Erkenntnis bedrückend, daß das Christentum eine Sache der wenigen ist und nur wenigen wirklich gelingt. Selbst wenn wir das akzeptieren müßten, dann wäre die nächste Frage: Warum ist es eigentlich so, wie es ist?

Hier können wir auf eine Analogie zurückgreifen, die wir aus der Praxis der Psychoanalyse kennen. Sigmund Freud hat bei der Behandlung von neurotisch kranken Menschen die Erfahrung gemacht, daß die Kranken ihrer Heilung, der angewandten Heilungsmethode und dem helfenden Arzt einen ständigen, zähen Widerstand entgegensetzen und daß ihnen dieser Widerstand gewöhnlich unbewußt ist. Der Kranke will also mit seinem bewußten Willen gesund werden, und er will, ernsthaft und unter großen Opfern, die ihm dazu angebotenen Hilfsmittel ergreifen. Irgend etwas in ihm widersetzt sich diesem seinem bewußten und entschiedenen Wollen. Es gibt da so etwas wie einen unbewußten oder halbbewußten Gegenwillen, der auf Sabotage aus ist und alles tut, die Behandlung scheitern zu lassen oder sie wenigstens zu behindern, hinauszuzögern und den Heilungsfortschritt aufzuhalten. Der Psychoanalytiker rechnet also immer mit einem Patienten, der seiner eigenen Heilung und Reifung zwiespältig gegenübersteht, der sie will und doch nicht will, der sie fördert und doch behindert. Das tut der Kranke in seiner Behandlung, und das scheint der Christ in seinem Leben zu tun. Eine so zwiespältige und ambivalente

Haltung, einen ähnlichen Widerstand und Gegenwillen finden wir in der psychoanalytischen Unterschung regelmäßig bei frommen Menschen in ihrem Verhältnis zu ihrer Frömmigkeit, zu ihrer Religion, zu ihrem Gott, zu Jesus Christus. Dem bewußten Willen zum Glauben und Glaubensgehorsam steht ein unbewußter oder halbbewußter Gegenwillen gegenüber. Dabei handelt es sich oft um einen hinhaltenden Widerstand. Die Gottesbeziehung des Menschen und seine Christusbeziehung sind in der Regel genauso gebaut wie alle seine übrigen personalen Beziehungen, nämlich ambivalent, zwiespältig. Gott ist für diese Menschen nicht nur das Vorbild und das Ziel seiner Liebe, sondern auch irgendwie der Feind, der ihm Vorschriften macht, seine Freiheit einschränkt, harte und zu harte Aufgaben und Zumutungen stellt, ihn in eine leidvolle, mühsame Welt gestellt hat, ohne ihn vorher gefragt zu haben. Das paßt dem Menschen nicht, das paßt auch dem Christen nicht. Denn der Mensch will über sich selbst verfügen, und er will durch keines anderen Zuspruch und Einspruch an seiner Selbstverfügung und Selbstherrlichkeit gehindert werden. Er will keiner Fremdverfügung unterworfen sein, die er nicht selbst souverän getroffen hat. Er will in seinem Fürsichsein sich selbst der erste und der letzte sein. Just daran hindert ihn dieser sein Gott, und er stört und ärgert ihn darin. Mir scheint, daß eine der tiefsten psychoanalytischen Bemerkungen von einem Theologen stammt, nämlich von Karl Barth, wenn er sagt: »Die Geschichte eines jeden Menschen ist faktisch die Geschichte seiner besonderen Art von Rechthaberei.« Diese Rechthaberei ist vielleicht eine tiefere Wurzel als alles, was als Libido, Aggression und Egoismus in der Freudschen Trias enthalten ist, weil sie eine in einem besonderen Maß menschliche Wurzel unseres Verhaltens ist, etwas wirklich dem Menschen eigentümliches. Dieser Sachverhalt spiegelt sich in der Gefühlssphäre des Christen, soweit sie dem Psychoanalytiker und seiner Erfahrung zugänglich ist. Ein irisches Märchen sagt einmal von seinem Helden: Fiunn liebte Gregon, aber er mochte ihn nicht! Dieser Satz gilt auch von der Untergrundsbeziehung vieler Christen zu Jesus Christus. Er ist für sie eine nazarenische Idealgestalt, ein fader femininer Mustertypus der Bravheit, aber keine individuelle Person und vor allen Dingen kein Mann und kein Mensch. Sie lieben ihn pflichtgemäß als Verkörperung einer Idee, aber sie mögen ihn nicht. Vielen durchschnittlichen und überdurchschnittlich eifrigen Christen ist dieser Jesus Christus in den unbewußten Gefühlstiefen einfach unsympathisch. Nun geht ein erheblicher Rest dieser Gefühlswelt auf das Konto der Kunst des frühen oder mittleren 19. Jahrhunderts, jener nazarenischen Kunst, die diesen Typus in einer ganz besonderen Fadheit dargestellt hat. Aber man muß natürlich fragen, warum und woher sind diese Künstler auf die Idee gekommen, diesen Mann so feminin zu malen. Das hat seine tiefen geistes- und gefühlsgeschichtlichen Wurzeln, denen wir jetzt nicht nachgraben können.

Immerhin zeigt es sich auch als Illustration zu unserer These: Die Grundsituation der Ambivalenz ist die, die den mittleren Christen bestimmt, und diese Grundsituation der Ambivalenz – das ist eines der sichersten psychologischen Gesetze, die die Psychoanalyse herausgearbeitet hat – ist die Situation der Fehlleistung. Aus ihr wachsen Fehlleistungen, nicht nur kleine wie versprechen, vergessen, verlieren, verschreiben, sondern auch große Fehlleistungen, die ein ganzes Leben zu einer Folge von Fehlhaltungen machen können, in der eine zwiespältige, eine negative Intention die positive stört. Wo immer ein Mensch das, was er leibt und lebt, zwiespältig tut und lebt, da wird er manche Gelegenheit benutzen, durch eine Fehlleistung einer anderen Strömung in sich selbst Ausdruck zu verschaffen.

Man kann die Geschichte des Christentums zu einem

guten Teil als eine Geschichte jener Versuche lesen, mit denen die Christen die Lehre ihres Herrn unwirksam zu machen suchen, indem sie Einzelheiten in ihr überspitzen, Teile der Lehre unterschlagen oder verdrängen oder indem sie, wie der Soldat Schweijk, Worte der Vorgesetzten allzu wörtlich ausführen und dadurch ad absurdum führen. So sabotiert ein Buchstabengehorsam oft den Geist des Gebotes. Immanuel Kant hat den Lieblingstraum des Menschen von seinen Möglichkeiten und auch den Lieblingstraum des Christen so formuliert: »Humanität ist die Vereinigung von Tugend und Wohlleben.« Auch der Christ versucht mit allen Kräften, an diesem Wunschdenken festzuhalten, und er wehrt sich, so gut er kann, gegen die Zumutung, diesen Traum aufzugeben. In dem lebenslangen Prozeß der halbwiderwilligen, eben der ambivalenten Lösung aus dieser Traumverfangenheit ist der Christ über manche Jahrzehnte seines Lebens ein gespaltener Mensch mit geteiltem Herzen, ein widerwilliger Schüler. Ihn plagt die Sorge, zu kurz zu kommen und zu verkümmern, wenn er sich mit Gott einläßt und wenn er sich auf ihn verläßt, und er hat das Bedürfnis, sich gegen den unberechenbar verfügenden, gefährlichen und gefährdenden Gott zu sichern. Der Christ spielt unausgesetzt mit dem Gedanken, ob es nicht doch möglich sein könnte, Gott zu lieben, ohne sich selbst zu verleugnen. Ihm schwebt ein Kompromiß vor, eben jener Kompromiß zwischen Tugend und Wohlleben. Der Psychoanalytiker weiß, wie geschickt die Christen darin sein können, ihren Glauben zu einem behaglichen Wohlstandsbungalow auszubauen, in dem sich gemütlich und bequem in bösen Zeiten überwintern läßt, sozusagen mit allem erdenklichen psychischem und metaphysischem Komfort für Zeit und Ewigkeit. Der Psychoanalytiker weiß, wie gut wir verstehen, die Schäflein Gottes zu weiden und dabei die eigenen unvermerkt ins Trockene zu bringen. Christentum ist nicht selten das Laboratorium, in dem der experimentelle Beweis gesucht wird für die Möglichkeit, Gott zu dienen und dem Mammon. Das handfeste und urvernünftige Mittelalter hat sicher den heiligen Martin darum ganz besonders geliebt und verehrt, weil er gezeigt hat, daß man den Nächsten wärmen kann, ohne selbst frieren zu müssen.

Ein solcher Kompromiß wird verständlicherweise nicht immer so gut gelingen wie der von Sankt Martin. Bei Menschen, die es zu ihrer Hauptbeschäftigung machen, Wohlleben und Tugend zu vereinen, ist das offizielle Credo oft untadelig; aber nicht selten liegt dem wirklichen Verhalten ein unausgesprochenes Privatcredo zugrunde, eine existentielle Konfession unter der offiziellen mit großen Unterschieden zwischen beiden. Dieses praktikablere Glaubensbekenntnis sagt dann etwa: Häufiger Kirchenbesuch ist wirklich sehr notwendig, um in den Himmel zu kommen. Weder bedeutsam noch erfüllbar aber ist das Gebot der Nächstenliebe. Weder vermeidbar noch wirklich schlimm sind Verleumdung, üble Nachrede, milder Betrug im Geschäftsinteresse, Geiz und Hartherzigkeit. Oder das existentielle Credo sagt umgekehrt: Was zählt, das sind die Nächstenliebe und die soziale Haltung, aber nicht entscheidend und auch nicht durchführbar sind die Gebote der Sexualmoral, die kann man vergessen. Das Evangelium muß beachtet werden, soweit es zu einer vernünftigen Lebensordnung beiträgt, aber man sollte nicht übertreiben, denn viele seiner Forderungen, zum Beispiel die gesamte Bergpredigt, gelten nur für ganz wenige, außergewöhnliche Menschen und werden von ihnen in Stellvertretung der anderen miterfüllt. Außer der formulierten und reflektierten Auswahl aus den Evangelien, den aktive, religiös bewegte, fromme und eifrige Menschen vornehmen, indem sie weglassen, was ihnen nicht paßt, gibt es noch das Auswahlchristentum der Durchschnittlichen, der eher Trägen, der Passiven, die subkutane, unausgesprochen Häresie der Gefühls- und Lebensform, die gar nicht als solche erkannt wird, weil sie nicht formuliert wird. Die Glaubensmitteilung einer lauen Familie ist ein Evangelium der Herzensträgheit, einer Art von kalkulierter Mittelmäßigkeit. Wirklich geglaubt wird nur, was zum leicht faßlichen Sittengesetz gehört. Was darüber hinausweist, gilt als überspannt, unvernünftig und sektiererisch. Wo das so ist, hat Nietzsche Recht, wenn er sagt, Christentum sei Platonismus für das Volk; es bringe nur das, was schon Sokrates wußte, nämlich Gott, Sittlichkeit und Unsterblichkeit der Seele. So entsteht ein praktikables bürgerliches Evangelium ohne Geist und Herz des Christentums. Sein erstes Gebot heißt: Wolle ja nicht vollkommen sein wie dein Vater im Himmel oder wie die extrem Guten und Heiligen, denen das auch nicht bekommen ist, sondern suche die Tugend, die in der Mitte liegt zwischen extrem gut und extrem böse, denn sie allein ist möglich, vernünftig und erstrebenswert. Sie ist der optimale Kompromiß, der irdisches und ewiges Glück gleichzeitig garantiert.

Wenn diese in verborgener Weise defekten Glaubensformen wirklich gelebt werden, führt das eher zu einer Verderbnis des Charakters als zu seiner Verbesserung. Die christliche Existenz bringt so eine beständige Versuchung zur Unwahrhaftigkeit mit sich. Wenn der Christ lebenslänglich viel Mühe darauf verwendet, Wohlleben und Tugend zu vereinen, Gott und den Nächsten zu lieben und sich selbst dabei nicht allzu kurz kommen zu lassen, die Gebote zu halten und die Süße des Verbotenen nicht ganz zu verpassen, das Kreuz auf sich zu nehmen und trotzdem sein Leben zu genießen; wenn der Mensch darauf Mühe verwendet, und daran kann er sich gar nicht radikal hindern, dann trainiert er unausweichlich eine Findigkeit für Kompromisse, die nicht eben die Lauterkeit und die Einfalt, die Wahrhaftigkeit des Charakters fördern. Es kann dabei gar nicht ohne blinde Flecken, ohne Sophismen, Unredlichkeiten und Lebenslügen abgehen. Dies alles bleibt häufig der Selbsterkenntnis verborgen, es ist aber dem kritischen Blick des Nichtchristen besonders sichtbar, der den Christen nun einmal mit Recht vor dem Hintergrund der biblischen Forderungen beurteilt. Die wohltrainierte Gewohnheit, Geistliches und Weltliches, Amor Dei und Amor Sui, auf einen Nenner zu bringen, an einem geschönten Evangelium, einem gemütlichen Kreuz zu basteln, erzeugt in uns einen zwielichtigen Charakter, der in extremen Fällen eine große radikale Frömmigkeit mit noch größerer partieller Gewissensblindheit verbindet. Es ist wohl verständlich, daß diese Versuchung zu unmöglichen Kompromissen auf den Gipfeln politischer und religiöser Macht als Versuchung unter dem Schein des Guten tragische Dimensionen erreichen kann.

Die beschriebenen Defekte sind Krankheiten, gegen die es keine absolute Immunität gibt. Jeder Christ in jedem Stand und Amt kann von ihnen befallen werden. Die Kirche als ganze kann sich nicht immer und überall konkret distanzieren von Menschen, die das Evangelium grob und subtil mißbrauchen, verkürzen oder entstellen, und sie wird immer auch mit denen verwechselt und nach denen beurteilt werden, die nur scheinbar an ihrem Glauben teilhaben. Das ist der eine Grund, aus dem die Statistik scheitert.

Aber es gibt auch noch einen anderen Grund. Dieser ist wahrhaftig erfreulicher als der erste. Einen anderen Grund, aus dem man nicht erwarten kann, daß der Durchschnitt derer, die sich als Christen bezeichnen, im sittlichen Charakter dem Durchschnitt der Nichtchristen meßbar überlegen ist. Denn wie es viele Menschen gibt, die sich Christen nennen, ohne es zu sein, so gibt es viele, die gewissenhaft nach dem Willen Gottes und in seiner Gnade leben, ohne sich als Christen zu bezeichnen. Diese anonymen Christen, wie Karl Rahner sie genannt hat, machen nun vollends der

Statistik einen Strich durch die Rechnung, weil durch sie die Erwartung eines meßbaren und zählbaren Unterschieds im Charakter und im Verhalten von Christen und Nichtchristen zunichte gemacht wird.

Neben der Grundform des Spesenchristen und der Grundform des ambivalenten Christen und der Grundform des, sagen wir es mit einem anspruchsvollen Wort, des Heiligen oder des schlechthin bekehrten Christen gibt es auch noch eine vierte. Sie ist in dieser Welt die tröstlichste. Es gibt nämlich den Menschen, bei dem die ernsthafte Mühe alles erreicht, was zum Heil notwendig ist, aber nicht vermag, unerfreuliche und abstoßende Charakterzüge zu bewältigen. Das sind Leute, die halten tapfer und gutwillig die Gebote, aber sie gehen sich und den anderen, nicht zuletzt ihren Kindern, in unausstehlicher Weise auf die Nerven. Die Atmosphäre, die sie ausstrahlen, ist vielleicht düster, drükkend und ungesund. Es gibt so etwas wie eine Ergänzungsreihe von Heiligkeit und seelischer Gesundheit. Ein Mensch von viel Heiligkeit oder substantieller christlicher Haltung und wenig seelischer Gesundheit kann seinen Kindern und seinen Mitmenschen ein recht schlechtes Entwicklungsklima anbieten, während ein in der Vollkommenheit wenig Fortgeschrittener von größerer natürlicher Gesundheit ihnen möglicherweise gut bekommt.

Die wichtigste Frage, die sich angesichts dieser Überlegungen stellt, ist die Frage, warum denn der durchschnittliche Christ ein so lauer Christ zu sein scheint, warum also anscheinend die Mehrzahl der Glaubenden sich ein bequemes Evangelium zurechtschneidert und aus dem Glauben keine besonders deutlichen Konsequenzen für ihre Lebensführung zieht. Und eine zweite Frage drängt sich auf: Warum kommt auch bei eifriger Pflege des geistlichen Lebens, ja selbst bei deutlicher Bereitschaft zu großen Opfern und bei energischer und großmütiger Selbstverleugnung so oft nur jene glanzlose und freudlose Verhärtung in der Tugend, jene Psychoklerose heraus, die viele Berufschristen so unerfreulich für ihre Mitmenschen machen. Warum gelingt die glaubwürdige, überzeugende sichtbare Verleiblichung des Christseins anscheinend so selten?

Die Antwort ist vielleicht gar nicht so schwer. Wenn nämlich ein Mensch sich lebenslänglich wieder und wieder bemüht, in allen wichtigen Dingen das Gebotene zu tun und das Verbotene zu meiden, dann ist in diesem Leben ein kräftiges, vitales Maß von Gottesliebe und Nächstenliebe wirksam. Gerade das aber mag für die mitmenschliche Erfahrung verborgen bleiben. Es gibt nicht nur scheinheilige, es gibt auch scheinunheilige und scheinböse Menschen. Es ist nämlich durch eine solide Bemühung eines Menschen um ein Leben nach seinem Glauben keineswegs ausgeschlossen, daß er lange Zeit ganz wesentliche objektive Pflichten übersieht, also in den Zeiten, in denen er sich auf dem siebten und achten Gebot ausruht von den Strapazen der anderen Gebote. Es ist auch nicht ausgeschlossen, daß immer wieder einmal eine massive Verfehlung vorfällt.

Vor allem aber können das zähe und echte Festhalten an dem erkannten Willen Gottes und der dazu notwendige Energieaufwand, das geduldige Ertragen von mannigfachen Verzichten, die mühselige und graue, stumpfsinnige Pflichttreue des Alltags, der immer wiederholte Versuch, die eigenen Launen zu bezwingen – dieser große Energieverbrauch kann allerlei nicht gerade ganz bösartige, aber doch ärgerliche und unsympathische Unleidlichkeiten mit sich bringen oder doch mit ihnen vereinbar sein: Reizbarkeit, schlechte Laune, mürrisches Wesen, Kleinlichkeit, Nachlässigkeit gegen die eigenen Fehler, häufige kleine Notlügen usw. usw. Es ist durchaus denkbar, daß manche Fehler dieser Art weniger auffällig wären, wenn nicht so viel Mühe in Frömmigkeit und Halten der Gebote investiert würde. Das Leben der Sünder ist manchmal anmutiger als das Leben der Gerechten. Mit dieser kosmetischen Ungerechtigkeit des lieben Gottes müssen wir uns abfinden. Der wackere Christ dieser Art mag in den Augen Gottes gar nicht schlecht angesehen sein, und trotzdem macht er vor dem Menschen und vor sich selbst eine jammervolle und trostlose Figur. Der gleiche Sachverhalt gilt aber auch für den Christen, der großmütig nicht nur die Befehle und Verbote, sondern auch die Wünsche Gottes sich zum Maßstab setzt. Auch sein Leben kann durchaus für die mitmenschliche Erfahrung mehr nach neurotischer Kargheit als nach spiritueller Lebendigkeit schmecken. Auch ein selbstvergessener Eifer für die Sache Gottes ist mit höchst unangenehmen, aber vorläufig und über Jahrzehnte schlechthin unüberwindlichen Charakterfehlern und schlechten Gewohnheiten vereinbar. Auch ein wohlwollender und gütiger Mensch kann gelegentlich, vielleicht gar nicht selten, Aggressivität, Rücksichtslosigkeit und unangebrachte Härte zeigen, ein wirklich Wahrheitsliebender kann gelegentlich in beschämende Lügen geraten. Für die Mitwelt ist er dadurch ein für allemal disqualifiziert – sie mag froh entsetzt seine Mängel genießen oder unter ihnen leiden –, nicht aber für das Urteil seines Herrn. Diese Gruppe der scheinunheiligen Christen ist vielleicht die größte, eine Schar, die niemand zählen kann. Zum Schluß mag noch eine Vermutung erlaubt sein über die Wurzeln der Schädigungen, die wir freimütig als Folgen des christlichen Glaubens zugeben oder als im Zusammenhang mit diesem Glauben möglich einräumen wollen.

Die Wurzel vieler protestantistischer und katholizistischer Fehlmeinungen und Fehlhaltungen scheint mir in einer Ablehnung von Determinanten des Daseins zu liegen; das haben diese Fehlhaltungen mit der Neurose gemein. Einer der großen anthropologischen Sätze, die Sigmund Freud formuliert hat, sagt: »Der Neurotiker lehnt die Wirklichkeit ab, weil er sie, ihr Ganzes oder Stücke derselben, unerträglich findet.«[2] Dieser weise Satz gilt auch für die Christen. Ihre Ablehnung der Wirklichkeit kann sich an Vielerlei wundreiben; wahrscheinlich gibt es nur wenige Menschen, die ein volles Einverständnis mit allen Setzungen und Zulassungen Gottes zustande bringen: Wir hätten eine bessere Welt geschaffen und die Geschichte in weniger katastrophaler Weise gelenkt. Die Ablehnung der Wirklichkeit stößt sich unter anderem an der Tatsache, daß der geistige Gott eine materielle Welt geschaffen hat. Es gibt ein christliches Unbehagen in der Materie, dem die griechische Idee, Materie sei entweder Ursprung oder Folge des Bösen, viel näherliegt als die biblische Offenbarung und der Satz der klassischen Theologie: »Caro cardo salutis«, das Fleisch, der Stoff ist die Angel des Heils. Ihr gegenüber steht ein Angelismus, ein Spiritualismus. Er entspricht ganz dem Lebensgefühl des Plotin, von dem es heißt: »Plotinos sah aus wie einer, der sich schämte, im Leibe zu sein.« Nur der reine Geist wird als eigentlich sinnvolle Form des Personseins anerkannt. Der Spiritualist sieht in der Materie nur das, was den Geist hindert, zu sich selbst zu kommen und bei sich selbst zu sein. Darum weiß er nicht, warum es Stoff überhaupt gibt und geben darf. Die materielle Welt ist ihm letztlich unverständlich, sinnlos und ärgerlich. Ein solcher Protest gegen den Stoff und gegen den Leib als Determinanten des Daseins führt in eine Verlegenheit gegen alles, was von der Materie mitkonstituiert ist. Verlegenheit also gegen Natur, gegen materielle Sinnlichkeit, Geschlechtlichkeit, aber auch gegen Sinneserfahrung, Empirie, Geschichte, Entwicklung, Wandel, Fortschritt. Alles das ist nur in einer materiellen Welt möglich, die durch Schmutz, Blut und Tränen wahrhaft gottesunwürdig erscheint.

Jede Ablehnung der Wirklichkeit zerstört aber jene Wurzel der Liebe, die die Dankbarkeit ist. Die Herzensdürre und Kargheit der Liebeskraft sind die Quintessenz und das Ergebnis aller bisher geschilderten Einzelzüge des Protestantistischen und des Katholizistischen, denn die pseudochristlichen Fehlentwicklungen sind wahrhaft ökumenisch. Wenn ihr Wesen und Unwesen darin besteht, die von Gott verfügte Wirklichkeit einer materiellen Schöpfung und Geschichte mit ihrer Freiheit, Offenheit und Unsicherheit, mit ihrer komplexen Vielfalt und Unverfügbarkeit, mit ihren Prüfungen und Gefahren, mit ihrer Störanfälligkeit und Verstörtheit nicht dankbar und in allen Zügen ohne Ausnahme annehmen zu können, dann ist die Verwirrung und Zerstörung der Liebe verständlich aus dem Verlust ihrer Wurzel, ohne die sie nicht leben kann, aus dem Verlust der Dankbarkeit. Denn nur sie vermag alles Gegebene als Wohltat mit Wohlgefallen und Freude anzunehmen. Das pseudochristliche Unwesen bedeutet im Grunde, daß die ärgste Last und Läuterung, die dem Menschen auferlegt ist, in nichts anderem besteht als in ihm selbst. Die Last, die die Christenheit trägt, die ihre und unsere Gestalt beugt und entstellt, ist die Menschlichkeit und die Unmenschlichkeit des Menschen und des Christen[3].

Der Charakter der Christen scheint auf den ersten Blick das Jesuswort »Ihr seid das Licht der Welt« nicht zu bestätigen. Dieser Schein trügt sehr. Der Mann, der auszog, das Gruseln zu lernen, fand jemand, der ihm das Gruseln zeigte. Der Mensch, der auszieht, jene zu finden, die das Licht der Welt sind, wird nicht so selten Gelegenheit haben, genau dieses Licht in unserer Geschichte und Gegenwart zu erblikken. Zu sehr versteckt ist es nicht.

Die Gottesenttäuschung: Zu Tilmann Mosers Buch »Gottesvergiftung«

Tilmann Moser hat 1974 unter dem Titel »Lehrjahre auf der Couch« einen Bericht über seine Erfahrungen als psychoanalytischer Patient gegeben. Der Untertitel dieses Berichtes heißt »Bruchstücke meiner Psychoanalyse«. In einem neuen Buch erfahren wir, daß der Autor die wichtigste Ursache seiner Neurose und seines Elends in den »Lehrjahren auf der Couch« noch nicht entdeckt hatte. Diese Ursache nennt Moser »Gottesvergiftung«, und so heißt auch sein Buch. In ihm wird auf hundert Seiten dem bösen Gott klargemacht, auf welche Weise er an Mosers Elend schuld ist. Diese neuen und wichtigeren Bruchstücke einer Selbstanalyse scheinen zunächst absurd. Welch ein Unsinn, an einen Gott hin zu fluchen, dessen Nichtexistenz dem Fluchenden gewiß ist. Welch abgeschmackte Albernheit, einen Absud aller abstoßenden menschlichen Charakterzüge zu destillieren und den so gewonnenen Geist aus der Flasche, ein Zähne fletschendes Gottesmonstrum, für den Gott Jesu Christi auszugeben. Das eine wie das andere – unernste Narrenspiele. Sagt der Verstand. Aber warum quält die Lektüre? Warum tritt an die Stelle der Empörung über den frevelhaft leichtfertigen Schwätzer eine wachsende Nähe? Ist es schon so weit, sind wir so gespalten, daß wir mit den Verächtern Gottes fraternisieren?

Die Lektüre dieses Buches ist ein eigenartiges existentielles Experiment. Sie fördert mit hoher Wahrscheinlichkeit bei Gläubigen und bei Nichtglaubenden den Gehalt der Seele an einer mindestens in Spuren fast allgegenwärtigen Substanz zutage; nennen wir sie Gottesenttäuschung.

Unter jener offiziellen Konfession, in der ein unendlich weiser, gütiger und allmächtiger Gott gelobt und angebetet wird, steckt in vielen von uns deutlich oder verborgen eine inoffizielle, halb- oder unbewußte Konfession, deren Essenz eben die Enttäuschung an Gott und ein tiefes Mißtrauen gegen ihn bildet. Mosers Buch macht alle, die nicht in der Tugend verstockt sind, so betroffen, weil das einfache Aussprechen und Ausschreien solcher Gefühle in der direkten Anrede an den hin, dem sie gelten, die tiefste Resonanz in uns weckt. Moser hat diese direkte Anrede wohl weniger von Hiob, von Augustin oder von Goethes Prometheus gelernt, sondern ihre überwältigende Kraft in den Stürmen einer neuen Psychotherapieform erfahren. In der von Arthur Janov entwickelten Primärtherapie löst das direkte laute Ansprechen der Eltern, als wären sie jetzt und hier gegenwärtig, unerwartete Erschütterungen aus. Manche Teilnehmer der Primärtherapie überschreiten nun spontan die Beschränkung der Elternanrede und sprechen oder schreien, meist voll wütender Anklage, zu Gott. Bei vielen klingt, was sie da sagen, dem Text von Tilmann Moser überaus ähnlich. Auch viele seiner Leser müssen zugeben, daß Gedanken, die Moser als bare Münze hart auf den Tisch zählt, wenigstens als Verdacht und Sorge in ihnen anwesend sind. Gott macht ihnen Sorgen.

Es ist besser, sie einzugestehen, als sie zu verdrängen. Die eingestandene Enttäuschung, das vorgelassene Mißtrauen können bewältigt werden, das verheimlichte nicht. Dies ist nicht eine Sache nur privater psychischer Hygiene. Ich würde mich nicht einmal getrauen, das Gewicht einzuschätzen, das der Gottesenttäuschung unter den Kräften zukommt, die bei der Entstehung von Neurosen, psychosomatischen Krankheiten, bei Verwahrlosung und moralischem Verfall beteiligt sind. Ich finde hier auch bei der sonst so subtilen Untersuchung der menschlichen Entwicklung durch die Psychoanalyse wenig Hilfe und muß den ziemlich skandalösen Satz Mosers bestätigen: »Du (Gott) weißt, daß ich bei mehreren Psychotherapeuten Hilfe gesucht habe, und nicht zuletzt deinetwegen. Das Schlimme war, daß sie, spezialisiert auf die Nachwirkungen der wichtigsten Familienmitglieder im Seelenleben ihrer Patienten, die Gottesvergiftung kaum erkannten. Da ich glaubte, du seist inzwischen verwest, habe ich dich als Person nie ins Spiel gebracht, und sie haben nicht bemerkt, daß du immer mit im Raume warst.« Wenn ein Analytiker, aus welchem Grunde immer, Einfälle des Patienten aus dem Bereich des Religiösen und Spirituellen bewußt oder unbewußt abwehrt, ohne Verständnis behandelt oder mißdeutet, verschwindet das Thema leicht aus der freien Assoziation. Dieser Intimbereich ist verletzlich. Patient und Analytiker können hier leicht Komplizen in der Vernebelung von Realitäten werden, denen beide lieber aus dem Wege gehen. Ebenso wie das Aufgreifen einer Äußerung des Patienten in einem der vielsagenden wortlosen Laute des Analytikers oder in einer Deutung lenkende Eingriffe in die freie Assoziation sind, so kann sein Verhalten Verweigerung von Verständnis ausstrahlen und Vermeidung unerwünschter Regionen nahelegen. Übrigens steht es hier in der Primärtherapie nicht besser. Zwar sieht und sagt Janov, daß über dem Thema Religion bei den meisten Patienten ein Betondeckel liege, der einen gewaltigen Gefühlsdruck niederhält. Aber zu dieser Bemerkung findet man kaum konkrete Befunde bei ihm. Zudem hat die übliche Gruppendynamik selten ein günstiges Klima für diese Dinge. Das Spirituelle ist in Gruppen leicht das Ärgerliche und Lächerliche schlechthin. Äußerungen aus diesem Bereich werden nicht selten von wütender Aggression, Spott oder einfach von tötendem Gelächter erstickt.

Die Vermutung, die bisherige Psychotherapie habe nicht nur bei dem einen Patienten Tilmann Moser, sondern in der Regel versäumt, die etwa vorhandenen religiösen Ursprünge von Neurosen und ähnlichen Fehlentwicklungen aufzudecken, rechtfertigt die Frage, ob nicht die von Moser beschriebene Gottesenttäuschung weit über die Grenzen der neurotischen Entwicklungen hinaus eine verborgene Quelle des mißglückten Daseins von Unzähligen, eine Quelle des elenden Zustandes unserer Welt sein könnte.

Gottesenttäuschung und Gottesvergiftung wurzeln aber darin, daß ein entscheidender Schritt der spirituellen Entwicklung ausbleibt: der Überschritt von einem allzu menschenähnlichen Kindergott zu dem, den kein menschliches Urteilen und Ermessen begreifen kann.

Die jüdisch-christliche Antwort der Tradition auf die Frage: Wer ist das eigentlich – Gott? stellt den denkenden Geist vor einen überwältigenden Anspruch. Auf der einen Seite ist sie von durchsichtiger, leuchtender Selbstverständlichkeit, auf der anderen Seite scheint sie schlechthin absurd. Die Selbstverständlichkeit ist diese: Wenn das Wort »Gott« überhaupt einen Sinn haben soll, dann muß die Wirklichkeit, die es bezeichnet, unendlich mehr sein als der Mensch und nicht weniger. Göttlich kann nicht sein, was minderen Ranges ist als wir. Ein unwissendes, unbewußtes blindes und blödes metaphysisches Etwas wäre aber weniger als der Mensch, wie gewaltig auch immer die Kräfte sein mögen, die es enthielte. Ein Wesen von ungeheurer, aber begrenzter Erkenntniskraft und also auch eines, dessen Bewußtsein sich erst entwickelt, ein werdender Gott also wäre bis auf weiteres eine Art mittelprächtiger Halbgott. Er unterschiede sich vom Menschen, wie sich ein Genie vom Schwachsinnigen unterscheidet. Er könnte überlegene, noch ein bißchen göttlichere Konkurrenten neben sich haben, und wir wären mit ihm wieder beim Olymp, beim Wotanshain oder Krishnatempel angekommen. Dasselbe gilt aber von einem dreiviertelsmächtigen und dreiviertelsgütigen göttlichen Wesen. Es wäre offenbar des Adjektivs »göttlich« unwürdig. Die Sprengkraft, die in solchen einfachen Gedanken liegt, hat die antiken Götterbilder gestürzt und wird vermutlich in absehbarer Zeit die noch existierenden polytheistischen Heidentümer zerstören. Das rationale Licht solcher Erwägungen hat es jahrhundertelang den christlichen Erben jüdischer und griechischer Aufklärung leicht und selbstverständlich gemacht, an ein absolutes, dem Menschen durch unbegrenzte Erkenntnis, unbegrenzte Macht und heilige Vollkommenheit unendlich überlegenes Sein zu glauben. Der Psychotherapeut kann hinzufügen, daß auch heute viele Menschen dieses intellektuelle Licht als hell genug erfahren, um unbeirrt in diesem Glauben zu leben. Nun aber wirft eben dieses klare Licht einen für den menschlichen Verstand und noch viel mehr für das Gefühl ganz undurchdringlichen Schatten. Der Blick zurück auf Welterfahrung und Weltgeschichte, in der das Schicksal von Sodom und Gomorrha, nämlich Verkommenheit, Verwüstung, Blut und Tränen, Schmerz und Tod, bis heute die Tagesordnung der Geschichte bestimmt, läßt nicht nur Lots Weib, sondern uns alle vor Entsetzen erstarren. Wo bleibt in dieser Geschichte die wissende, die mächtige, die unbegrenzte Güte der Gottheit? Einleuchtend bliebe die christliche Gotteslehre, wenn es die Welt nicht gäbe. Angesichts der Weltverhältnisse aber scheint die Frage unseres Themas nur die Antwort zuzulassen: Gott ist der, dessen Werke auf einen üblen Charakter deuten. Er hat den Menschen so gescheit gemacht, daß er auf den Mond fliegen, mit den vertracktesten Methoden die verborgensten Gesetze und Zusammenhänge der Natur erschließen und die kompliziertesten Verhältnisse der Mathematik entdecken konnte. Aber so dumm, daß er für Ziel und Sinn seines Lebens oft weniger Interesse aufbringt als für Fußball, Schlager und Geld. So böse, daß er die offenbarsten Rechte seines Nachbarn weglügt und mißachtet. So schwach und verführbar, daß seine Habgier, Eitelkeit und Genußsucht ihn zu jedem Unrecht hinreißen. So herzlos, daß selbst die Frommen es leicht ertragen, wenn der Nächste elend ist. Gott gibt fast jedem genug Verstand, um die auf das Heilige hinweisenden Vokabeln zu begreifen; aber er schlägt uns mit jener blinden Geistlosigkeit, in der Bildzeitungen verschlungen werden, während für das, was uns wirklich angeht, weder Zeit noch Kräfte übrigbleiben. Er ist ein übler Gott, denn er ist passiv. Wir klagen ihn der unterlassenen Hilfeleistung an. Er sieht zu, wie Säuglinge an Napalmwunden verbrennen, wie Eltern ihre Kinder zu Tode prügeln, wie Millionen verhungern. Er sieht zu, wie Homosexuelle und Einsame verzweifeln. Er greift nicht ein, wenn Freiheit und Würde von Völkern durch die unmenschliche Diktatur der Macht oder die sanftere Brutalität von Massenmedien und undurchschauten Herrschaftsverhältnissen verdorben werden. Er verbirgt sich in seinem Schweigen und läßt zu, daß dem Durchschnittsmenschen die göttliche Gegenwart zu einer Gespenstergeschichte verkommt. Er überläßt die kleinen Leute hilflos der Arroganz und Willkür der Intellektuellen und der kommerziellen Meinungsmacher. Er liefert das Triebleben der Pubertierenden dem Profit der Sexhändler aus. Er wird die Medizin und die pharmazeutische Industrie nicht hindern, aus der Tötung der Ungeborenen ein Geschäft zu machen. Und selbst wenn es wahr wäre, daß er um unseres Heiles willen ein Mensch geworden ist, so hindert er die Professoren nicht, das Wunder so mit Stumpf und Stiel zu entmythologisieren, daß für den kleinen Mann, der ohne Bultmann selig werden muß, wenig mehr davon übrigbleibt als der hektische Schlagwechsel des Geschenkabtauschs zu Weihnachten und im übrigen ein Grab mehr unter vielen Gräbern. Er sendet uns seinen Sohn; aber er läßt zu, daß dessen Botschaft durch die Wolken der Überlieferung für die vielen widersprüchlich, undeutlich und so schwer lesbar erscheint, daß nur wenige Privilegierte für sich die Schatten aufzuhellen vermögen. Dieser Jesus Christus erbarmt sich der unverdorbenen Sünder, die noch heil genug sind, um Gut und Bös unterscheiden zu können. Was tut er aber für die von der Gesellschaft Verdorbenen und Verdummten, von Schulmeistern Beschwatzten, für die Verwahrlosten, für alle jene, die sein Wort überhaupt nicht erreichen kann oder die zu verstört und verwirrt sind, um es zu vernehmen? Er hat etwas getan für korrupte Zoll- und Finanzbeamte, für Prostituierte, wie das Evangelium berichtet, aber was tut er heute für die Oberflächlichen, die Selbstgerechten, die Überheblichen, die Zynischen, was geschieht für die Rechthaber und Besserwisser? Was tut er für Psychoanalytiker und Soziologen? Wer erbarmt sich der Pharisäer und Gelehrten? Sind denn nicht auch wir erbarmungswürdige, dumme, arme Hunde?

Für viele Menschen ist das Schweigen Gottes zu ihrer Abkehr von ihm ein Zeichen, daß dieser Gott für sie nur unendliche Gleichgültigkeit empfindet, die sie ihm nun mit gleicher Münze heimzahlen.

Gott fühlt sich übel an. Die Theologie unseres Gefühlsdenkens folgt einer einfachen Formel: Eine böse Schöpfung muß einen bösen Schöpfer haben. Ein böser Gott aber ist unerträglich und absurd. Also kann es keinen Gott im alten Sinn geben; er ist leider mit Recht verstorben. Allenfalls läßt sich ein jenseits von Gut und Böse befindlicher, ein unpersönlicher metaphysischer Urgrund denken. Es ist im Grunde gleichgültig, ob wir diesen Urgrund Materie, Sein, Transzendenz, Evolution oder Zufall nennen oder ob wir ihm sonst irgendeinen gelehrten und verblasenen Namen zulegen. Über einen unpersönlichen, also weder erkennenden noch liebenden oder hassenden Urgrund kann man nichts aussagen, er hat aber auch uns ebenso wenig zu sagen wie wir ihm. Er schweigt nicht nur. Er wäre von Wesen nichtssagend. Hier soll nicht im geringsten bestritten werden, daß es Menschen geben kann, die Frieden und Genüge daran finden, *das* Unerforschliche ruhig zu verehren. Andere aber werden die Unruhe nicht los, ob der legitime Empfänger ihrer Verehrung und Dankbarkeit, ihrer Anbetung und ihres Dienstes nicht *der* Unerforschliche sein sollte, dem von ganzem Herzen zu mißtrauen sie sich zuzeiten so verzweifelt versucht fühlen.

Wenn wir unsere Gedanken lange genug auf solchen Wegen haben gehen lassen, die in der Psychoanalyse von vielen Patienten begangen werden, dann wird es eines Tages Zeit, daß wir das gleiche tun, was auch in psychoanalytischen Behandlungen viele Patienten eines Tages nötig finden: daß wir nämlich unsere Gefühle wieder einmal an die Hand nehmen und zu denken anfangen. Der erste klare Gedanke wird uns sagen: Gott kann unmöglich so sein, wie er sich anfühlt. Ein kleinlicher, mieser, unhilfsbereiter oder nur schwächlich helfender, einer, der fordert, was niemand zu geben vermag, ein Leuteschinder, ein sadistischer Quäler von Kranken, Schwachen und Kindern – ein solcher Gott kann nur ein Produkt der Phantasie unserer dunkelsten Stunden sein, in der wir unsere eigenen Versuchungen und Möglichkeiten auf einen schweigenden und verborgenen Grund projizieren. Dieser Gott ist in der falschen Weise nach unserem Ebenbild gestaltet. Wir können auf die Frage, wer Gott eigentlich sei, nur dann eine Antwort finden oder hören, wenn wir uns entschließen, von unserem Verstand, sei er groß oder klein, stark oder schwach, einen radikal vernünftigen Gebrauch zu machen und auf alle Reste jenes zähen mythologischen Aberglaubens zu verzichten, der der Gottheit einen durchwachsenen Charakter andichtet. Der Gott unseres Aberglaubens muß sterben. Jener Gott, auf den der Schatten unserer Projektionen fällt und den wir darum für übel halten, ist unsere Erfindung; es gibt ihn nicht. Durchwachsenen Charakters ist der Mensch und nur er.

Ich halte es nicht für vernünftig, so von Gott zu denken, und einfach darum nicht für erlaubt. Wir sollten unsere Mitmenschen weder verleumden noch denunzieren; was aber dem Menschen recht ist, sollte Gott billig sein. Ich meine, Gott könne nur göttlich sein und also auf keinen Fall jämmerlich und mit Eigenschaften behaftet, die sich allesamt nur aus dem Elend der menschlichen Person ableiten und die nur bei Elenden vorkommen können. Nur dürftige Personen sind übel. Wer auch immer Gott ist – es wäre absurd, ihn als kümmerlichen Versager, als metaphysischen Schwächling, als mißgünstigen, alten Tyrannen zu denken, wie zum Beispiel der junge Sigmund Freud ihn gedacht hat. Hier liegt der Einwand nahe, es werde im Sinne des Anselm von Canterbury und seines ontologischen Gottesbeweises argumentiert, der aus dem Wesensbegriff die Existenz ableitet. Meine Überlegung bezieht sich aber auf ein Denken, das von der Offenbarung zwar ein anthropomorphes Gottesbild, gleichzeitig aber dessen notwendige Korrekturanweisung erhalten hat. Ich gebe aber zu, daß ich die menschliche Vernunft der Glaubenden wie der Ungläubigen für fähig halte, einzusehen, daß Gott dies und jenes *nicht* sein kann: kein Elfeck, keine Polyesterverbindung, aber auch kein herrschsüchtiger, narzißtischer, ebenso grausamer wie wehleidiger Tyrann. Alles das nicht, was zu dem teuflischen Gottesmonstrum gehört, welches die Gottesvergiftung anrichtet.

Gott kann freilich auch keine automatische Amnestiemaschine sein. Gerade wenn er die vollkommene Gutheit in

Person ist, kann er selbst Hitler und Eichmann, ja sogar dir und mir verzeihen, wenn wir zugeben, daß wir einer Verzeihung bedürfen; aber er kann uns nicht gutheißen, wie wir sind. Er muß den Irrtum, die Lüge und das Böse, wenn und soweit dieses Böse Leugnung und Unterdrückung der Wahrheit, des Rechts, der Liebe und des Guten ist, mit der unendlichen Kraft göttlicher Verneinung ablehnen. Diese unendliche Festigkeit der Verneinung des Bösen macht uns allerdings unser Leben sauer, solange Böses an und in uns ist.

In seinem Buch »Ich sehe den künftigen Menschen« schreibt Julian Huxley das Folgende: »Die Gotteshypothese ist heute wissenschaftlich nicht mehr verfechtbar. Sie hat ihren klärenden Wert verloren und lastet intellektuell und ethisch auf unserem Denken. Sie überzeugt und tröstet nicht mehr; sich von ihr loszusagen vermittelt ein tiefes Gefühl von Erleichterung . . . Wenn wir erst einmal mit einem Seufzer der Erleichterung ein überaltertes Möbelstück aus unserem Ideenspeicher über Bord geworfen haben, müssen wir etwas Neues an seine Stelle setzen.«

Jeder Psychotherapeut kennt den Seufzer der Erleichterung, von dem hier die Rede ist. Er folgt dem Ausbruch aus dem Gefängnis einer des Erwachsenen unwürdigen infantilen Hörigkeit, die sich leicht mit dem Glauben verwechselt, weil sie dessen Karikatur ist. Unter dieser vordergründigen Erleichterung verbirgt sich aber häufig – vielleicht in der Regel – jene andere, endlich von der unerträglichen Last des bösen Gottes befreit zu sein, an den man sich bisher durch Glaubenspflicht, Denkzwang oder Konvention gebunden fühlte. Der Weg in den Zweifel, in Agnostizismus und Atheismus führt überaus häufig über eine halb oder ganz unbewußte Strecke, in der man sich verzweifelt bemühte, an jenem üblen Gott festzuhalten, dem eigentlich nur Verachtung, Haß und Auflehnung gebührten. Wenn nun ein Mensch in dieser Situation von dem einfachen Gedanken betroffen wird, daß Gott nur göttlich sein könne, dann gewinnt er die Chance, sich an diesen Gedanken zu halten. Er wird damit die Last der Frage nach den Finsternissen der Welt nicht los. Aber er kann vielleicht den Mut gewinnen, sich in die Unbegreiflichkeit nicht mehr des bösen, sondern des heiligen Gottes sinken zu lassen, der es sich vorbehalten hat, das Dunkel seiner Verfügungen und Zulassungen erst im Lichte unseres Todes aufzuklären. Das Warten auf diese einzige endgültige und vollständige Aufklärung, die für den Menschen zu haben ist, nennt der Christ Vertrauen. Wo einer sich das Herz faßt für die noble Großmut dieses Vertrauens, da ereignet sich eine neue Auferstehung des toten Gottes in seinem Herzen. Solche Auferstehung ist ein ebenso alltägliches Ereignis in unserer Welt wie der Tod Gottes in den Schlagzeilen. Freilich geschieht sie in der Regel unter Ausschluß der Öffentlichkeit. Hie und da sind ein oder mehrere Zeugen zugegen, manchmal mag sogar ein Psychoanalytiker dergleichen miterfahren, wenn er dazu offen und bereit ist. Auch das kommt nicht selten vor.

Es ist hier nicht möglich, die Vielfalt religiöser Probleme und ihrer Motive zu beschreiben, die dem Psychotherapeuten begegnen. Aber mir scheint, das hier Beschriebene finde sich als ein gemeinsames Muster in allen psychoanalytischen Erfahrungen immer wieder. Gott kann weder erkannt noch geglaubt, weder geliebt werden noch Vertrauen und Hoffnung finden, solange nicht jene notwendige Stufe eines menschenähnlichen Gottes, die alles Fragwürdige am Menschen in das Gottesbild mitnimmt, auf einen göttlichen Gott hin überschritten wird. Dieser eine und einzige Schritt ist vielleicht das eine und einzige Notwendige, das der Mensch lernen muß, der heute in einer reifen, erwachsenen und intellektuell verantwortbaren Weise nicht nur an Gott glauben, sondern ihn lieben will.

Auf diesem Wege sollten wir uns vor Scheinlösungen

hüten. Die Unbestimmtheit vieler Aussagen Carl Gustav Jungs erschwert eine Interpretation seiner Lehre. Doch scheint er angenommen zu haben, das Göttliche selbst sei eine *coincidentia oppositorum* auch in dem Sinne, daß es das Gute und das Böse in sich umschließe. Jung scheint damit auch den Aussagen des Alten Testaments gerecht zu werden, in denen Jahve als der Hassende, Zürnende und Strafende dargestellt wird. So wäre es berechtigt, dem Satz des Neuen Testaments »Gott ist die Liebe (und das Gute)« den Satz »Gott ist gleichzeitig der Haß und das Böse« zur Seite zu stellen. Wir stünden dann vor dem Paradox, daß ein Gott uns verpflichtet, ihn zu lieben, nicht weil er unendlich liebenswert, der Liebe würdig ist, sondern obwohl an ihm Hassenswertes ist, das menschlichen Abscheu und Protest mit Recht verdiente. Die Theologie Jungs überwindet das Gottesmonstrum nicht, sondern empfiehlt im Grunde eine moderne Form der Verehrung eines Gotteufels. Auch ein solcher Kult wird seine Jünger finden. Die Anbetung des Bösen in Person und des personifizierten Bösen war zu allen Zeiten eine faszinierende Möglichkeit des Menschen. Auch ihre Vermischung und Verwechslung mit dem Christentum ist durch nichts ausgeschlossen.

Wenn man Mosers Buch aus dem emotionalen Zwielicht der Fluchgebete herausnimmt und in die nüchterne Sprache von Thesen übersetzt, dann sagt es etwa: Die jüdisch-christliche Gottesvorstellung ist das Produkt krankhafter, selbstzerstörerischer archaischer Phantasien des Menschen, in denen er für seine irrationalen Ängste und Sehnsüchte, seine wahnhaften Hoffnungen einen numinosen Gegenstand entwirft. Diese Gottesphantasien sind aber die gefährlichsten Erfindungen des Menschen, weil sie seine Realitätsbeziehungen zu Welt und Mitmensch durch und durch vergiften und entwerten.

Diese Umformung aus der Sprache von Fluch und »Gebet« in die Thesensprache nimmt aber dem Buch viel von seiner Kraft. Denn die liegt nicht in dem gedanklichen Gehalt, sondern in seiner mitreißenden Macht bei Gläubigen, Nochgläubigen oder Halbgläubigen, die vage mit der Möglichkeit eines personhaften Gottes rechnen, das dieser Person geltende Mißtrauen und den auf sie gerichteten Haß auflodern zu lassen. Mitreißende Faszination hat das Buch auch für jene zahlreichen Atheisten des doppelten Bodens, deren Atheismus insgeheim von Zweifeln an der Nichtexistenz Gottes durchsetzt ist. Sie können sich neben dem toten Gott des Intellekts einen erst noch zu tötenden ihres Hasses und ihrer Rache bewahren.

Mitreißend ist das Buch aber auch für die Christen, für die der geglaubte Gott mehr ein lästiger als ein geliebter Gast ist, den sie gern hinausweisen würden, wenn sie einen respektablen Grund finden könnten. Moser liefert aber eine Fülle von Legitimationen für Abweisung und Hinrichtung Gottes. Er vergiftet die Gottesbeziehung durch Gottesverdächtigung.

Die von ihm beigebrachten Verdachtsmomente sind von großem Gewicht. Christliche Verkündigung und Erziehung geschehen nicht nur durch Weise und Heilige, sondern geschehen durch Boten, die das von ihnen Ausgerichtete selbst schlecht verstanden haben und die es oft halbherzig und widerwillig vertreten. Es wurde weitergereicht durch Generationen, die kräftig abstreichen, zufügen und umdeuten nach eigenem Geschmack. Das demütige Reittier, dessen Jesus sich bediente, ist auch das störrischste.

Das Gotteswort der Heiligen Schriften ist in sich selbst eine archaische Zumutung, weit entfernt davon, leicht faßlich zu sein. Wenn Gott schon redet, könnte er sich nicht unmißverständlicher ausdrücken? Konnte er nicht selbst sein Wort so entgiften, daß niemand von ihm geschädigt wird? Die Zahl der vom Wort Gottes Geschädigten, Irregeleiteten und Verblendeten ist doch unermeßlich. Keine Kirche, keine Theologie hat es verhindern können. Theogene und ekklesiogene Neurosen und Charakterfehlentwicklungen sind keine seltenen Ausnahmen. Das im Namen Gottes unter Berufung auf sein Wort bereitete Unheil und Unglück durch die Jahrhunderte, die Verderbnis in den menschlichen Beziehungen zwischen Eltern und Kindern, Mann und Frau, Herrschenden und Beherrschten, zwischen Seele und Leib geht weit über das hinaus, was Moser in seiner Anklageschrift sammelt. Christentum scheint eher das Scheitern als das Glücken der Existenz zu fördern. Ist es vom Wesen her seelische Umweltverschmutzung, Rezept des Mißlingens des Humanen?

Es ist sinnlos, die Frage historisch-empirisch beantworten zu wollen, weil die letzten Ursachen des Verderbens einer Existenz mit keinem Mittel sicher zu erkennen sind. Wo wir es versuchen, belehrt uns die Beobachtung, daß bei vergleichbaren Bedingungen andere nicht gescheitert sind, eines Besseren. Hier liegen Grenzen der psychologischen Analyse, vor denen schon Freud nachdenklich resignierte [1]. Ich möchte aber als im allgemeinen unstrittig voraussetzen, daß im Laufe der Jahrhunderte nicht wenige Christen als ungewöhnlich erfreuliche Exemplare des Menschengeschlechtes gelebt haben, nicht trotz ihres Glaubens, sondern in einem offensichtlichen Zusammenhang mit ihm. Das gilt auch für Gemeinschaften, Familien, Klöster, Gruppen. So muß es anscheinend doch Möglichkeiten geben, das göttliche Gift als heilendes Pharmakon zu verwerten. Gibt es eine Gottesentgiftung? Können Eltern ihren Kindern, Seelsorger ihren Gemeinden ein Gottesbild mitgeben, dessen Last sie nicht erdrückt oder doch mit krummem Rücken aufwachsen läßt? Gibt es ein Evangelium, das nicht neurotisiert, nicht zum Selbsthaß aufreizt, nicht alle Lebensfreude vergällt?

Was wir heute als neurotisches und neurotisierendes Christentum kennen, war unseren Vorfahren nicht unbekannt. Die Religionsgeschichte ist voll von bizarren Beispielen für die Verzerrung des Gottesgedankens. Viele Worte und Gleichnisse Jesu gelten der Aufdeckung eines falschen Gottesbildes und einer Pseudofrömmigkeit. Ein Reinigungsprozeß, der dem je größeren Gott Raum gibt, ist eine immerwährende Aufgabe jeder religiösen Entwicklung. Wo sie versäumt wird, verfällt das Gottesbild. Gott wird einer, von dem Dummes, Böses und Kindisches erwartet wird. Gottesenttäuschung und Gottesvergiftung wurzeln darin, daß ein entscheidender Schritt der spirituellen Entwicklung ausbleibt: Der Überschritt von einem allzu menschenähnlichen Kindergott zu dem, den kein menschliches Urteilen und Begreifen erfassen kann.

Die Alten kannten den Begriff der »unerleuchteten Frömmigkeit«. Das Wort macht uns darauf aufmerksam, daß Satori, Erleuchtung, nicht den Zen-Mönchen vorbehalten ist. Das christliche Satori ist meist kein spektakuläres Ereignis, nicht auffällig wie ein Blitz in der Nacht. Es besteht einfach in dem milden Licht, in dem ein Christ gegen alle Anfechtung an der Überzeugung von der Gutheit und Heiligkeit Gottes festhalten kann. Es besteht weiter in der erstaunlichen Tatsache, daß er selbst sich als Begnadeten und Geliebten, als fundamental o. k. ansehen kann, obgleich er sich erheblicher Mängel seines Charakters bewußt ist. Diese unauffällige, kaum merkliche Satori-Erleuchtung bewirkt weiter, daß der Christ trotz aller Weltverhältnisse hoffend erwarten kann, daß der Herr der Geschichte diese nicht als metaphysischen Trümmerhaufen hinter sich lassen, sondern zu einem guten Ende führen wird. Dieses Licht stellt den Mitmenschen nicht in einen Glanz der Herrlichkeit, aber es läßt so viel Positives an ihm sichtbar werden, daß bei aller vielleicht unaufhebbaren Antipathie zumindest jener Anfang von Liebe ermöglicht wird, den wir Anerkennung von Rechten, Hilfs- und Dienstbereitschaft nennen.

Diese Entgiftung durch Erleuchtung ist keine Sache, die wir der Religionspädagogik überlassen können. Sie begnügt sich weder mit psychologischen Rezepten für Eltern, Erzieher und Seelsorger noch mit bibeltheologischen Fortschritten, obwohl sie von beiden dankbar annimmt, was taugt.

Es ist unabänderlich, daß Menschen und Institutionen das ihnen überlieferte Gottesbild und Gotteswort immer wieder mit verzerrten Zügen weitergeben. Es ist unabänderlich, daß jeder Empfänger aus seiner eigenen Unordnung die Verzerrung vermehrt.

Das sanfte Zurechtrücken der verrückten Perspektiven, in dem das wahre Angesicht sich wieder zu erkennen gibt, ist mit keiner Geistesplage zu ertrotzen. Erleuchtung kann nicht erobert und erarbeitet, aber dem in langer Geduld Suchenden, Anklopfenden und Bittenden nicht vorenthalten werden.

Wege und Hindernisse der Meditation

Unter den zahlreichen Diagnosen, die dem Krankheitszustand der westlichen Welt gelten, verdient die Vermutung, dem westlichen Menschen fehle es vor allem anderen an Meditation, eine nachdenkliche Prüfung. Europäer und Amerikaner denken viel, aber sie meditieren wenig – ist das die schärfste und treffendste Zeitkritik? Christen vernachlässigen die Meditation und das persönliche spirituelle Leben – ist das die Kritik am Christentum, welche die Wurzel aller Übel erreicht?

Wenn die in dieser Frage enthaltene Vermutung zuträfe, dann wäre die Neuentdeckung von Meditation nicht nur lebenswichtig für alle, sondern auch eine Heilsfrage für die Christen.

Dennoch hören wir das Wort Meditation mit gemischten Gefühlen. Es ist anziehend, weil es mit der Verheißung eines vertieften, aus der Mitte strömenden, zur Einheit sammelnden inneren Lebens lockt und dem Rasen des Lebensrades die ruhende Mitte verspricht. Es ängstigt das Gewissen und die Selbstachtung, weil es an eine Pflicht erinnert, die zu erfüllen wir uns unwillig und unfähig fühlen. Sogar Leute, die mit Vergnügen lesen und nachdenken, fürchten und fliehen die Meditation. Die Zahl derer, die Meditationsvorsätze gefaßt und nicht durchgehalten haben, ist Legion.

Viele meinen, die traditionellen Wege christlicher Meditation und Spiritualität seien für den heutigen Menschen nicht mehr gangbar. Eine Neubelebung des Spirituellen sei nur noch von neuen Erkenntnissen der Psychologie, insbesondere der Tiefenpsychologie und Psychotherapie, oder von östlichen Meditationstechniken zu erwarten.

Ich möchte zeigen, daß die negative Seite dieser Meinung zwar den Augenschein für sich hat, aber bei genauerer Prüfung unhaltbar ist. Die positiven Erwartungen auf die Hilfe von Psychologie und Psychotherapie teile ich vorwiegend in bezug auf jene unter den seelisch Kranken, deren Meditationsfähigkeit schwer gestört ist. Von östlichen Meditationsmethoden, deren genauere Kenntnis und Erfahrung mir fehlt, erwarte ich nach einer Phase romantischer Überschätzung, psychischer Chinoiserien und gnostischen Hochmuts endlich doch einen Gewinn, der nicht eine Ermöglichung der wesentlichen Vorgänge bedeutet, wohl aber eine Erleichterung, Kräftigung und Vertiefung.

Was ist Meditation?

In einem kleinen, kostbaren Taschenbuch von J. M. Bocheński, »Wege zum philosophischen Denken«[1], das kurze Rundfunkvorträge in einfacher Sprache enthält, steht am Ende des Kapitels »Werte« der Satz: »Es sei mir erlaubt, aus der praktischen Philosophie eine Wahrheit zu nennen, die mir für das menschliche Leben zentral zu sein scheint: Das Licht, das Verständnis der Werte, und die Kraft, sie zu verwirklichen, das ist es, was wir in diesem Leben für den Geist am meisten begehren sollten.« Aus dem Zusammenhang ist klar, daß der Verfasser hier nicht einer bestimmten Schule, etwa einer »Wertphilosophie«, das Wort redet. Es ist auch klar, daß er nicht allerlei Nützliches oder Dringliches meint, sondern die Werte, die würdig sind, daß der

Mensch sein Dasein an sie wendet. Schließlich sollte ein naheliegendes Mißverständnis ausgeschlossen werden: Die abstrakte Rede von den »Werten« will nicht sagen, Meditation habe es vorzüglich mit Ideen zu tun, mit dem Wahren, Guten und Schönen etwa, nicht aber mit konkreten Personen, Ereignissen und sinnlichen Gegenständen. So scheint es mir von Vorteil, trotz der trockenen Abstraktheit dieser Beschreibung »meditativ« alle jene Vorgänge, Akte und Zustände zu nennen, in denen wir »das Licht, das Verständnis der Werte, und die Kraft, sie zu verwirklichen«, suchen und finden.

Diese Kennzeichnung des Meditativen scheint auch geeignet zu sein, auf die übergreifende Gemeinsamkeit in sehr verschiedenen Formen von Meditation hinzuweisen, etwa die Gemeinsamkeit zwischen westlichen und östlichen Wegen.

Auf östliche Meditation, etwa in der Form von gewissen Stufen des Yoga, von Transzendentaler Meditation oder Zen, setzen viele westliche Zeitgenossen große Hoffnungen, die entweder von abendländischen meditativen Traditionen gar nichts wissen oder mit ihnen gescheitert zu sein glauben. Die Menschen, die westliche und östliche Traditionen gründlich kennengelernt haben, empfehlen in der Mehrheit eine Synthese beider, weil sie die psychologische Situation des Zeitgenossen für so verstört halten, daß er ohne eine die seelische Disposition wiederherstellende Vorbereitung aus den hergebrachten westlichen Meditationsanleitungen nicht den notwendigen Gewinn ziehen könne. Sie erhoffen darüber hinaus durch die Aufnahme des wertvollsten Gehalts der östlichen Welt, den sie in deren meditativer Kultur sehen, einen inneren Gewinn des Christentums, der den übertreffen könnte, den es aus der Aufnahme der griechischen Philosophie gezogen hat. Schon heute berichten viele, die Jahrzehnte der spirituellen Übung hinter sich haben, über eine unerwartete Neubelebung durch die Begegnung mit östlichen Methoden. Nach Jahren des Marsches durch Sand und Steppe führt der Weg wieder in Stromland. Solche Erfahrungen sind für uns alle von größter Bedeutung.

So kann es etwa nützlich sein, in ruchloser Zweckentfremdung des Zazen, einige Minuten im Fersensitz bei entleertem Bewußtsein zu verweilen, bevor man sich dem Gegenstand der Meditation zuwendet. Man kniet auf dem Boden, sitzt auf den Fersen oder auf einem zwischen die Unterschenkel gestellten festen Stützkissen in der Form und Größe von zwei aufeinanderliegenden Ziegelsteinen oder auf einem gefüllten Plastikkanister. Kopf und Wirbelsäule sind aufgerichtet. Die Hände liegen, eine in der anderen, im Schoß. Der Gewinn dieser Haltung wird deutlicher, wenn man sie anfangs öfters für längere Zeit (etwa zwanzig bis dreißig Minuten) übt. Die vorbereitende Bewußtseinsleere, die Vermeidung des Denkens, Phantasierens und Erinnerns, gibt den endlich eingelassenen Inhalten mehr Wärme, Kraft, Intensität.

Vielleicht sind in fünfzig Jahren alle Meister des inneren Lebens einig, daß der Fersen- oder der Lotussitz, daß bestimmte Atemtechniken und Versenkungsweisen Mittel der Sammlung sind, auf die niemand ohne triftige Gründe verzichten sollte. Aus vielerlei Gründen sind aber erprobte und einigermaßen gefahrlose Wege östlicher Meditation bisher nur wenigen zugänglich. Darum soll hier die Frage in den Mittelpunkt gestellt werden, ob nicht auch ohne Hilfe östlicher Formen trotz aller Unruhe und Ausgegossenheit unseres Lebens die westliche meditative Tradition gangbare Wege anbietet.

Zu den Gemeinsamkeiten der, sagen wir, abendländischen Meditation scheint zu gehören, daß sie vorwiegend gegenständlich beginnt und wie das Auge zunächst nach außen, auf die Welt, gerichtet ist. Der Meditierende meditiert nicht sich, sein Selbst, seine Seelentiefe, sondern er meditiert »etwas«.

In der Bibel wie bei Sokrates und Plato ist eine Grundformel des Meditierens: »Anschauend ähnlich werden.« Der Gefesselte des Höhlengleichnisses wird von seinem Retter von Ketten gelöst, damit er sich von den Schatten ab- und umwenden lasse und das betrachte, was den Schauenden am Angeschauten teilhaben läßt und ihn dadurch anverwandelt.

In der christlichen Meditation geht es letztlich darum, daß der Meditierende mit Hilfe des meditierenden Anschauens die Quintessenz des Evangeliums verwirklicht, die Paulus in fünf Wörtern zusammenfaßt: »Seid gesinnt wie Christus Jesus« (Phil 2,5). Auch der fromme Jude und Moslem, der das Gesetz Gottes im Herzen und auf den Lippen trägt Tag und Nacht, sucht eben darin die Vereinigung mit dem Denken und Wollen des Höchsten.

Jeder Mensch hat meditative Erfahrungen und Augenblicke, in denen er nicht nur Informationen zur Kenntnis nimmt, sondern von Realitäten, Einsichten, Ahnungen, Hoffnungen im Herzen berührt wird, die er als für sein Leben im ganzen bedeutsam empfindet und die eine bestimmte Antwort verlangen. Er hat Güte erfahren und Dankbarkeit verspürt, jemanden gekränkt, dann Reue und Verzeihung kennengelernt. Er ist Überlegenheit begegnet und hat Ehrfurcht empfunden, Not erlitten und Hilfe erfahren. Vielleicht ist er auf Worte, große Worte gestoßen, die in ihm das Gefühl weckten, ihr Inhalt gehe ihn so an, daß er nicht ausweichen könne: Gut und Böse, Pflicht, Gerechtigkeit und Liebe, Gott, Tod, Gericht, Ewigkeit. Wer solche Augenblicke kennt, hat meditiert, oder er ist, vielleicht nur für Sekunden, in meditative Erfahrung versetzt worden. Seine Mitte hat die Mitte der Welt berührt, *the heart of the matter.*

Darum ist auch die Meinung, der heutige Mensch könne nicht meditieren, nur insofern richtig, als er vielfach unfähig ist, meditative Vorgänge willkürlich einzuleiten und in Gang zu halten. Unwillkürliche, spontane Meditation ist aber den meisten Menschen ebenso widerfahren, wie ihnen Träume begegnet sind.

In den Evangelien kommt das Wort Meditation nicht vor. Wohl aber die Sache: ein gesammeltes, ganz anwesendes und geöffnetes Hinhören und Hinschauen auf das, was der Rabbi sagt und tut. Die Leute spüren, daß er ihnen etwas zu sagen und zu zeigen hat, was sie sonst nirgends finden können, aber unbedingt brauchen. Sie versuchen, es gut zu verstehen. Sie nehmen es sich zu Herzen. Sie hören die Stimme und verschließen ihre Herzen nicht. Sie sprechen das aufkommende Befremden, den Ärger und Widerspruch in Fragen und Einwänden aus, nicht als neunmalkluge Besserwisser, sondern um sich das Unverständliche erklären zu lassen. Sie tun alle die einfachen menschlichen Dinge, die jeder tut, der an eine vertrauenswürdige Person gerät, deren Worte ihn ebenso anziehen wie herausfordern. Aber sie tun nichts Besonderes, Kunstvolles, das erst mühsam geübt und gelernt werden müßte. Sie verhalten sich einer überlegenen Person gegenüber auf einfache und angemessene Weise. Das ist ihre Meditation. Diese Meditation, unbefangenes Hören und Sehen auf den, der etwas Lebenswichtiges zu sagen und aus einer Not den Ausweg zu weisen vermag, gehört doch wohl zu den einfachen, natürlichen Dingen.

Im frühen Christentum scheint so etwas wie methodische

Meditation nicht üblich gewesen zu sein. Jesus hat keine spirituelle Methodik, etwa im Sinne des Ostens, gelehrt. Er gibt weder Atemanweisungen, noch empfiehlt er Arten des Sitzens oder des Kopfstandes. Er kennt auch keine *exercitia spiritualia* im Sinne einer bestimmten Technik. Seine Jünger, in der Schule des alten Judentums von Kind auf im Gebet geübt, bitten ihn »Herr, lehre uns beten«. Sie mögen von der Schlichtheit der Antwort, die nur die vier oder sieben Gebetssätze des Vaterunsers zu *sprechen* aufgibt, ebenso enttäuscht gewesen sein wie viele heutige Leser. Denn das war es wohl nicht, was sie haben wollten. Um so bedeutsamer ist, daß sie nichts anderes bekamen. Jesus selbst sammelt auf allen Wanderwegen, in den Naturdingen und alltäglichen Lebensverhältnissen von Stadt und Land, sowie »in den Schriften« Hinweise auf den Charakter und die Absichten Gottes wie auf die Möglichkeiten des Menschen, diesen Gott zu verstehen und aus dem Einverständnis mit ihm zu leben und zu handeln. Allerdings kann er sich bei den Juden auf jenes meditative Training beziehen, das im auswendigen Vor-sich-hin-Sagen von biblischen Texten besteht; eine Voraussetzung, die aber schon im jungen Heiden-Christentum fehlt. Hier gab es ja nicht einmal die Möglichkeit der Bibellesung. Das Lesen von Geschriebenem blieb für nahezu achtzehnhundert Jahre einer Oberschicht vorbehalten, da eine handgeschriebene Bibel soviel kostete wie Haus und Hof. Jahrhunderte später setzen selbst die langsam billiger werdenden Druckwerke immerhin des Lesens Kundige voraus. Ob Luther die sozioökonomischen Voraussetzungen bedacht hat, die der Heilige Geist für die Demokratisierung der Schriftlesung benötigt?

Urchristentum und Frühkatholizismus in der Heidenwelt stand an Meditationsanleitung und -praxis wenig und viel zur Verfügung: ein von Fernsehen, Zeitung, Schulbildung und Reizüberflutung unbehindertes Gehirn; Schriften des

Alten Testaments, vom zweiten Jahrhundert an je nach Lage der Gemeinde einige oder alle des Neuen Testaments in der Hand des Vorstehers, aus denen in der Gemeindeversammlung vorgelesen wurde. Manche Hörer werden einige Texte auswendig gelernt und in den Familien wiedergegeben haben. Diese und andere Texte konnten freilich in konkurrenzloser Übermacht in das Bewußtsein und seinen Untergrund eindringen, weil, soweit bekannt, wiederum nur eine kleine Oberschicht andere Texte aufnahm, von Liedern, Schlagern, volkstümlichen Versen einmal abgesehen. Jedenfalls las der römische Handwerker, Soldat, Sklave oder kleine Kaufmann keinen Seneca. Wie noch aus des Augustinus Schrift »De catechicandis rudibus« hervorgeht, kannte man keine methodische Meditationsanweisung. Das junge Christentum setzt in dieser Hinsicht auf das Wort, den Geist und das Sakrament, es hält nicht viel von Methoden, obwohl hochentwickelte Meditationsübungen in der gleichzeitigen Kultur wohlbekannt und beliebt waren, etwa in stoischen und epikureischen Zirkeln. Quantitativ mutet das Christentum seinen Anhängern nicht mehr an spiritueller Übung zu, als die heutige Kirche jedermann empfiehlt: Teilnahme am Gedächtnismahl und tägliches Gebet nach Ermessen. Für dieses tägliche Gebet gab es und gibt es nicht einmal ein Kirchengebot. Weit weniger also als etwa der Islam seinen Gläubigen verbindlich auferlegt.

Ein zweites Moment trägt zu dem offenbaren Nicht-Methodismus des frühen Christentums bei. Christliche Meditation geht von Anfang an »zu Fuß«; sie verzichtet auf außerordentliche Beförderungsmittel. Ihre Instrumente sind die der alltäglichen Lebenspraxis: die fünf Sinne, Gedächtnis und Phantasie, besinnliches Fragen und Nachdenken, fühlendes und wollendes Eingehen auf Motive, Zustimmen und Verwerfen. Aus diesem Stoff ist alles das gebaut, worauf es ankommt: Glaube, Hoffnung und Liebe,

Gebet, Sinnesumkehr und Dienstbereitschaft. Die alte Theologie kennt eine einfache Formel. Sie beantwortet die Frage, worin denn die Gnade Gottes erfahrbar werde, mit der schlichten Auskunft: *in illuminatione intellectus et inspiratione voluntatis*; in der Erleuchtung der Einsicht und in der Anregung des Wollens und Fühlens. Da die Psychologie der Antike und des Mittelalters nicht wie die Neuzeit Denken, Wollen und Fühlen als Seelenkräfte unterscheidet, ist im Begriff *voluntas* immer das Emotive mitgedacht. *Voluntas* heißt zum Beispiel bei Augustin oft einfach dasselbe wie »Herz«. *Voluntas* ist nicht voluntaristisch.

Die gewöhnlichen Leibes- und Seelenkräfte ohne besondere artistische Zurichtung sind nicht nur Werkzeuge der alltäglichen Lebensfristung, sondern möglichst im selben Atem auch die Organe der *vita spiritualis.* Alltäglichkeit ist nicht das zu überwindende und zu verlassende, sondern das normale Medium, in dem Meditation sich bewegt. Die klassische Kennzeichnung des meditativen Vollzugs, in der die spirituellen Ströme von Jahrtausenden wie in einem Brunnen zusammengefaßt werden, ist in dem Wort des Ignatius von Loyola formuliert, das nichts für seine Spiritualität Spezifisches enthält, sondern die christliche Lebenslehre und Mystik in einem Satz faßt: »Gott finden in allen Dingen.« Die meisten »Dinge« begegnen uns im gewöhnlichen Gewande des Alltags. Wenn das alles zutrifft, wäre zu erwarten, daß christliche Meditation zwar gelegentlich mühsam, also keine Sache für bequeme Leute, aber doch auch heute ohne Überforderung zu haben sein müßte, ohne methodisches Raffinement, ohne Yoga und andere Kopfstände, sogar ohne aufwendige Vorübungen in »naturaler« Meditation. Sie sind förderlich, aber nicht notwendig.

Weiterhin wäre zu erwarten, daß die bekanntesten methodischen Hilfsmittel der Tradition, wie sie etwa im Exerzitienbuch des Ignatius von Loyola zusammengestellt sind[2], an dieser Einfachheit teilhaben und auch heute noch geeignet sind, ein meditatives Leben zu ermöglichen. Ebenso steht es mit der Anweisung zur Meditation, die Martin Luther 1535 seinem Barbier Peter Beskendorf gegeben hat, unter dem Titel: »Eine einfältige Weise zu beten, für einen guten Freund.«[3] Auch die Passionen Johann Sebastian Bachs sind nach einer der Meditationsarten des Exerzitienbuches gebaut, die Bach durch einen befreundeten Benediktiner kannte.

Schließlich ist anzunehmen, daß die dem Normalverbraucher von der Kirche verschriebene Zusammenstellung ausdrücklicher religiöser Tätigkeiten schon die notwendigen, aber auch zureichenden Unterhaltsbedingungen des elementaren meditativen Lebens enthält.

Gegen alle diese Annahmen spricht der Augenschein.

Auf der ganzen Welt ist ein großer Teil der in diese Traditionen eingeführten gutwilligen und eifrigen Menschen in ihnen versandet. Sie haben die Meditation aufgegeben oder auf ein Minimum reduziert, mit dem man nicht leben und nicht sterben kann. Viele bringen es gerade noch auf eine geistliche Lesung und fühlen sich davon recht unterernährt. Eine eindrucksvolle Verteidigungsschrift dieser meditativen Tradition, der Brief des Jesuitengenerals Janssen an seine Ordensgenossen »Über die Förderung des inneren Lebens« (1946), enthält eine nahezu groteske Bemerkung. Er nennt als »Hauptgrund, warum so viele mit zunehmendem Alter im Gebet erkalten«, den, »daß sie niemals in einer für sie passenden Gebetsmethode unterwiesen worden seien«. Janssen spricht hier ausschließlich von seinen eigenen Ordensgenossen. Ist das zu fassen bei einer Gesellschaft, deren Mitglieder nicht nur vom Tag ihres Eintritts an täglich etwa drei Stunden für Übungen des inneren Lebens, für Messe und Brevier, für Betrachtung, Gewissenserforschung, Lesung verwenden, während der Studienjahre neben dem Studium, als Seelsorger, Wissenschaftler, Obere neben der Arbeit, die darüber hinaus aber drei volle Jahre ohne Arbeit und Studium beinah ausschließlich dem Experiment des spirituellen Lebens widmen, immer unter Anleitung besonders ausgewählter Meister? Unter solchen anspruchsvollen Bedingungen also sollte gelten, daß »so viele niemals in einer für sie passenden Gebetsmethode unterwiesen worden sind«? Man würde diese Bankrotterklärung nicht glauben können, wenn man nicht wüßte, wer sie verfaßt hat. Mit ihr ist aber gesagt, daß eben das Finden einer passenden Gebetsmethode (es ist immer die *oratio mentalis*, das meditative oder kontemplative Gebet, gemeint) eine höchst schwierige und häufig mißglückende Angelegenheit sein muß, die trotz jahrelanger Unterweisung und Übung allzu oft mißrät.

In dieser Hinsicht ist die Analyse des Generals tief entmutigend. Sein Orden hat vor einiger Zeit, vielleicht zu spät, die naheliegende Konsequenz gezogen, daß ein Weniger an spirituellem Zeitaufwand ein Mehr an innerem Gewinn bringen könnte. Ich kann mir die vorlaute Bemerkung nicht versagen, daß er damit nach vierhundert Jahren zu einer Einsicht des Stifters zurückgekehrt ist, die dessen Nachfolger kurz nach seinem Tod vergessen hatten. Geistliches Leben kann an Unterernährung, aber auch an Übersättigung eingehen; Sportler wissen, was Übertrainieren für Schäden bringt. Auf der anderen Seite sind weder die Probleme der Übertrainierten noch die der Fehlentwicklung der spirituellen Praxis in einer Ordensgemeinschaft die unseren. Diese Last haben heute nur noch wenige zu tragen. Doch gibt es andere Hindernisse.

Zu den durchschnittlichen und in diesem Sinne normalen pathologischen Symptomen des Zeitgenossen gehört eine normalneurotische Spannung und Unruhe. Wir sind von Haus aus in unserer kulturellen und psychologischen Gesamtsituation zwanghaft an Interessen und Triebe, Ängste und Besorgnisse, auch an echte oder scheinbare Verpflichtungen so fixiert, daß wir zwar meist noch Zeit für Zeitung, Fernsehen und Gerede aufbringen, auch mit Interesse auf das erregende Neue uns konzentrieren, aber nicht mehr die schwebende, gesammelte Aufmerksamkeit finden, in der sich das vom Glanz der Oberflächen geblendete Auge in Geduld auf das Hell-Dunkel des Geistes einstellt. Wir schweifen ab, die Bindungen ziehen uns zurück ins Vielerlei. Wir können nicht verweilen, und ohne Verweilen keine Meditation. Dazu kommt bei der religiösen Meditation, daß sich das eine Notwendige als verwirrendes Vielerlei darbietet. Viel zu viel wäre zu meditieren, wollte man sich darauf einlassen. Immer neue wichtige Situationen mit den Nächsten und den Fernsten. Berufsaufgaben. Täglicher Ärger, Leid, Sorgen, Versuchungen und Versagungen. Vielerlei entnervende Sinnlosigkeiten. Aber auch im Bereich politischer Verantwortung, in den Wissenschaften und in der Literatur, in Pädagogik und Psychologie begegnen uns zentrale Werte mit ihrer Herausforderung, denen wir angemessen nicht nur nachdenkend, sondern auch meditativ antworten sollten. Auf der Seite des, sagen wir, religiösen Gegenstandes die entmutigende Fülle in 1500 Seiten der Bibel, mit unzähligen Gestalten der Heilsgeschichte, mit zentralen und peripheren Glaubenswahrheiten in oft schier unzugänglicher Form wie etwa in vielen Symbolen der Apokalypse.

Es ist zu viel. Dieser Vorwurf des Viel-zu-Vielen trifft auch die hergebrachte religiöse Praxis mit den mannigfachen religiösen Übungen, die noch vor dem Zweiten Weltkrieg als unabdingbare Bedingungen eines kräftigen spirituellen Lebens von der kirchlichen Tradition jedermann empfohlen, den Geistlichen und Ordensleuten aber als bindende Verpflichtung auferlegt wurden. Wo ist alles das geblieben? Es ist von vielen als untragbare Last abgeworfen worden.

Ein zweites psychophysisches Hindernis liegt darin, daß unsere sinnliche Phantasie in der Regel unvergleichlich ärmer ist als die unserer Vorfahren. Während für Ignatius die meditative »Anwendung der Sinne« die leichteste Übung ist, die auch am Ende des anstrengenden Tages noch gelingt, schreibt schon ein Exerzitienkommentar von 1599 mit gelinder Verwunderung, diese Übung werde meist als besonders schwierig empfunden. Diese Entfremdung von den eigenen Sinnen ist heute wohl noch mehr fortgeschritten. Freilich sind solche Befunde nie durchgängig. Auch heute gibt es nicht wenige, denen gerade die Weckung des Bildbewußtseins und des gleichsam sinnlichen inneren Hörens und Sehens eine große Hilfe bedeutet.

Ein anderer Befund der Gegenwartspathologie ist schwerwiegender. Der Psychotherapeut Arthur Janov hat eine Therapiemethode entwickelt[4], die von der Beobachtung ausgeht, daß Neurotiker nicht tief und herzhaft fühlen können. Sie sind von einer Gefühlsverödung und Erstarrung befallen. Die Neurose ist eine Thymosklerose. Ein Befund, der oft durch reichliche Produktion sentimentaler Pseudo-Emotionen überdeckt wird.

Die Veröffentlichung der Befunde Janovs führte dazu, daß viele von neurotischen und psychosomatischen Symptomen sonst freie Menschen diesen zentralen Befund bei sich selbst erschreckt vorfanden. Sowohl das neurotische Symptom der inneren Unrast und Spannung, der Nervosität und Neurasthenie, als auch diese Gefühls- und Gemütsverödung sind heute verbreitete und große Hindernisse der Meditation. Sie bringen eine nur allzu selten weichende Dauertrockenheit und Unfähigkeit zur Sammlung mit sich. Diese verhindern es, daß der Meditierende immer wieder einmal in ausreichendem Maß jene innere Verstärkung seines Tuns durch Erfolgserfahrungen erfährt, ohne die in der Regel kein regelmäßiges Handeln gleich welcher Art aufrecht erhalten werden kann, wie die experimentellen und klinischen Befunde der sogenannten Lerntheorien und der Verhaltenstherapien wahrscheinlich gemacht haben.

In solchen Fällen ist es nicht unbedingt notwendig, aber hilfreich, die eingefrorene Gefühlssphäre aufzutauen. Bei schweren Neurosen mit erheblicher Gefühlsverödung scheint eine Primär- oder »Feeling«-Therapie das freilich zeitlich und finanziell aufwendige Mittel der Wahl zu sein. In leichteren Fällen können Methoden der naturalen Meditation wie zum Beispiel die Transzendentale Meditation oder autosuggestive Entspannungsübungen wie das autogene Training von J. H. Schultz oder die international bekanntere Entspannungsmethode der progressiven Relaxation, die funktionelle Entspannung, die Eutonie oder verschiedene Atemtechniken usw. gute Dienste leisten. Die neurotische Thymosklerose friert das Gefühl nicht völlig ein, sie macht es nur zähflüssig. Wer sich mit dem Verfügbaren zufrieden gibt, ohne ungeduldig und gierig mehr zu verlangen, kann alle notwendigen Schritte tun. Er ist gehbehindert, aber er ist nicht gelähmt. »Was man nicht erfliegen kann, muß man erhinken. Es ist keine Schande zu hinken«, zitiert Freud.

Ein weiteres Hindernis liegt in der Erwartung, die Meditation sei ähnlich wie Musizieren, Sprachen lernen oder Skilaufen ein komplizierter psychophysischer Lernprozeß mit langsamem Übungsfortschritt bei regelmäßigem Training. Das mag für viele östliche Methoden gelten, für die christliche spirituelle Meditation ist das eine nur begrenzt gültige, vor allem aber viele entmutigende Leitvorstellung; ein Mißverständnis, das schon durch das Wort Methode nahegelegt wird.

Wer weiß, daß Meditation natürlich und leicht ist, sobald man nicht eine, sondern einige passende Arten gefunden hat, die man abwechselnd gebraucht, wird sich von dem ehrgeizigen Virtuosenideal befreien, welches ein schlichtes, vielleicht unbeholfenes, aber völlig angemessenes Tun zur kläglichen Stümperei entwertet. Das Wort *exercitia spiritualia* des Ignatius hat für uns einen militärischen Klang, der durch die soldatische Herkunft des Verfassers verstärkt wird. Die Erklärung des Wortes, die er selber gibt, führt auf ganz andere Spuren. Sie nennt einfachste Tätigkeiten, die jeder kann: Spazierengehen (von Balthasar übersetzt: Lustwandeln), Ausschreiten und Laufen. Ohne Zweifel sind diese Vergleiche gewählt, um zu zeigen, daß es sich bei geistlichen Übungen zwar um Schweres handeln kann und gelegentlich handeln soll, wie ein langer Marsch bei Ermüdung schwer wird, aber nicht um Schwieriges, das besondere Geschicklichkeiten voraussetzt. Der spirituelle Fakir ist kein christliches Ideal.

Versuch und Irrtum, das Experiment (der neuzeitliche Grundbegriff ist fast hundert Jahre vor Galilei ein bevorzugtes Wort des Ignatius) sind freilich vonnöten. Die erste Aufgabe des Meditierenden ist nicht, sich mühsam in vorgeformte Verhaltensschemata hineinzuzwängen – das war der verhängnisvolle Irrtum der Meditationsführung des 19. Jahrhunderts –, sondern herauszufinden, welche Meditationsweise für ihn dem Spazierengehen, Ausschreiten und Laufen ähnlich ist, welche die beste Mischung von Leichtigkeit und Bemühung darstellt. Das Bewegungsprogramm für einen Rekonvaleszenten vom kurzen ersten Ausgang bis zur Bergwanderung stellt ähnliche Aufgaben des Herausfindens.

Es ist arg, daß nicht wenige der heutigen Erneuerer und Experten der Meditation aus ihr selbst ein kompliziertes Vielerlei schwieriger Künste machen, die nur Auserlesenen zugänglich sind. Es gibt Meditationsanleitungen in der Literatur, die in vieler Hinsicht vorzügliche und weise Gedanken enthalten, aber im ganzen mehr abschrecken als nützen. Viele zeitgenössische Schriften über Meditation wecken falsche Erwartungen. Sie versprechen eine Mobilisierung von Tiefenkräften der Seele, weltüberlegene Gelassenheit, Ruhen in der eigenen Mitte, Feinfühligkeit für den Mitmenschen und vieles andere mehr; sie versuchen, den Zen-Meistern die Schau zu stehlen. Alle diese Dinge gibt es, wie es die mystischen Erfahrungen des Johannes vom Kreuz, die Heiterkeit des Thomas Morus und den Jubel der Märtyrer gibt. Es gibt aber ebenso die nüchterne Erfahrung, daß selbst regelmäßige Meditation und herzhafter Eifer nicht vermögen, tief verwurzelte Charakterfehler auszurotten, neurotische Angstanfälle oder fliegende Nervosität und Labilität zu bewältigen. Meditation hindert auch nicht jeden daran, ab und zu Hervorragendes an Unausstehlichkeit zu leisten und dem Nächsten mit dickhäutiger Fühllosigkeit zu begegnen. Viele im spirituellen Leben weit Fortgeschrittene bringen es nie zu der höflichen Aufmerksamkeit des Weltmenschen, dem Tischnachbarn die ihm unerreichbare Kaffeekanne anzubieten. Sich und anderen zuviel zu versprechen, kann nur Enttäuschung und Entmutigung bringen. Wenn es gelingt, mit Hilfe von Meditation Fehlhaltungen, ungeordnete Neigungen und krankhafte Neurotizismen geduldig in Schach zu halten und in Jahrzehnten zu ermäßigen, dann mag das bei dem einen ein Zeichen eines sehr dürftigen Einsatzes sein. Bei dem anderen kann das gleiche unscheinbare Ergebnis ein heroisches Maß vieler verborgener Tugenden enthalten.

Das tiefste Hindernis für die Meditation ist aber nicht

technischer Art. Es ist die instinktive Vorahnung der Folgelasten, die sie mit sich bringt. Man kann ohne Folgelasten und mit gutem Recht egozentrisch meditieren: im autogenen Training, um Entspannung zu finden und seelische Kräfte der Persontiefe freizusetzen; man kann versuchen, das Bewußtsein zu erweitern und Ausgeglichenheit mit innerer Harmonie zu genießen. Man kann meditieren, um sich gegen Streß abzuschirmen, um gelassener im Umgang zu werden, um den Geschlechtsverkehr befriedigender zu empfinden, um Genuß- und Leistungsfähigkeit zu steigern oder einfach um eines spezifischen Lustgewinns willen, den gewisse Meditationsformen mit sich bringen. Man kann die Meditation benutzen zu Zielen, die auch mit Tranquilizern, Drogen oder Musik zu erreichen sind. Man findet, was man sucht, wenn es gut geht.

Hier kann die christliche Meditation nicht konkurrieren. Die leise Stimme des Geistes, der in ihr spricht, drängt oft genug zu einem Tun und Lassen, das unbequem oder schmerzhaft ist. Diese Stimme gibt Licht und Kraft für das Verständnis und die Verwirklichung der Werte, aber sie beunruhigt und ängstigt, bevor sie schließlich verstummt, wenn sie allzu selten Gehör und Gehorsam findet. Dann kommt bei der Meditation nichts mehr heraus, sie bringt nichts. Sie wird versickern, denn sie gibt den Naturgesetzen des Geistes recht. Nicht selten wird dennoch die Gewohnheit der Meditation beibehalten, aber man meditiert nicht mehr wirklich, man tut nur so als ob. *Illuminatio* und *inspiratio* bleiben aus, weil sie sich als wirkungslos erwiesen haben. Annahme verweigert, zurück an den Absender.

Meditation gelingt auf die Dauer nur, wenn ihr Ziel mitgewollt wird, eben das anschauende Ähnlichwerden der Gesinnung des Christus Jesus, die Anheftung an sein Denken, Fühlen und Wollen. Ohne diese Bedingung kommen nur billige Meditations-Imitationen zustande, die zu um so verderblicheren Selbsttäuschungen führen, je besser sie gelingen.

Für den mittleren Christenmenschen ist die Meditation nicht die mühelose Berufstätigkeit von Engeln, sondern ein ebenso einfacher wie mühsamer Weg, weil ihm Leib, Welt und widerständiger Eigensinn, das zerstreute und zerstreuende Vielerlei des Irdischen und Weltlichen nicht Realitäten sind, denen die Seele spirituell entschweben oder entsinken sollte, sondern notwendige, aber beschädigte Trittstufen, ohne deren Widerhalt es keinen reellen Aufstieg gibt. Eben darum hat christliche Meditation einen unlösbaren und peinlichen Zusammenhang mit aller Lebensplage, sie ist – und soll sein – oft genug lästig, öde, frustrierend; der Meditierende weiß häufig, was er lieber täte, und er tut es. Darum gerät sie immer ins Hintertreffen gegenüber den verlockenden Angeboten verbilligter Taschenausgaben östlicher Meditation, deren Propagandisten sie als leicht und lustvoll rühmen. Meditative Erfahrung ist die Erfahrung von Bergsteigern, die wissen, daß Strapaze und fühlbarer Gewinn so gemischt sind, daß sich das Unternehmen lohnt. Für Leute, deren Kondition für Bergtouren nicht ausreicht, ist zunächst das Bild vom Spazierengehen und Ausschreiten weit besser geeignet.

Die Aufgabe, die dem Anfänger gestellt werden sollte, heißt also: Finde möglichst bald heraus, welche Arten und Weisen dir gewöhnlich Licht und Kraft, Freude und Friede bringen, selbst wenn der Friede in der nüchternen Sprache der Alten als »trockener Friede« erfahren wird. Wähle eine andere Methode, wenn die erste nichts hergibt. Halte aber Durststrecken für so notwendig wie normal. Der Wechsel der Methoden hindert nicht den Übungsfortschritt, denn der ist eine Chimäre, die aus dem irreführenden Bild einer zu perfektionierenden Kunst hervortritt. Suche vor allem die Wege, die deinen spontanen, gleichsam passiven Meditationserfahrungen am ähnlichsten sind. Man muß weder Bibliotheken von Meditationsliteratur studiert noch an vielen Tagungen und Kursen der modernen Meditationsbewegungen teilgenommen haben, die zur Zeit aus dem Boden sprießen wie Unkraut und Gruppentherapien. Geniere dich nicht, wenn du nach jahrelanger spiritueller Erfahrung merkst, daß deine beste Meditationsform »nur« in der langsamen, durchatmenden Lesung eines anregenden Textes besteht. Geniere dich auch nicht, ganz kindliche, spielähnliche Formen der Meditation zu wählen. Wenn wir wie Kinder werden sollen, ist Spielen eine sehr angemessene Beschäftigung. Eine moderne psychotherapeutische Methode empfiehlt zum Beispiel, Mitmenschen, mit denen man Schwierigkeiten hat, in Gedanken auf einen realen Stuhl zu setzen, der dem eigenen gegenübersteht, und dann leise oder laut mit ihnen zu reden oder zu schreien, ihre Antwort zu imaginieren, ihnen Vorwürfe zu machen, Fragen zu stellen, Bitten an sie zu richten usw. Diese imaginierten Gespräche fördern ein Maß von Aufrichtigkeit, das wir dem realen Gesprächspartner gegenüber meist aus Mangel an Mut, Charakterstärke und Rücksichtslosigkeit nicht aufbringen. Es ist leicht und förderlich, den schwierigen Mitmenschen Jesus auf diesen Stuhl einzuladen und mit ihm über seine und unsere Dinge so aufrichtig zu reden, wie man mit keinem Psychoanalytiker redet; wenn es sein muß, so blasphemisch, wie Job mit Jahve geredet hat. Das Brodeln der verdrängten Unzufriedenheit und des Aufbegehrens gegen Gott und sein Wort muß ausgesprochen und ausgetrauert werden. Das chronische Gequängel der Kirchenkritik ist kein ausreichender Ersatz dafür.

Diese Meditationsart kann man nirgends auf so humorvolle und ernste Weise kennenlernen wie in Guareschis Buch »Don Camillo und Peppone«. Don Camillos Meditationsweise ist sehr kindlich und darum höchst brauchbar für

Erwachsene. Don Camillos geniale Methode besteht darin, daß er sich so in das Gespräch einbringt, wie er ist. Er sagt einfach seine frommen und seine höchst unchristlichen Regungen und Sorgen, seine geordneten wie seine ungeordneten Wünsche, seinen Ärger, den Kummer über alle Versagungen heraus ebenso wie seine Dankbarkeit für kleine Vergnügen und größere Freuden. Er handelt mit Gott wie Abraham in Sodom, und er hadert mit ihm wie Hiob. Camillo hätte sich also nicht den Tadel jenes alten jüdischen Kommentators der Geschichte von Isaacs Opferung zugezogen, der sagt, Abraham sei zu tadeln, weil er den das Opfer gebietenden Jahve nicht »zurechtgewiesen« noch um Aufhebung des Befehls angefleht habe, wozu er doch in Sodom die Worte und den Mut gefunden hatte. Aber Camillo hört auch auf die Stimme, die manchmal recht camillomäßig klingt, manchmal auch ganz anders; und manchmal schweigt sie. Aber auch dieses Schweigen spricht. Über all dem Kindergeplauder dieses kleinen Bruders eines Thomas Morus, Philipp Neri und Don Bosco weht die Feuerwolke der Meditation.

Eine andere Meditationsweise einfachster Art, die wie ein zusammenraffender Vorgriff auf heutige Tiefenpsychologie erscheint, besteht darin, öfter am Tag zu fragen: Wo ist mein Herz? Das heißt: auf welche Ziele und Werte sind mein Denken, mein Fühlen, Wollen, mein Reden und Tun in diesem Augenblick, in der vergangenen Stunde gerichtet? Welcher Richtungskorrektur bedürfen meine Intentionen? Die Frage soll keine mühsame analytische Reflexion in Gang bringen, sondern in einem kurzen Blick die schon im Vorder- oder Hintergrund des Bewußtseins sichtbaren bewegenden Kräfte prüfen: den Gehalt an Egoismus, Libido und Aggression und den Mangel an Rücksicht, Dienstbereitschaft und Sachlichkeit spüren, aber auch die richtigen Intentionen dankbar auffrischen, die sich etwa finden.

Mit diesen sparsamen Hinweisen auf weniger bekannte Meditationsweisen soll nur angedeutet werden, daß es in und außerhalb der traditionellen Wege an praktikablen Instrumenten nicht fehlt. Nicht wenige Menschen können zum Beispiel mit Meditationsanweisungen des Exerzitienbuches (»Drei Weisen zu beten«), die man auf zwei Druckseiten unterbringen kann, für Jahre auskommen[5].

Die These dieses Aufsatzes ist, daß eine große Zahl derer, die ein meditatives Leben führen wollen, mit relativ geringer Mühe die ihrer psychophysischen Gesamtverfassung angemessenen Meditationsweisen finden können, wenn sie nur aus dem Vorurteil und der entmutigenden Pseudoerfahrung herausspringen, Meditation sei für lädierte und verhärtete Seelen nicht mehr zu haben. Wenn die große Theresa von Avila in ihrer Kühnheit sagt: Versprich mir eine Viertelstunde Betrachtung täglich, und ich verspreche dir das Himmelreich, dann ist für die Eroberung und Sicherung der Zeitspanne einige Gewalt nötig. Aber die fruchtbare Nutzung dieser Zeit läßt sich nach einigem Experimentieren, nach dem Abwerfen der schwerfälligen Waffenrüstung des Saul durch David, ohne heroische Anstrengungen und Überforderung herausfinden. Vielleicht sind auch für manche Leute zehn Minuten besser als fünfzehn und zwei bis drei Meditationen in der Woche besser als tägliche oder gar keine. Der Historiker Nikolaus Arseniew beschreibt in seinem Buch »Das heilige Moskau« eine Wirkung, die auch in einem bescheidenen, aber geduldigen meditativen Leben ihre Spuren zeigt: »Es ist wunderbar zu sehen, wie in der Stille des Alltags in unauffälliger, halb verborgener Weise der Gerechte durchleuchtet wird von Gott und wie von ihm diese Klarheit, das Licht Gottes, sich ausbreitet. In diesem Sichausbreiten des Lichtes Gottes bestehen der wahre Sinn der Kultur und der Zweck des Lebens.«

Psychoanalyse, klassische und christliche Anthropologie

Erinnern wir uns noch einmal der drei Revolutionen, die, wie Freud sagt, den Menschen der Neuzeit gedemütigt haben: die erste des Kopernikus, die ihn aus der Mitte des Kosmos verdrängt und zu einem belanglosen Randprovinzler der Natur gemacht hat; die zweite des Darwin, in der die Krone der Schöpfung und das Ebenbild Gottes zu einem Tier unter Tieren degradiert wurde; die dritte Revolution aber ist Freuds eigene Tat, in der der Geist nicht etwa geleugnet, aber seiner angemaßten Herrscherwürde beraubt und als ein Hausknecht der wahrhaft herrschenden Triebe erwiesen wurde. Freud hat sich verstanden als Revolutionär gegen die überkommene klassische Anthropologie der Antike, des Judentums und des Christentums.

Ist diese Selbstdeutung Freuds zutreffend? Ist der Bruch radikal? Steht Freud in einem unversöhnlichen und unüberbrückbaren Gegensatz zur klassischen Anthropologie, oder gibt es unter den offenbaren Gegensätzen einen verborgenen gemeinsamen Grund und Boden?

Wir wollen uns das Verhältnis zwischen Psychoanalyse und klassischer Anthropologie zur Anschauung bringen, indem wir einen Einfall eines Menschen psychoanalytisch und anthropologisch zu verstehen suchen. Nebenbei soll dabei sichtbar werden, wie die Praxis der analytischen Psychologie ständig und notwendig mit metaphysischen Fragen zu tun hat. Sie bleibt blind, wenn diese nicht bedacht werden. Doch soll unsere eigentliche Fragerichtung eine psychologische Sein. Den Einfall bietet uns Freud in seinem tiefsten, wahrsten und amüsantesten Buch: »Der Witz und seine Beziehung zum Unbewußten«. Freud schreibt dort: »Einen direkt blasphemischen Witz soll Heine in der Situation des Sterbenden gemacht haben. Als der freundliche Priester ihn auf Gottes Gnade verwies und ihm Hoffnung machte, daß er bei Gott Vergebung für seine Sünden finden werde, soll er geantwortet haben: ›Bien sûr, qu'il me pardonnera, c'est son métier‹.«[1]

Der Text ist aus drei Gründen hochdramatisch und bedeutsam. Einmal, weil die Hauptperson ohne weiteres durch Freud selbst ersetzt werden könnte. Die Antwort Heines ist Freud aus dem Herzen gesprochen und enthält in einem Satz die Religionsphilosophie Freuds, den wesentlichen Inhalt seines religionsphilosophischen Hauptwerkes: »Die Zukunft einer Illusion«.

Der zweite Grund für die Wichtigkeit der Anekdote liegt in Freuds eigener höchst erstaunlicher psychoanalytischer Deutung des Witzes.

Der dritte Grund ist, daß in den beiden Personen dieses Kurzdramas klassische Anthropologie und Psychoanalyse einander begegnen, miteinander im Gespräch sind und, dies ist das Wichtigste, einander irgendwie verstehen. Mindestens weiß jeder der beiden, was der andere meint. Das ist schon viel, aber in der Tat geht die Gemeinsamkeit erheblich weiter und tiefer.

Wir müssen also fragen: Wo liegt der gemeinsame Boden, der jedes Gespräch und Verstehen ermöglicht; worüber sind beide, der freundliche Priester und der witzige Zwilling Heine-Freud, einer Meinung? Gibt es den Menschen betreffende Überzeugungen, in denen Platon, die Bibel, Augustin, Leibniz, Kant und Whitehead als Repräsentanten der klassischen Anthropologie mit Heine, Freud und Marx schlichtweg eines Sinnes sind?

Wo liegt der Unterschied, der Gegensatz zwischen den Gesprächspartnern; wo liegen Unterschied und Gegensatz zwischen Psychoanalyse und klassischer Anthropologie?

Bevor wir Freuds psychoanalytische Deutung des Witzes studieren, müssen wir einen Blick auf seine Theorie vom Menschen werfen. Der Mensch ist nach Freud ein hormonal gesteuertes Triebwesen. Der menschliche (wie jeder) Organismus ist ein physikochemisches System, das sich durch die in ihm ablaufenden Stoffwechselprozesse ständig verändert. Diese Veränderungen würden alsbald zu einem Zerfall des Systems führen, wenn nicht die abgebauten Stoffe wieder aufgebaut und die aufgebauten wieder abgebaut würden, das heißt, wenn nicht sein Stoffwechselgleichgewicht erhalten bliebe. Jeder Organismus verfügt nun über sogenannte Regelmechanismen, die Aufbau und Abbau seines Stoffwechsels so im Gleichgewicht halten, daß er als Einheit und Ganzheit erhalten bleibt, wächst und sich vermehrt. Der Mensch ist ein System, das durch besondere, ihm eigentümliche Regelmechanismen gekennzeichnet ist. Die Gesamtheit der den Menschen auszeichnenden Regelmechanismen nennt Freud den »seelischen Apparat«. Das seelische und geistige Leben, alles Erleben und Handeln ist dazu da und hat den einen und einzigen Sinn, das Stoffwechselgleichgewicht aufrechtzuerhalten. Der Mensch ist durch Stoffwechselspannungen motiviert. Der Mensch und sein Geist sind nicht der Hirte des Seins, wie Heidegger ihn beschreibt, wohl aber der Hirte seines Stoffwechsels; seine Lebensaufgabe ist es, ein getreuer Sachwalter der Ansprüche zu sein, die der Stoffwechsel ihm stellt. Diese »Ansprüche des Körpers an das Seelenleben« nennt Freud Triebe. Was tut also der Mensch letztlich in allem Sinnen und Trachten, in allem Erleben und Verhalten? Was ist der jeweils bessere Gesamtzustand, den der Mensch handelnd erstrebt? Es ist der Stoffwechselzustand mit der geringsten Spannung. Die Annäherung an ihn sind die Lust und das Glück. Alle anderen sogenannten Werte sind nur deswegen erstrebbar, können nur deswegen in den Handlungsentwurf eingetragen werden, weil sie entweder auch sensuelle Lustmomente enthalten oder Nutzwerte, Mittel im Dienst der Lustsuche darstellen. Das Endziel des Menschen und der ganzen Natur aber ist nicht die Lust, sondern die Aufhebung aller Stoffwechselspannung, die Rückkehr in den spannungsärmsten Zustand des Anorganischen, also der Tod. Leben ist ein sinnloser Umweg zum Tode. Der Natur und dem Menschen kommt es letztlich darauf an, sinnlose Stoffwechselmuster zu stricken und sie, wie Penelope ihr Gewand, immer wieder aufzulösen. Das ist im Umriß, was wir die Triebphysik der Psychoanalyse nennen wollen. In ihren Rahmen versucht nun Freud das gesamte seelische Leben, Kultur, Kunst, Recht, Ethik, Religion, zu spannen. Wie das aussieht, mag uns die Deutung zeigen, die Freud der Antwort des sterbenden Heine gibt. Sie enthält außer der Religionsphilosophie, in der Heine und Freud übereinstimmen, auch eine Motivationstheorie, und auf diese kommt es hier an. Freud schreibt zur Deutung des Witzes: »Die Antwort des Sterbenden ist ein herabsetzender Vergleich, denn ein Metier, Geschäft oder Beruf hat etwa ein Handwerker oder ein Arzt. Die Stärke des Witzes liegt in seiner Tendenz. Er soll nichts anderes sagen als: Gewiß wird er mir verzeihen, dazu ist er ja da, zu keinem anderen Zweck habe ich ihn mir angeschafft, wie man sich seinen Arzt, seinen Advokaten hält. Und so regt sich noch in dem machtlos daliegenden Sterbenden das Bewußtsein, daß er sich Gott erschaffen und ihn mit Macht ausgestattet hat, um sich seiner bei Gelegenheit zu bedienen. Das vermeintliche Geschöpf gibt sich noch kurz vor seiner Vernichtung als den Schöpfer zu erkennen.« Soweit

Freud. Der Mensch hat sich also Gott ausgedacht, um sich seiner bei Gelegenheit zu bedienen. Der Mensch braucht die Gottesidee nicht; wenn er glücklich ist, dann genügt er sich selbst, und die Welt genügt ihm. Gott spielt aber eine wichtige Rolle im seelischen Haushalt, im Ausgleich der Triebbilanz des Menschen, wenn der Mensch in eine Situation gerät, die der des Kindes gleicht, wenn er hilflos, ohnmächtig, in Gefahr oder Traurigkeit steckt, wenn er unter Schuldgefühlen leidet. Dann vermag der Gedanke an einen lieben Vater im Himmel ihn zu trösten, sein infantiles Schutzbedürfnis zu befriedigen, seine Schuldgefühle durch Hoffnung auf Vergebung zu lindern, seine Machtgelüste durch das magische Einspannen eines allmächtigen Bundesgenossen im Gebet zu befriedigen. Kurz, der Gottesgedanke ist ein vorzügliches Mittel, quälende Triebspannungen aller Art zu lindern, sozusagen das Passepartout, der Hauptschlüssel der Phantasie zu den in der Realität so oft verschlossenen Lust- und Trostquellen. Gott ist nach Freud eine Projektion. Der Mensch projiziert ins Unendliche, was er selbst ist. Gott ist ein Projekt. Der Mensch entwirft, was er selbst, so gut es geht, sein und werden möchte. Projekt und Projektion aber stehen letztlich im Dienste der Lusterzeugung, der Aufhebung oder Linderung von Triebspannungen. Dieser Sterbende nun, Heine, der als Mensch der Aufklärung seine Triebspannungen, seine Not nicht mehr mit Hilfe der Gottesidee lindern kann und lindern will, greift zu einem anderen Ausweg. Er ersetzt die Beziehung zu Gott durch eine Identifizierung mit ihm. Er vertauscht so zwei Genußquellen. Die eigentliche Pointe des Witzes sagt ja: *Dieu, c'est moi.* Ich bin nicht Kind Gottes, nicht Geschöpf Gottes, noch weniger sein Schuldner und der Vergebung bedürftig, sondern Vater und Schöpfer Gottes, er lebt von meinem Kredit, ich, der Mensch, bin das höchste Wesen, der höchste Intellekt im Kosmos. Mit dem Mittel des Genusses einer sublimen, narzißtischen Selbstbefriedigung, einer Selbstvergottung, tröstet sich der Sterbende und tröstet sich Freud über die Not der bevorstehenden Vernichtung. Hier fügt sich die Anekdote von Heine in die Theorie Freuds vom Menschen und seiner Motivation – oder jedenfalls scheint es so.

Man täte aber Freud unrecht, wenn man ihn einfach als Materialisten beurteilen wollte. Freud leugnet keineswegs den Geist, und er hat nichts dagegen, den Menschen mit Aristoteles als *animal rationale* zu definieren. Aber für ihn ist vernünftiges Bewußtsein ein Werkzeug, das sich die Triebe zur Befriedigung ihrer stoffwechselbedingten Bedürfnisse geschaffen haben, die sonst in der Natur auch ohne dieses Instrument zum Ziel kommen. Der Geist ist ein Luxusinstrument des animalischen Lebens. Nun wird diese Fürsorgeleistung, in der der Geist dem Leben dient, von Aristoteles und seinen Nachfolgern nicht im geringsten bestritten, aber dieser pflegende Dienst wird doch wie der des Reiters an seinem Pferd aufgefaßt. Der Reiter geht in seiner Funktion als Pferdeknecht nicht auf. Er ist nicht nur um des Pferdes willen da.

Die aristotelische Formel hat außer dem Sinn, den Freud mit Recht in Anspruch nimmt, noch einen anderen. Geistiges Bewußtsein ist nicht nur eine im Grunde überflüssige Signalanlage zur Verarbeitung verhaltenssteuernder Informationen. Was ist endlicher Geist, und wozu gibt es ihn? Zunächst ist geistiges Bewußtsein für die klassische Anthropologie jenes Moment an der Existenz des Menschen, kraft dessen er sein Erleben und Verhalten vor den Horizont der Gesamtwirklichkeit, des Seienden und des Seins im ganzen stellen kann, ja immer schon gestellt hat. Geist ist die Kraft eines Lebewesens, das viele einzelne, seine Zusammenhänge, Bezüge und Gesetze, sinnlich Faßbares, sinnlich Nicht-Faßbares und das größte Ganze bei sich denkend zu versammeln, sich zu vergegenwärtigen. Geist ist weiter die Kraft, durch den Hinblick auf das Ganze, seine einzelnen Sinnlinien und eine etwa zu fassende Gesamtordnung des Seins sich auch motivieren zu lassen und zu handeln. Das kann kein Tier. Weil dieser Horizont des Wissens um das Ganze und weil schon allein die Möglichkeit des Fragens nach einem Ganzen sowohl die Grenzen sinnlicher Erfahrung als auch die Gegenstände sinnlich vitaler Bedürfnisse überschreitet, sprechen wir und müssen wir sprechen von Geist[2].

Wozu also gibt es in einem Lebewesen geistiges Bewußtsein? Was hat man denn davon? Freud antwortet: Man hat davon stoffwechselsteuernde Informationen in Form von Außenwelt-Wahrnehmungen, von Lust- und noch häufiger von Unlustzuständen, und man hat davon die Verarbeitung solcher Informationen im Denken. Freud und mit ihm die große Mehrzahl der »modernen« Anthropologen und Psychologen sehen fast ausschließlich diese Steuerungsfunktion des Geistes. Das ist ein Hauptgrund für die übergroßen Erwartungen, die mit der Kybernetik verbunden werden. Die klassische Anthropologie gibt eine andere Antwort. Für sie ist geistiges Bewußtsein zwar auch ein Instrument des äußeren Handelns, ursprünglicher aber und endgültiger ein »Organ« des Habens, des In-Besitz-Nehmens von »Objekten«, die für das Tier nicht zu haben sind[3]. Der Mensch ist ein Wesen, dem immer etwas fehlt, das immer etwas braucht, ein unfertiges, unvollkommenes Mängelwesen, eine dunkle, leere Offenheit, die nach Erfüllung durch ein anderes verlangt, ein ergänzungsbedürftiges Bruchstück des Seins. Er ist ein πτωχὸς ἐν πνεύματι, ein Armer, ein Habenichts im Geiste, der immer eines anderen, eines Gebenden und sich Gebenden, bedarf, um ganz und rund und heil zu werden. Er ist arm und will reich werden. Endlicher Geist ist Intentionalität, und Intentionalität ist Verwiesensein auf anderes, auf Gegebenes, und erst durch anderes, vermittels des anderen, Rückkehr zu sich selbst, Selbstbesitz. Diesen

Grundgedanken der Tradition hat übrigens Freud als Student bei Brentano kennengelernt, und der Gedanke hat in Freuds Lehre Spuren hinterlassen. Der Mensch ist nahe am Nichts gebaut, und die Physik des Geistes ist der *horror vacui*, der Sog nach wachsendem Seinsbesitz, eine radikale, universale Habsucht, Aneignungssucht, Ergänzungssucht. Das Bedürfnis, mehr Anteil zu haben am Sein – und sei es nur mit dem Mittel des Fernsehens. Übrigens ist es dies, was Platon Eros nennt und was den wichtigsten Bestand dessen ausmacht, was bei Freud Libido heißt. Glücklich ist der Mensch, wenn diese Habsucht befriedigt ist, wenn er hat, was er braucht und was er will. »Beatus est qui habet omnia quae vult«, sagt Augustin mit seiner unvergleichlichen Kraft, in einer Formulierung von entwaffnender Schlichtheit den Dingen auf den Grund zu sehen. Wenn der Mensch handelnd sich und seine Welt verbessert, dann schwebt ihm jeweils ein neuer, gehaltvollerer Zustand größerer Teilhabe am anderen des endlichen und unendlichen Seins vor. Er will für sich und andere mehr vom Leben haben, mehr Kontakt, mehr Aneignung von Stoffen, Reizen, Dingen und in ihnen inkarnierten Bedeutungen, mehr liebenden, bergenden, bemächtigenden Kontakt des Mitseins mit dem anderen Menschen, mehr Verbundenheit mit Natur und Kultur, Schöpfung und Geschichte, mehr Kontakt mit dem Ursprung, Grund und Ziel von allem. Mit sich selbst allein gelassen, ohne ständige Zufuhr von anderem Sein, ist der Mensch nichtig, leer und elend. Dafür gibt es, soweit überhaupt erforderlich, auch in der experimentellen Deprivationsforschung schöne Belege.

Was braucht er aber, und wieviel braucht er? Wieviel Erde braucht der Mensch? fragt Tolstoi in einer nachdenklichen Geschichte. Wieviel Seinsbesitz, wieviel Seinsteilhabe braucht der Mensch, wieviel davon kann, soll, muß er an sich nehmen? Die klassische Anthropologie antwortet kompromißlos und radikal: Alles. Was er braucht und wünscht, hat der Mensch nur, wenn er sich irgendwie in den Besitz des unendlichen Seins und seiner Fülle, wenn er sich in den Besitz des Göttlichen setzen kann. Boethius formuliert es rund und klar mit römischer Prägnanz. Er sagt: Was der Mensch zum Glück braucht, ist nicht dieses oder jenes, sondern schlechthin alles, das Ganze: das sichere In-Besitz-Haben der Summe und Vollendung alles Guten – »beatitudo est stabilis possessio summi et perfecti boni«. Die Bedürfnisspannung des Menschen entspricht präzis seiner Kapazität als eines endlichen Geistes, und die ist eine unendliche. Er ist ein endliches Wesen von unendlicher Fassungskraft: »finitum capax infiniti«. Daraus folgt eine neue Bestimmung der Physik des Geistes: Sie ist der Trieb des Endlichen, sich zu integrieren durch Teilhabe am unendlichen Ganzen.

Geistiges Bewußtsein ist also das Organ, kraft dessen der Mensch etwas in Besitz nehmen, an etwas teilhaben kann, das die Sinnesorgane des Tieres weder haben noch erreichen können und an dem auch ein noch so kluges Elektronengehirn nicht teilhaben kann.

Wenn der Mensch in einem sommerlich blühenden Garten sich ergeht, seine Kinder darin spielen sieht und nun sagt: Was ist das für eine herrliche Sache, so ein Garten, und was ist das für ein wunderbares kleines Ding, so ein Kind, wie gefällt mir doch heute die Welt so gut, und wie bin ich dankbar, daß es sie und mich und den Geber dieses Gegebenen gibt – dann ist dieses schauende Bewußthaben des Gartens nicht nur die Umsetzung von physikalischen Reizen in Erlebnisqualitäten und nicht nur ein Informationseingang von verhaltenssteuernden Signalen, sondern dieses Schauen ist ein Ansatz zur Teilhabe am Sinn-, Wert- und Bedeutungsgehalt der Welt und des Seins. Das ist es, was Boethius Glück nennt[4].

In der aristotelischen Formel von *animal rationale* ist der

Mensch als ein zweideutiges Wesen beschrieben: immer in die physische Welt verwiesen und gleichzeitig mit jedem Schritt immer schon über sie hinaus[5]. Der Mensch ist ein Grenzgänger zwischen Endlichem und Unendlichem, der des Göttlichen nur auf dem Wege durch Welt und Geschichte habhaft und teilhaft werden kann, wie Platon, Aristoteles und die Bibel lehren. Für Freud ist der Mensch ein in die Schranken der Endlichkeit Verwiesener, der seine hoffnungslosen Unendlichkeitswünsche abtrauern muß und dem es durch Psychotherapie bestenfalls gelingt, sein »hysterisches Elend in gemeines Unglück zu verwandeln«[6].

Hier scheint sich ein unüberbrückbarer Gegensatz aufzutun. Zum Glück ist Freud als klinischer Psychoanalytiker von souveräner Mißachtung seiner eigenen Triebphysik. Wo immer es ihm paßt, springt er über den eigenen Schatten. Derselbe Denker, der den Menschen radikal und ausschließlich als das Triebwesen versteht, das darin aufgeht, Genuß suchend seine Stoffwechselschäfchen ins trockene zu bringen, schreibt gelegentlich Sätze wie diesen: »Niemand zweifelt daran, daß nur die Idee Gottes das Volk Israel alle Schicksalsschläge überstehen ließ und es bis in unsere Zeit am Leben erhielt.«[7] Oder: »Welch einen Frevel begeht man an der großartigen Mannigfaltigkeit des Menschenlebens, wenn man nur Motive aus materiellen Bedürfnissen anerkennen will.«[8] Der Satz könnte leicht aus einem Anti-Freudschen Erbauungstraktat stammen, aber er stammt eben von Freud selbst. Wie ist das möglich? Auch auf diese Frage hat uns Freud in der Deutung des Witzes, von dem wir ausgegangen sind, schon Auskunft gegeben. An sich müßten wir ja erwarten, daß Freud diesen Witz aus seiner Triebtheorie zu erklären sucht. Nichts dergleichen aber geschieht. Vielmehr taucht plötzlich ein ganz anderes Motiv auf. Nicht mehr körperliche Triebspannungen werden mit dem Mittel des Witzes beschwichtigt. Was geschieht? Wiederholen wir

Freuds Deutung. »Und so regt sich noch in dem machtlos daliegenden Sterbenden das Bewußtsein, daß er sich Gott geschaffen und ihn mit Macht ausgestattet hat, um sich seiner bei Gelegenheit zu bedienen. Das vermeintliche Geschöpf gibt sich noch kurz vor seiner Vernichtung als den Schöpfer zu erkennen.« Wer ist hier der Mensch? Nicht der Dienstbote seines Stoffwechsels, aber auch nicht mehr der Sucher einer sensuellen Organlust, sondern: der Schöpfer Gottes. Worum geht es dem Redenden? Es geht ihm darum, dem Gott Konkurrenz zu machen, sich an seine Stelle zu setzen und sich mit den Prädikaten Gottes zu bekleiden. Er ist ein Rivale Gottes, der sich selbst das uralte Versprechen einzulösen sucht: *eritis sicut deus.* Er befriedigt sich damit ein Bedürfnis, das man auch noch als Trieb bezeichnen kann, aber doch offenbar in einem ganz neuen Sinn. Der Sterbende ist motiviert durch den vorschwebenden Zustand der möglichen größten Gottähnlichkeit. Von dieser geheimen Doppelbödigkeit des Triebbegriffes, von dem Trick dieser doppelten Buchführung der Motivation lebt die gesamte Psychoanalyse in Theorie und therapeutischer Praxis. Dieser Doppelsinn des Trieb- und Motivbegriffes ist der Joker im analytischen Spiel, nur mit diesem Joker ist die Analyse in der Lage, ein umfassendes Verständnis des Menschen zu erreichen und in jeder Partie den Trumpf in der Hand zu behalten. In der Auslegung dieses Witzes, und nicht nur in ihr, sondern in vielen anderen Zusammenhängen – der Witz ist nicht überinterpretiert –, wird der Mensch neu beschrieben: als ein Wesen, das nach Möglichkeit so ähnlich existieren möchte wie die wirkliche oder gedachte Gottheit. Dieses Motiv ist das Motiv aller Motive, das Urmotiv, in dem Lustprinzip und Realitätsprinzip, Libido und Aggression, Lebenstrieb und Todestrieb im dreifachen Sinne Hegels aufgehoben sind, bewahrt, zum Ende gebracht und auf das eigentliche Niveau des menschlichen Geistes erhöht. Es ist kein Zweifel, daß Heine als Sterbender in seiner Bemerkung einen Genuß anstrebt. Er genießt die Vorstellung von sich selbst als einem souveränen Subjekt und Intellekt, der von dem alten Gott nicht mehr abhängig ist. Aber offenbar ist es nicht eine sensuelle Organlust der Art, wie sie bei der Berührung der Mundschleimhaut mit angenehmen Geschmacksstoffen entsteht. Das Fundament des Genusses ist nicht ein Organreiz, vielmehr der umfassende Blick auf das Ganze des Kosmos, in dem die eigene Person an höchster Stelle vorgefunden wird und darum die Anerkennung und Verehrung finden darf, die früher nur Gott gebührte, mag diese Anerkennung und Verehrung auch nur in Selbstverherrlichung bestehen. Das Geistige des Vorgangs liegt darin, daß hier ein einzelner sich und seine Situation im Hinblick und vor dem Hintergrund des Ganzen sieht und genießt. Die Gottesidee ist für Freud das eine Symbol, das eine Ziel, der archimedische Punkt, in dem alle Wunschphantasien und Triebbedürfnisse des Menschen letztlich konvergieren. In ihr bringt der Mensch mit einem Wort, einem Bild den eigenen Daseinsentwurf zum Ausdruck, das, was er selbst so gerne sein und werden möchte: weltüberlegene Person, die glücklich ist im Genuß des Daseins, in der Gestilltheit aller Bedürfnisse, gesichert ruhend im Besitz ihrer Lust und ihres Glücks. Gottähnlichkeit ist für den Menschen das ihm in allem Handeln vorschwebende letzte Ideal, das Es-Ideal und Ich-Ideal auf einen Nenner bringt, das Vorbild für den vom Menschen zu verwirklichenden Zustand. Den entscheidenden Punkt möchte ich darin sehen, daß hier Freud ganz unbefangen aus seiner Triebphysik des Stoffwechsels in eine von einem Personideal, das geistiger nicht gedacht werden kann, bestimmte Motivlehre umsteigt.

Mit dieser Beschreibung des Menschen als eines Nachahmers Gottes formuliert Freud aber nichts anderes als den zentralsten Grundgedanken der klassischen Anthropologie, in dem sie die Physik des endlichen Geistes beschreibt. Die dynamische Formulierung finden wir wörtlich als einen Hauptpfeiler im Denken Platons. Im Dialog »Theaitetos« sagt Sokrates, das dem Menschen eigentliche und gemäßeste Streben sei die ὁμοίωσις θεῷ κατὰ τὸ δυνατόν (176 B), die Nachahmung der Gottheit im Maße des Möglichen. Fast mit den gleichen Worten wie Sokrates sagt es Paulus im Epheserbrief (5,1): γίνεσθε ... μιμηταὶ τοῦ θεοῦ, werdet Nachahmer Gottes. Nachahmung Gottes als Konstruktionsprinzip aller seelischen Vermögen, Funktionen und Akte ist ein tragender Grundgedanke der Anthropologie Augustins. Diese Lehre sagt aber, daß der Mensch nicht nur Nachahmer sein soll, sondern es unvermeidlich und immer in jedem Handeln ist, im Guten wie im Bösen: Dem Menschen schwebt beim bewußten Handeln unthematisch und ungegenständlich die Daseinsgestalt einer glücklicheren und vollkommeneren Person in einer besseren Welt vor. Diese »Verähnlichung mit der Gottheit« ist der letzte Beweggrund des Menschen, der Nerv all seiner Aktivität, die Achse, um die das Rad des Lebens kreist. Diese Ähnlichkeit ist das verborgene *motivum fascinosum* in jeder Einzelmotivation des Menschen. Ob einer sich eine Zigarette anzündet oder es bleiben läßt, ob ein Halbwüchsiger knatternd mit seinem Moped einen Häuserblock umrast, ob jemand studiert, heiratet, sich auf die faule Haut legt, andere Menschen quält, sich umbringt oder was auch immer er tut und läßt, stets ist die letzte und einigende Wurzel all seines pluralen Bestrebens, das, worauf er letztlich hinaus will, das, worum es dem Dasein letztlich geht: aus seiner demütigenden Gottunähnlichkeit herauszuwachsen, die ihn als das Mängelwesen, als Dürftigen und Bedürftigen, als Armen, Ohnmächtigen, Einsamen, der Angst, dem Tod, dem Schmerz, vielfältiger Erniedrigung Ausgesetzten, als den nahe ans Nichts Gebauten beständig quält. Stets geht es ihm darum, aus einem existentiellen Kleinrentnerdasein kümmerlicher, ungefreuter Lebensfristung herausdrängend, seine Gottähnlichkeit zu vermehren, κατὰ τὸ δυνατόν, so gut es geht, recht und schlecht oder herrlich und souverän. Dieses Selbstverständnis des Menschen hat Freud in der Tat selbst auch als den Kernpunkt der klassischen Psychologie und Motivationslehre angesehen. Wo er die überkommene Menschenlehre in einem Satz darstellen will, deren metaphysischen Sinn er verwirft, ohne auf ihren psychologischen zu verzichten, wählt er diesen Gedanken, und es gelingt ihm auch eine klassisch schöne und prägnante Formulierung. Freud schreibt: »Der göttliche Geist, der selbst das Ideal ethischer Vollkommenheit ist, hat den Menschen die Kenntnis dieses Ideals eingepflanzt und gleichzeitig den Drang, ihr Wesen dem Ideal anzugleichen.«[9] Übrigens, da ist er wieder, unser Joker, der Triebbegriff. »Drang« ist ja nach Freud das Bewußtwerden des Triebes, aber hier nicht im Zusammenhang einer Triebphysik, eines Lebens um die Achse der Stoffwechselspannung, sondern als Formulierung einer Physik des endlichen Geistes, einer Physik der Existenz, in der Stoffwechselgleichgewichte nicht Selbstzweck sind, sondern eine achtbare, beachtliche und vor allem eine sehr dringliche Angelegenheit, aber im Rahmen und Dienst eines größeren Entwurfes. An der zitierten Stelle fährt Freud fort: »Die Menschen verspüren unmittelbar, was höher und edler und was niedriger und gemeiner ist. Ihr Empfindungsleben ist auf ihre jeweilige Distanz vom Ideal eingestellt. Es bringt ihnen hohe Befriedigung, wenn sie ihm näherkommen, es straft sie durch schwere Unlust, wenn sie sich von ihm entfernt haben.« Auch diesen Gedanken verwirft Freud, ohne auf ihn verzichten zu können. Wieder begegnen wir dem Lustprinzip in einem Atem mit dem Ich-Ideal, und wieder ist es eine Reglerinstanz. Der Sollwert aber, auf den dieser

Regler eingestellt ist, ist nicht das Stoffwechselgleichgewicht, sondern eine ganz andere Sache: die Nähe und Distanz zum Vorbild des göttlichen Geistes.

Ein Einwand liegt nahe: Es gibt doch Leute, die mit der Gottähnlichkeit wirklich nichts im Sinn haben, sei es weil sie bescheiden, kleinmütig, verzweifelt oder weil sie wirklich demütig sind. Sie kennen ihre Grenzen. Ist nicht das Streben nach Gottähnlichkeit ebenso hoffärtig wie neurotisch? Ist nicht gerade das Aufgeben von Allmachts-, Allwissenheits- und Vollkommenheitsphantasien, also das, was Freud »Ermäßigung« und Bescheidung nennt, ein Ziel des psychotherapeutischen Prozesses? Gibt es nicht auch Menschen, die den Schmerz, die Schuld oder den Tod suchen, also die ungöttlichsten aller Zustände? Eine Antwort auf diese Einwände müßte zeigen, daß in jedem Streben und Handeln des Menschen die Richtung auf die Verwirklichung eines Wertes oder auf die Beseitigung eines Unwertes liegt; und daß jegliche Wertmehrung einer Person identisch ist mit der Annäherung an das Ideal des möglichst vollkommenen Personseins, sei die jeweils mögliche Vollkommenheit nun das Schrebergartenglück, das Nichtstun, der Tod oder was immer einer für jeweils gut hält. Die Gottähnlichkeit des Demütigen liegt darin, daß er seine Selbsterkenntnis der Erkenntnis angleichen will, die der Gott von ihm hat. Auch die Anerkennung der eigenen Grenzen enthält eine Angleichung an die Absichten des Setzers der Grenzen. Die vernünftige »Ermäßigung« des Bescheidenen in der Schule Freuds oder in einer anderen Schule besteht darin, daß er die Grenze seines Wachstums sieht und annimmt. Sie enthält keinen Widerspruch zur These, sondern die Selbstverständlichkeit, daß ein endliches Wesen eine unbegrenzte Vollkommenheit nur auf endliche Weise nachahmen kann, deren Verkennung die Alten Hybris nannten.

Was ist nun also das Gemeinsame zwischen klassischer Anthropologie und Psychoanalyse? Beide sagen: Dem Menschen schwebt als letztes Motiv eine gottähnliche Existenzform vor, oder, dasselbe in Freuds Worten: Der Mensch ist ein unersättlicher Glücksucher. Freud sagt: Glück und Nachahmung Gottes sind fiktive, illusionäre Projekte, sind eine List der Natur und der Vernunft, mit deren Hilfe der Mensch entwirft, was im Dienst der Stoffwechselregulierung nützlich ist, die in sich freilich sinnlos, auf den Tod zielendes Spiel bleibt. Es gibt fundamentale Unterschiede – es gibt fundamentale Gemeinsamkeiten. Wir werden darum im Geiste einen Besuch bei Freud machen müssen und ihn fragen, ob die Psychoanalyse mit dem entscheidenden Punkt, dem biologischen Reduktionismus unter atheistischem Vorzeichen, stehe und falle oder ob er sich auch eine Psychoanalyse denken könne, die ihre Einzelbefunde und Erkenntnisse nicht unter dieses Vorzeichen stellt.

Wie antwortet Freud auf unsere Frage? Er antwortet tatsächlich, aber auch logisch notwendig: Psychoanalyse als klinische Theorie und Praxis ist von dem totalitären, naturphilosophischen Versuch, alle und jede Motivation vom Stoffwechsel her zu lesen, völlig unabhängig. Wenn Sigmund Freud sich eines Tages genötigt gesehen hätte, die klassische Anthropologie zu akzeptieren, dann hätte seine Psychoanalyse das im wesentlichen schadlos überstanden. Denn die Sicht des Menschen als eines seinsbegierigen Glücksammlers und als eines Nachahmers Gottes im Stoff genügt für die Psychoanalyse vollständig, wenn man dem Stoffwechsel gibt, was des Stoffes ist, und dem Geist, was des Geistes ist. Psychoanalyse bliebe dann, was sie immer auch schon war: der Versuch aufzudecken, wie der einzelne Mensch teilhabe am Seienden und am Sein, wie er sein Glück sucht und Gott nachahmt, mit welchen Mitteln, Methoden, Arrangements, mit welchen Libidobesetzungen und

Gegenbesetzungen er versucht, Unlust und Angst, Schuldgefühl und Demütigung zu bewältigen, sein Dasein zu genießen, sich der Macht, der schöpferischen Aktivität, der Liebe zu versichern. Mit anderen Worten: Psychoanalyse ist die Klärung der Weise, wie in den Stadien auf dem Lebenswege die *stabilis possessio perfecti boni* gesucht, die ὁμοίωσις θεῷ κατὰ τὸ δυνατόν, die größtmögliche Gottähnlichkeit in Lust, Macht oder Tugend verwirklicht wird. Das ist die einzig notwendige, aber auch eine zureichende Definition der Psychoanalyse. Dies wiederum ist nicht nur meine These, sondern eine Behauptung Freuds.

Er hat sich in der Tat ins Gespräch der Freundschaft begeben mit einem »freundlichen Priester«, mit dem evangelischen Pfarrer Oskar Pfister, der versucht hat, die Psychoanalyse in Pädagogik und Seelsorge einzuführen, ohne dabei in jene unangenehme Anbiederungstheologie zu geraten, die mit jedem Wolf heulen und mit jedem Schaf blöken muß, solange nur Heulen und Blöken der letzte Schrei sind. Der Briefwechsel mit Pfister, früher nur in Bruchstücken an entlegenen Orten schwer zugänglich, ist vor kurzem veröffentlicht worden. Dort schreibt Freud: »Sie zweifeln wohl nicht daran, daß der Erfolg der Analyse zunächst bei Ihnen auf dem gleichen Wege wie bei uns zustande kommt, vermittels der erotischen Übertragung auf Ihre Person. Aber Sie sind in der glücklichen Lage, auf Gott weiterzuleiten und jenen in dem einen Punkte glücklichen Zustand früherer Zeiten herzustellen, in dem die religiöse Gläubigkeit die Neurosen erstickte.«[10] Und weiter: «An sich ist die Psychoanalyse weder religiös noch das Gegenteil, sondern ein unparteiisches Instrument, dessen sich der Geistliche wie der Laie bedienen kann, wenn es nur im Dienste der Befreiung Leidender geschieht. Ich bin sehr frappiert, daß ich selbst nicht daran gedacht habe, welche außerordentliche Hilfe die psychoanalytische Methode der

Seelsorge leisten kann, aber es geschah wohl, weil mir als bösem Ketzer der ganze Vorstellungskreis so ferne liegt.«[11]

Nun, Freud hat uns in der Auslegung von Heines Witz gelehrt, daß auch der »böse Ketzer« nicht vermeiden kann, ein Nachahmer Gottes zu sein. Damit wollen wir uns zufriedengeben, denn dieser simple Sachverhalt erlaubt uns, auf dem Boden der klassischen und der christlichen Anthropologie ungeniert und ohne Grauen empirisch psychoanalytisch zu arbeiten, ohne auf einen einzigen soliden Befund Freuds zu verzichten. *C'est notre métier.*

Anmerkungen

Einleitung: Das Unbehagen in der Psychologie

1 S. Freud, Aus den Anfängen der Psychoanalyse. Briefe an Wilhelm Fliess, London 1950, S. 253

2 Hrsg. von K. Gottschaldt, Ph. Lersch, F. Sander, H. Thomae, Göttingen ab 1966

3 Kösel-Verlag, München [2]1961, Kindler Taschenbuch, München [3]1973

4 Walter Bräutigam, Clemens de Boor, Ulrich Ehebald, Margarete Mitscherlich-Nielsen, Gerhard Ruffler, Walter F. und Ursula Seemann, Berta Sommer, Helmut Thomä, Dieter Wyss

5 Otto Ewert, Ewald Christiansen, Theo Herrmann, Manfred Sader und Christoph Schick

6 Jarg Bergold, Christoph Kraiker, Karl Herbert Mandel, der auch eine psychoanalytische Vergangenheit hat, und Wolfgang Tunner

7 Freud hat den Komponisten Gustav Mahler auf einem vierstündigen Spaziergang in Amsterdam von einer die Produktivität schwer hemmenden depressiven Neurose befreit. Aus der Primärtherapie sind dauerhafte Heilungen nach wenigen Stunden, Tagen oder Wochen bekannt geworden.

8 Viele Anregungen danke ich Publikationen und Mitteilungen von Eva Friedrich, Peter Härlin, Hans J. Hemminger, Albin Hofer-Moser, Kurt Kellner, Karla Meroviç, Miriam Niehaus, Helgard Roeder, Helmuth Stolze, Jochen Stork und Wolfgang Zander

9 Kösel-Verlag, München 1968. Dem Verleger Dr. Christoph Wild bin ich für die Erlaubnis, das Kapitel »Physik der Triebe – Physik des Geistes. Psychoanalyse, klassische und christliche Anthropologie« in diesen Band zu übernehmen, herzlich dankbar.

Kennt die Psychologie den Menschen?

1 Arnold/Eysenck/Meili, Lexikon der Psychologie, Freiburg 1974
2 Ges. Werke I, S. 285
3 G. Gadamer/P. Vogler, Neue Anthropologie, Bd. V, Psychologische Anthropologie, S. 100ff.
4 P. R. Hofstätter, Psychologie (Fischer Lexikon), Frankfurt 1960
5 B. F. Skinner, Jenseits von Freiheit und Würde, Hamburg 1973
6 A. Janov, Der Urschrei, Frankfurt 1972; Anatomie der Neurose, Frankfurt 1974; Das befreite Kind, Frankfurt 1974; Revolution der Psyche, Frankfurt 1976; Das neue Bewußtsein, Frankfurt 1977
7 Studien über Hysterie, Ges. Werke I, S. 312
8 F. v. Brentano, Psychologie vom empirischen Standpunkt, 1874
9 Vgl. K. Holzkamp, Wissenschaftstheoretische Voraussetzungen kritisch-emanzipatorischer Psychologie. Z. Sozialpsych. 1970
10 Vgl. K. Stern, The Flight from Woman, New York 1968
11 Vgl. Determination und Freiheit im Spiegel der Psychoanalyse, in: A. Görres, An den Grenzen der Psychoanalyse, München 1969
12 T. Harris, Ich bin o.k. – Du bist o.k. Wie man über seinen Schatten springen lernt, Hamburg 1973
13 S. u.: Psychoanalyse, klassische und christliche Anthropologie, S. 251
14 E. Bloch, Das Prinzip Hoffnung, Frankfurt 1959
15 Beispiele solcher Möglichkeitspsychologien intuitiv gefundener typischer Verhaltensweisen geben: E. Berne, Spiele der Erwachsenen, Reinbek 1967, und R. Laing, Knoten, Reinbek 1975
16 Vgl. H. Thomae, Psychologie und Gesellschaft, Bonn 1977
17 Auf meinem eigenen Arbeitsgebiet ist ein ebenso hervorragendes wie unbekannt gebliebenes Beispiel: J. Nuttin, Psychoanalyse und Persönlichkeit, Fribourg 1956
18 Der Kopenhagener Streßforscher L. Levi schätzt, daß etwa ein Drittel aller registrierten Krankheitstage in der westlichen Welt auf Streß-Situationen zurückzuführen seien.
19 Vgl. W. Bräutigam, Zur Frage der wirksamen Faktoren des psychotherapeutischen Prozesses, in: Psychotherapie als Denken und Handeln, hrsg. v. A. M. Becker und L. Reiter, München 1977

Psychoanalyse und Verhaltenstherapie

1 J. B. Watson/R. Rayner, Conditioned emotional reactions, in: Journal of experimental Psychology 3 (1920), S. 1ff.

2 J. Wolpe/A. Lazarus, Behavior Therapy Techniques, Oxford 1966
3 Ich berichte über den Zeitraum von 1966–1973
4 B. F. Skinner, Science and human behavior, New York 1953; und ders Verbal behavior, New York 1957
5 Ges. Werke XI, S. 268ff.
6 Ges. Werke IV (auch als Fischer-Taschenbuch)
7 Fribourg 1956
8 Ges. Werke VIII, S. 230
9 Das Ich und seine Welt, Stuttgart 1959
10 Ges. Werke I, S. 285
11 Vgl. Görres/Heiss/Thomä/Uexküll, Denkschrift der Deutschen Forschungsgemeinschaft über die Lage der ärztlichen Psychotherapie und psychosomatischen Medizin, Wiesbaden 1964
12 Zur Weiterentwicklung der Frage vgl. H. Keupp/Ch. Kraiker, Die Kontroverse zwischen Verhaltenstherapie und Psychoanalyse, in: Die Psychologie des 20. Jahrhunderts, IV, hrsg. v. H. Zeier, S. 666ff.
13 J. Hart/R. Corriere/J. Binder, Going Sane; An introduction to Feeling Therapy, New York 1975

Der Urschmerz als Streßfaktor

1 J. W. Mason, A Re-Evaluation of the Concept of »Non-Specificity« in Stress Theory, in: J. psychiat. Res. 8 (1971) 323–333
2 L. Levi, Stress and Distress in Response to Psychosocial Stimuli, in: International Series of Monographs in Experimental Psychology, Vol. 17, Oxford/New York/Toronto/Sydney/Braunschweig 1972
3 H. Selye, Streß. Bewältigung und Lebensgewinn, München 1974
4 A. Janov, Der Urschrei, Frankfurt 1972; Anatomie der Neurose, Frankfurt 1974; Das befreite Kind, Frankfurt 1974; Revolution der Psyche, Frankfurt 1976; Das neue Bewußtsein, Frankfurt 1977
5 M. Holden, The Profile of a Primal, in: Journ. Primal Therapy, II, 3. 1975, S. 216ff.
6 Vgl. zur Primärtherapie meinen Handbuchbeitrag in: Die Psychologie des 20. Jahrhunderts, III, 2, hrsg. v. D. Eicke, S. 1210ff.

Glaubensbegründung

1 Literaturnachweis s. u. S. 265 Anm. 9, 10
2 Ges. Werke XIV, S. 377

3 So nennt Ludwig Marcuse die an Gott glaubenden Nobelpreisträger, die er in seinem letzten Aufsatz angreift: »Das Gebet zum Heiligen Gott«, Süddeutsche Zeitung, 21. 8. 1971

4 Phil. 2,5

Glaube und Unglaube in psychoanalytischer Sicht

1 Vgl. K. Rahner, Hörer des Wortes, München 1963

2 Vgl. Die Zukunft einer Illusion, in: S. Freud, Ges. Werke XIV. Der Text seiner Tochter in: Anna Freud, Einführung in die Psychoanalyse für Pädagogen, Bern ^{5}1971, S. 62f.

3 Weitere Gedanken zur Deutung irrationaler Vorentscheidungen in der neuzeitlichen Wissenschaft habe ich vorgelegt in: An den Grenzen der Psychoanalyse, München 1968, S. 99ff. (Wunder und Wunderglaube)

Das Böse und die Bewältigung des Bösen in der Psychotherapie

1 Ges. Werke XIV, S. 484

2 Ges. Werke XIV, S. 479

3 Ges. Werke X, S. 331

4 Summa c. G. III, 122

5 S. Milgram, Das Milgram Experiment, Reinbek 1974

6 Ges. Werke XI, S. 294

7 S. Freud, Aus den Anfängen der Psychoanalyse, Briefe an Wilhelm Fliess, London 1950, S. 301

8 Vgl. aber S. 267 Anm. 1

Verdirbt das Christentum den Charakter?

1 B. Russell, Warum ich kein Christ bin, Reinbek, 1974

2 Ges. Werke VIII, S. 230

3 Dieses Kapitel faßt einige Thesen aus meiner Darstellung der »Pathologie des Christentums« im Handbuch der Pastoraltheologie zusammen (Hrsg. F. X. Arnold, K. Rahner u. a.) II/1, Freiburg ^{2}1971, S. 177ff.

Die Gottesenttäuschung: Zu Tilmann Mosers Buch »Gottesvergiftung«

1 Vgl.: Über die Psychogenese eines Falles von weiblicher Homosexualität, in: Ges. Werke XII, S. 296ff. Diese Fallstudie enthält auch Freuds fast unbekannte Auffassung von der Rolle der Freiheit in der Entwicklung einer Neurose. Dazu auch: A. Görres, Determination und Freiheit im Spiegel der Psychoanalyse, in: An den Grenzen der Psychoanalyse, München 1969

Wege und Hindernisse der Meditation

1 Herder Taschenbuch Bd. 62, Freiburg 1959
2 Herder Taschenbuch Bd. 276
3 M. Luther, Wie soll man beten, Berlin 1938
4 The Primal Scream, New York 1970, deutsch: Der Urschrei, Frankfurt 1972
5 Exerzitienbuch Nr. 238, in: Herder Taschenbuch Bd. 276, S. 80ff.

Psychoanalyse, klassische und christliche Anthropologie

1 S. Freud, Ges. Werke VI, London 1940, S. 126 (auch: Fischer-Bücherei Nr. 193, S. 93)
2 K. Rahner, Geist in Welt, München ^{2}1957, S. 405
3 Vgl. zum Folgenden: J. Pieper, Glück und Kontemplation, München 1957, S. 59ff.
4 Vgl. H. Krings, Meditation des Denkens, München 1956
5 Siehe Anmerkung 2
6 Das ist das letzte Wort in Freuds erstem Buch: Studien über Hysterie, Ges. Werke I, London 1952, S. 312
7 Ges. Werke XVI, London 1950, S. 152
8 Ebd. S. 154
9 Ges. Werke XVI, S. 230
10 S. Freud/O. Pfister, Briefe 1909–1939, Frankfurt 1963, S. 12
11 Ebd. S. 13

Quellennachweis

Kennt die Psychologie den Menschen?
In: Unser Wissen vom Menschen. Möglichkeiten und Grenzen anthropologischer Erkenntnisse, hrsg. v. W. Kasper, Patmos Verlag, Düsseldorf 1977

Psychoanalyse und Verhaltenstherapie
In: Praxis der Psychotherapie XIV, 1969, und in: Psychoanalyse und Verhaltenstherapie, hrsg. v. C. H. Bachmann, Fischer Taschenbuch 6171, Frankfurt 1972

Der Urschmerz als Streßfaktor
In: Therapiewoche 1/76 und in: Seelische und körperliche Störungen durch Streß, hrsg. v. A. W. von Eiff, G. Thieme Verlag, Stuttgart 1976

Glaubensbegründung
In: Jesus und Freud, hrsg. v. H. Zahrnt, Piper Verlag, München 1972, unter dem vom Herausgeber formulierten Titel: »Alles spricht dafür, nichts Haltbares dagegen. Kritische Reflexionen eines Analytikers über den christlichen Glauben«

Glaube und Unglaube in psychoanalytischer Sicht
In: Internationale katholische Zeitschrift Communio 6/73

Sinn und Unsinn der Krankheit: Hiob und Freud
In: Der Kranke – Ärgernis der Leistungsgesellschaft, hrsg. v. A. Görres, Patmos Verlag, Düsseldorf 1972

Die Gottesenttäuschung: Zu Tilmann Mosers Buch »Gottesvergiftung«
In: Ist Gott grausam?, hrsg. v. W. Böhme, Evangelisches Verlagswerk, Stuttgart 1977, unter dem Titel: »Die Gotteskrankheit – Religion als Ursache seelischer Fehlentwicklung«

Wege und Hindernisse der Meditation
In: Internationale katholische Zeitschrift Communio 1975

Psychoanalyse, klassische und christliche Anthropologie
In: Gott in Welt, Festgabe für Karl Rahner, hrsg. v. J. B. Metz, Bd. II, 1964, unter dem Titel: »Physik der Triebe – Physik des Geistes. Psychoanalyse und klassische Anthropologie«. Unter demselben Titel in: A. Görres, An den Grenzen der Psychoanalyse, Kösel Verlag, München 1968